한국인의 종교 1984-2014
1984년, 1989년, 1997년, 2004년, 2014년 제5차 비교조사 보고서

펴낸날 | 2015년 1월 15일
지은이 | 한국갤럽조사연구소
펴낸이 | 박무익
펴낸곳 | 한국갤럽조사연구소
주소 | 110-054 서울시 종로구 사직로 70 (사직동 208번지)
전화 | 02-3702-2100
팩스 | 02-3702-2121
출판등록번호 | 300-1978-20
전자우편 | press@gallup.co.kr
홈페이지 | www.gallup.co.kr

이 책은 한국갤럽조사연구소의 소중한 자산입니다.
이 책의 내용을 인용하실 때는 반드시 출처를 밝혀 주십시오.

ISBN 978-89-93516-11-1 93200

한국인의 종교

The Religion of Koreans 1984-2014

1984년, 1989년, 1997년, 2004년, 2014년 제5차 비교조사 보고서

한국갤럽 GALLUP KOREA

〈 한국인의 종교 1984-2014 〉 보고서를 펴내며

이 보고서는 한국갤럽이 1984년[1], 1989년, 1997년, 2004년에 이어 2014년에 실시한 제5차 종교 조사 결과입니다. 이 조사의 목적은 한국인의 종교 실태를 비롯해 종교관과 가치관을 종합적으로 파악하고, 현재 논의되고 있는 종교 관련 여러 이슈들에 대한 여론을 수집하여 우리나라 종교계와 학계, 사회, 그리고 일반 국민들이 활용할 수 있는 기초 자료를 제공하는 데 있습니다.

30년 전 한국갤럽이 사회 공익 차원에서 이 조사를 실시하게 된 계기는 다음과 같습니다.

첫째, 1984년 당시 특정 종교 단체나 기관이 종교 관련 조사를 간혹 실시한 적은 있었으나 전국민을 대상으로 한 본격적인 종교 조사 연구는 없었습니다.

둘째, 종교의 중요성이 날로 더해 가고 종교 의식이 급변하는 상황에서 한국인의 종교 실태와 종교 의식이 얼마나, 어떻게 변화하고 있는지 밝히는 정기적인 추적 조사(tracking study)가 필요하다고 봤기 때문입니다.

이 조사 보고서의 특징은 다음 세 가지로 요약됩니다.

첫째, 만 19세 이상의 한국인을 모집단으로 종교 실태와 종교 의식 전반에 대해 조사하여 지난 30년간의 변화를 파악할 수 있습니다.

둘째, 전문조사원이 엄격한 표본추출 원칙에 따라 조사대상자를 선정하여 개별 인터뷰 방식으로 자료를 수집해 높은 신뢰도를 유지했습니다.

셋째, 보다 깊게 분석하거나 연구하려는 분을 위해 모든 조사 항목에 대해 성, 연령, 지역, 직업, 생활수준, 종교 여부 등 사회인구 통계학적 특성별로 교차 집계한 자료편을 제시합니다.

후속 연구를 위해 제1차부터 제5차에 이르는 조사의 진행 과정을 간략하게 밝혀 두

---

[1] 실제 조사는 1983년에 실시했으나 보고서 발행 시점이 1984년이어서 편의상 1984년 조사로 지칭한다.

고자 합니다. 제1차 조사 때는 종교 전반에 걸친 종합적인 내용을 다루기 위해 미국 갤럽조사연구소의 부설 종교 조사 전문 기관인 Prinston Research Center의 종교 조사 내용을 많이 참조했습니다. 또한 질문지부터 보고서 작성에 이르기까지 윤이흠 교수(서울대 종교학과, 1940~2013)와 심재룡 교수(서울대 철학과, 1943~2004)가 참여했습니다.

제2차 조사 보고서 작성에는 윤승용 박사(한국종교문화연구소, 종교학)의 도움을 받았습니다.

제3차 조사 보고서에는 조사 결과를 바탕으로 작성된 '한국 종교 이해와 조사에서의 제(諸) 문제'(윤승용 박사)와 '한국 종교의 성장과 위기'(서우석 서울시립대 도시사회학과 교수, 당시 독일 쾰른대 박사 과정)라는 두 편의 참고 자료를 실었습니다.

제4차 조사 보고서에는 윤승용 박사가 '최근 20년간 한국 종교 실태 및 종교 의식의 변화'라는 글을 통해 과거 조사 결과를 종합 정리했습니다.

이번 제5차 조사에서는 2010년대 들어 달라진 사회상과 가치관을 반영하는 새로운 이슈를 발굴해 추가로 조사했으며, 윤승용 박사가 지난 30년간 한국인의 종교 의식 변화를 전반적으로 조망했습니다.

1974년 문을 연 한국갤럽조사연구소가 올해 41돌을 맞습니다.

한국갤럽은 지난 41년간 수많은 조사를 해왔으나, 종교 조사는 1984년 처음 시작해 가장 오랜 기간 동안 추적 조사했을 뿐 아니라 매 조사 결과 보고서를 모두 단행본으로 펴냈다는 점에서도 저희에게 매우 각별한 의미가 있습니다.

아무쪼록 종교계, 학계, 언론계, 관련 사회 단체뿐 아니라 일반 국민들이 이 책을 통해 한국의 종교와 종교 의식을 정확하게 파악하고 앞으로 어떠한 방향으로 나아가야 할 것인가를 진지하게 생각하는 계기가 된다면 조사 분야에 몸담은 사람으로서 크나큰 보람으로 여기겠습니다.

2015년 1월

박 무 익 (한국갤럽조사연구소 설립자/회장)

목 차

〈한국인의 종교 1984-2014〉 보고서를 펴내며 / 3

제1부 조사의 개요

Ⅰ. 조사의 목적 / 12

Ⅱ. 조사의 기본 설계 / 12
   1. 제5차 조사 개요 / 12
   2. 과거 조사 개요 / 12
   3. 자료 처리와 분석 / 13

Ⅲ. 조사 연구팀 / 13

Ⅳ. 제5차 조사 보고서에서 달라진 점 / 13

제2부 조사 결과 분석

제1장 종교 현황과 실태 / 16

제1절 종교 인구 분포 / 16
   1. 종교인과 비종교인 / 17
   2. 종교별 분포 / 19

제2절 개인의 종교 실태 / 20
   1. 종교인 / 21
     1) 종교인의 신앙 시기 / 21
     2) 종교인의 신앙 기간 / 22
     3) 종교인의 신앙 계기 / 23
     4) 종교인의 개종 경험 / 24
       (1) 개종 경험률 / 24
       (2) 개종 전의 종교 / 25
     5) 종교인의 신앙 이유 / 26
   2. 비종교인 / 27
     1) 비종교인의 과거 신앙 경험률 / 27

　　　　2) 비종교인의 과거 신앙 경험 종교 / 28
　　　　3) 비종교인의 과거 신앙 기간 / 28
　　　　4) 비종교인이 종교를 믿지 않는 이유 / 29
　　　　5) 비종교인의 호감 종교 / 30

　제3절 가족의 종교 실태 / 31
　　1. 부모의 종교 / 32
　　2. 배우자의 종교 / 33

제2장 종교와 종교 생활 / 35

　제1절 종교적 의식 / 35
　　1. 종교를 믿는 이유 (일반적 견해) / 36
　　2. 생활 속의 종교 비중 / 37
　　3. 종교와 개인 삶의 질 / 38
　　4. 교회/절 참석의 중요성 / 39
　　5. 종교 단체 얽매임 기피 / 40

　제2절 종교적 참여 / 41
　　1. 신앙심의 자기 평가 / 42
　　2. 종교 의례 참여 빈도 / 43
　　3. 기원/기도 빈도 / 45
　　4. 경전을 읽는 빈도 / 46
　　5. 종교적 헌납 빈도 / 48
　　　1) 불교인의 시주 빈도 / 48
　　　2) 기독교인의 십일조 여부 / 49

　제3절 종교적 체험 / 50
　　- 절대자나 신의 계시를 받은 경험
　　- 극락/천국에 갈 것이라는 계시
　　- 마귀/악마의 유혹을 받고 있다는 느낌
　　- 벌을 받고 있다는 느낌
　　- 종교의 힘으로 병이 나은 경험
　　- 다시 태어난 것 같은 느낌

제3장 종교와 의식 구조(Ⅰ): 종교적 성향과 종교의 추세 / 53

　제1절 종교 의식과 성향 / 53
　　1. 종교적 성향 / 54

   1) 유교적 성향 / 54
   2) 기독교적 성향 / 56
   3) 불교적 성향 / 58
  2. 종교적 실재에 대한 믿음 / 59
   - 절대자/신
   - 극락/천국
   - 죽은 다음의 영혼
   - 기적
   - 귀신/악마

제2절 삶과 죽음에 대한 태도 / 61

  1. 삶에 대한 태도 / 62
   1) 인생의 의미 / 62
   2) 허무감 생각 빈도 / 63
   3) 행복감 / 64
  2. 죽음에 대한 태도 / 65
   1) 죽음 생각 빈도 / 65
   2) 죽음 맞이와 준비 / 66
   3) 선호하는 장례식 / 67

제3절 종교의 사사화와 관용성 / 68

  1. 종교의 사사화 경향 / 69
   1) 기/마음 수련 참여 경험 / 69
   2) 종교보다 개인 성찰에 관심 / 70
   3) 종교 단체를 벗어난 개인의 종교적 믿음 실천 / 71
  2. 종교의 관용성 (배타성과 포용성) / 72
   1) 종교의 교리 차이 / 72
   2) 비종교인의 구원 가능성 / 73
   3) 종교 단체의 비종교인에 대한 태도 / 74

제4장 종교와 의식 구조(Ⅱ): 종교와 생활 의식 / 75

제1절 일상적 가치관 / 75

  1. 인간 본성에 대한 태도 (선악, 善惡) / 75
  2. 생활에서 중요한 것 / 76
  3. 생활 만족도 / 80
  4. 이상적인 자녀 수 / 82

제2절 전래의 사고 방식 / 83
    1. 집안 항렬의 돌림자 / 83
    2. 궁합과 결혼 / 85
    3. 묏자리와 자손의 번영 / 86

제3절 이혼, 낙태, 동성애에 대한 인식 / 87
    1. 이혼 / 87
    2. 낙태 / 88
    3. 동성애 / 89

제5장 종교와 종교 단체 / 90

제1절 종교와 종교인 평가 / 90
    1. 종교에 대한 평가 / 91
        1) 종교의 사회적 영향력 변화 / 91
        2) 종교의 사회적 기여 / 92
        3) 사이비 종교의 수 / 93
    2. 종교인에 대한 평가 / 94
        1) 종교적 덕목의 실천 / 94
        2) 성직자의 품위와 자격 / 95
        3) 성직자의 권위적 태도 / 96

제2절 종교와 사회 활동에 대한 평가 / 97
    1. 종교 단체 일반에 대한 평가 / 98
        1) 종교 본래의 뜻 / 98
        2) 인생 문제에 대한 해답 제시 / 99
        3) 참진리 추구보다 교세 확장에 관심 / 100
        4) 종교적 규율 강조 / 101
    2. 사회 활동에 대한 평가 / 102
        1) 종교 단체의 바람직한 참여 범위 / 102
        2) 종교 단체가 설립한 학교의 신앙 교육 / 103
        3) 종교 시설의 개방 / 104
        4) 종교 기관의 사적 상속 / 105

제3절 종교적 헌납과 재산에 대한 태도 / 105
    1. 종교적 헌납과 신앙 / 105
        1) 헌납금 강요 / 106
        2) 불교 시주에 대한 이해 (시주와 복 받음) / 107
        3) 기독교인의 십일조/헌금에 대한 이해 (헌금과 복 받음) / 108

2. 종교의 본뜻에 따른 헌금 용도 / 110
3. 종교 단체 이외의 자선적 기부 경험 / 111

제4절 주요 종교에 대한 건의 사항 / 112

1. 불교에 대한 건의 사항 / 112
2. 개신교에 대한 건의 사항 / 113
3. 천주교에 대한 건의 사항 / 113

제3부 한국 종교의 30년간 변화와 종교사적 과제
- 윤승용(한국종교문화연구소 이사)

제1절 들어가는 말 / 116

제2절 조사 결과를 돌아보며 / 119

1) 종교 인구와 종교 지형 / 119
2) 종교인의 종교 생활 / 123
3) 종교 의식 구조 (종교관과 가치관) / 125
   (1) 한국인의 종교관 / 125
   (2) 한국인의 가치관 / 127
4) 종교와 종교 단체 / 129

제3절 종교 문화 변화의 종교사적 의미 / 132

1) 종교 지형의 변화와 의미 / 132
2) 개별 종교들의 변화와 의미 / 133

제4절 맺는 말: 한국 종교의 종교사적 과제 / 135

제4부 자료편

교차집계표 / 141

질문지 / 247

제1부

조사의 개요

Ⅰ. 조사의 목적

이 조사의 목적은 한국의 종교 실태와 한국인의 종교 의식, 종교관, 가치관을 종합적으로 파악하고 현재 논의되고 있는 종교의 여러 쟁점에 대한 여론을 수집하여 종교계, 학계, 관련 사회 단체와 일반 국민들이 종교를 연구하고 이해하는 데 유용한 기초 자료를 제공하는 데 있다.

이번 조사는 1984년, 1989년, 1997년, 2004년에 이어 2014년 다섯 번째 실시한 것으로, 지난 30년간 한국인의 종교와 종교 의식의 변화 추세를 살펴볼 수 있다.

Ⅱ. 조사의 기본 설계

1. 제5차 조사 개요
(1) 조사대상: 전국(제주도 제외) 만 19세 이상 남녀 1,500명
(2) 조사기간: 2014년 4월 17일~5월 2일
(3) 표본오차: ±2.5%포인트(95% 신뢰수준)
(4) 표본추출방법: 2단 층화 집락 추출
(5) 자료수집방법: 전문조사원 개별 인터뷰

2. 과거 조사 개요
(1) 조사대상: 전국(제주도 제외) 만 18세 이상 남녀
(2) 조사기간 / 표본크기 / 표본오차(95% 신뢰수준)
　1) 제1차: 1983년 8월 25일~9월 8일 / 1,946명 / ±2.2%포인트
　2) 제2차: 1989년 3월 4~10일 / 1,990명 / ±2.2%포인트
　3) 제3차: 1997년 9월 14~26일 / 1,613명 / ±2.4%포인트
　4) 제4차: 2004년 1월 13~31일 / 1,500명 / ±2.5%포인트
(3) 표본추출방법: 다단 층화 무작위 추출
(4) 자료수집방법: 전문조사원 가구 방문 1:1 개별 인터뷰

3. 자료 처리와 분석

수집된 자료(raw data)는 부호화(coding), 전산 입력(punching), 논리적 오류 검출(editing)과 검증(verification)을 거쳐 통계분석 프로그램인 SPSS로 처리했으며, 모든 조사 항목에 대해 사회인구 통계학적(social demographics) 특성별 교차 집계표를 제시했다(자료편 참조).

Ⅲ. 조사 연구팀

이 조사 연구는 한국갤럽이 1983년(1차, 보고서 출간은 1984년)에 처음 실시했으며 1989년(2차), 1997년(3차), 2004년(4차)에 이어 이번 2014년 5차 조사를 실시하여 현재 한국의 종교 실태와 한국인의 종교 의식을 종합적으로 분석하고 아울러 그동안의 변동 상황을 추적하는 데 중점을 두었다.

1984년 첫 조사의 설계와 분석에는 한국갤럽 연구팀 외에 윤이흠 교수(서울대 종교학과), 심재룡 교수(서울대 철학과)가 참여했고, 1997년 조사 분석에는 윤승용 박사(한국종교문화연구소, 종교학)와 서우석 교수(현 서울시립대 도시사회학과, 당시 독일 쾰른대 박사 과정)가 참여했다. 2004년과 2014년 조사 분석에도 윤승용 박사가 종교계와 사회의 주요 이슈를 질문지에 반영하고 장기간의 한국 종교와 종교인의 인식 변화를 종합적으로 조망하고자 했다.

Ⅳ. 제5차 조사 보고서에서 달라진 점

첫째, 1차부터 4차 조사 보고서까지는 연령을 만 18~24세, 25~29세, 30대, 40대, 50세 이상으로 구분했으나, 5차에서는 만 19~29세, 30대, 40대, 50대, 60세 이상으로 구분했다. 이는 최근 10년간 우리 사회에 나타난 급격한 인구 고령화 현상을 반영한 것이다. 한국의 성인 인구에서 20대 비율은 1985년 35%, 1995년 28%, 2005년 21%, 2014년 18%로 줄었다. 반면, 50세 이상이 차지하는 비율은 1985년 24%, 1995년 26%, 2005년 32%, 2014년 40%를 웃도는 수준으로 증가했다[2]. 1984

---

[2] 1985년, 1995년, 2005년은 통계청 인구총조사(센서스), 2014년은 안전행정부 주민등록 인구 통계 기준

년 1차 조사 당시는 성인 인구에서 20대가 가장 큰 비중을 차지했고 사회 생활 시작이나 결혼 등이 주로 20대에 이뤄져 초반과 후반을 구분하여 볼 필요가 있었다. 그러나 30년간 출산율 저하에 따라 20대 인구가 줄었고, 평균 초혼 연령은 1990년 남성 27.8세, 여성 24.8세에서 2012년 남성 32.2세, 여성 29.6세로 높아졌다. 또한 대학 진학률은 1980년 27%에서 2000년대 80%대로 증가하여 20대 후반에도 학생 신분을 유지하고 있는 경우가 많으므로 20대 초반과 후반은 과거에 비해 동질적이다. 현재는 오히려 사회경제적·신체적 조건이나 라이프스타일 측면에서 매우 다른 특성을 지닌 50대와 60세 이상의 차이에 주목할 필요가 있다.

둘째, 5차 조사 보고서는 1980년대부터 2010년대에 이르기까지 한국 종교의 변화를 10년 주기로 비교 분석했다. 단, 1980년대는 1984년과 1989년 두 차례 조사를 실시했기 때문에 연령이나 지역 등 세부 조사 결과에서 편의상 1984년 수치만 제시한 부분도 있다.

셋째, 조사 결과를 보다 명료하게 이해하고 쉽게 인용토록 하기 위해 소수점 아래 수치는 제시하지 않았다. 모든 조사에는 오차가 존재한다. 전국 1,500명이 응답한 5차 조사의 표본오차는 ±2.5%포인트(95% 신뢰수준)다. 비교 대상이 되는 두 수치의 간극이 이 범위를 넘지 않는다면 뚜렷한 차이나 변화가 없다고 봐야 한다. 오차 범위를 감안하면, 즉 0.1~0.9%포인트는 조사 결과 전반을 해석하는 데 큰 의미가 없다. 한국갤럽은 2012년부터 자체 조사 결과를 제시할 때 이러한 원칙을 적용하고 있다. 이 보고서에서는 제5차 조사 결과뿐 아니라 이전 조사 결과도 소수점 아래 수치 없이 제시했다. 이러한 수치 반올림의 결과로, 각 항목별 전체 백분율의 합은 99% 또는 101%가 될 수도 있음을 미리 밝힌다.

제2부

조사 결과 분석

제1장 종교 현황과 실태

이 장에서는 한국 종교 현황의 개관에 해당하는 종교 인구의 비율, 종교별 종교 인구 분포 등을 파악했다. 이를 위해 현재 개인이 종교를 믿는지, 믿는다면 어느 종교를 믿는지, 종교를 처음 믿게 된 시기와 지금까지의 신앙 기간, 종교를 믿게 된 계기와 현재 믿는 이유 등 개인의 종교 경험을 질문했고, 개종 경험도 물어 종교 간 변화와 역동성을 추적했다. 또한, 개인의 삶에 큰 영향을 미치는 가족 구성원(친부모와 배우자)의 종교 일치율을 통해 세대 간 종교 변화도 살폈다.

제1절 종교 인구 분포

종교 인구는 통계청이 주관하는 인구총조사(census)와 같은 전수조사, 일반 여론 조사 기관이 주로 하는 표본조사, 종교 단체의 보고를 집계한 통계 등 여러 방법으로 파악할 수 있다. 각각의 방법에는 편의성, 정확성 측면에서 장단점이 존재한다. 본 조사는 '표본추출된 응답자의 자기 확인 방법'으로 종교 인구의 분포를 추정한다. 이 방법은 '내가 어느 종교를 믿는다, 믿지 않는다'라는 응답으로 종교인 여부를 쉽게 가를 수 있는 반면, 자신의 종교적 정체성이 분명하면서 동시에 사회적으로 제도화된 종교에 소속된 사람만 종교 인구로 잡히는 경향이 있다. 종교를 가지고 있더라도 종교적 정체성이 모호한 경우, 기존 사회 제도권 내 종교로 인정받지 못한다고 생각되는 신종교(新宗敎)나 민간 신앙을 믿는 경우, 또는 자의적 판단 하에 자신이 믿고 행하는 것을 종교로 인식하지 않는 경우[3], 그리고 자신의 종교를 구태여 밝히고 싶어 하지 않는 종교인[4]들은 통계에 잡히지 않는다. 본 조사 결과에서 파악된 종교인 절대 다수는 정체성이 분명한 불교, 개신교, 천주교에 속했고, 실제 우리 사회에 적지 않게 존재하는 유교인과 같은 확산 종교인, 천도교, 증산교, 원불교인 등 신종교인, 그리고 무속 신앙인은 거의 나타나지 않았다.

---

[3] 요가, 마음 수련이나 단학 등 개인 영성을 지향하는 종교들을 말한다.
[4] 비밀 결사 형태의 종교. 대표적인 예로 공제(共濟)·우애(友愛)를 목적으로 하는 프리메이슨(Freemason)이 있다.

1. 종교인과 비종교인

문) 귀하는 현재 종교를 믿고 계십니까? (%, 표 27-1)

	1984년	1989년	1997년	2004년	2014년
믿고 있다	44	49	47	54	50
믿고 있지 않다	56	51	53	47	50

전체 응답자(전국의 만 19세 이상 남녀 1,500명)에게 현재 종교를 믿고 있는가 물은 결과 현재 '종교를 믿고 있다'(종교인) 50%, '종교를 믿고 있지 않다'(비종교인)도 같은 50%로 나타났다. 종교인 비율은 지난 2004년 4차 조사(54%)에 비하면 4%포인트 줄었지만, 1984년(44%)에 비하면 30년간 6%포인트 증가했다.

성별로 보면 여성(57%)이 남성(44%)보다 종교를 믿는 비율이 더 높았지만, 2004년 조사에 비해 여성의 종교인 비율은 6%포인트 감소한 반면 남성은 변화가 없었다.

◎ 연령별 종교인 비율 (%)

	1984년	1989년	1997년	2004년	2014년
19~29세	36	39	36	45	31
30대	45	46	47	49	38
40대	49	54	53	57	51
50대	53	58	56	62	60
60세 이상					68

*19~29세의 1984~2004년 수치는 18~24세, 25~29세 조사 결과의 평균
*1984~2004년의 50대는 50세 이상을 의미. 2014년부터 60세 이상 별도 구분

연령별 종교인 비율은 20대 31%, 30대 38%, 40대 51%, 50대 60%, 60세 이상 68%로 고연령일수록 높았다. 2004년과 비교하면 젊은 세대의 종교인 비율이 눈에 띄게 줄었다. 20대 종교인 비율은 2004년 45%에서 2014년 31%로 14%포인트 감소, 30대(49%→38%)는 11%포인트 감소, 40대(57%→51%)는 6%포인트 감소했다. 그런데 10년 전 30대는 현재의 40대에 해당한다. 이러한 관점에서 다시 비교하면 10년 전 30대의 절반(49%)이 종교를 믿었고 현재 40대가 된 그들 중에서도 여전히 절반(51%)은 종교를 믿는다. 10년 전 40대의 종교인 비율은 57%였고 현재 50대는 60%

로 3%포인트 늘었으며, 10년 전 50대 이상(62%)에 비하면 현재 60세 이상(68%)의 종교인 비율은 6%포인트 늘었다. 즉, 현재의 40대 이상은 10년 전과 종교인 비율이 비슷하거나 약간 늘었다.

학력별로는 중졸 이하 63%, 고졸 54%, 대재 이상 41%로 학력이 높을수록 종교인 비율은 낮다. 특히 1984년 조사 이후 종교인 비율은 저학력층에서 꾸준히 증가한 반면, 대재 이상 고학력층에서는 증감을 반복했다. 1997년 조사에서 감소했다가 2004년 7%포인트 증가했으나 이번 조사에서 다시 12%포인트 감소해 30년 전인 1984년(40%) 수준으로 되돌아갔다.

지역별로는 2004년 조사에 비해 서울(54%→46%), 대전/세종/충청(57%→47%), 부산/울산/경남(59%→52%)은 대체로 감소했고, 광주/전라(47%→52%), 대구/경북(50%→55%)은 증가했으며 인천/경기(53%→52%), 강원(42%→45%)은 별 변화가 없었다.

지역 크기별로는 2004년 대비 대도시의 종교인 비율이 줄고(54%→47%), 읍/면 지역에서는 증가했다(54%→62%). 이념 성향별 종교인 비율은 보수층 58%, 중도층 50%, 진보층 39%로 보수적일수록 높았다.

이번 조사에서는 2004년에 비해 전체적으로 종교인 비율이 줄었다. 가장 큰 원인은 청년층의 종교인 비율이 두드러지게 감소한 데 있다. 10년 전 20대는 45%가 종교를 믿었지만 현재 30대는 38%로 7%포인트 줄었으며, 현재 20대는 31%에 불과하다. 2030 세대의 탈(脫)종교 현상은 종교 인구의 고령화, 더 나아가 향후 10년, 20년 장기적인 종교 인구 감소로 이어질 가능성이 크다. 1990년대 후반에는 저연령, 고학력층을 중심으로 종교 인구가 증가했지만 2000년대 들어서는 다시 감소해 1989년 수준(49%)으로 되돌아갔다. 사회 변화에 민감한 이들이 왜 종교 인구 변화의 중심 축으로 등장했는가에 대한 심층 원인 분석이 꼭 필요할 것으로 보인다.

2. 종교별 분포

문) 귀하는 현재 종교를 믿고 계십니까?
(믿는 종교가 있다면) 어느 종교를 믿으십니까? (%, 표 27-2)

	1984년	1989년	1997년	2004년	2014년
불교	19	21	18	24	22
개신교	17	19	20	21	21
천주교	6	7	7	7	7
기타 종교	3	2	1	1	0
종교 없음	56	51	53	47	50

2014년 현재 한국인의 종교 분포는 불교 22%, 개신교 21%, 천주교 7%로 불교와 개신교가 비슷한 비중을 보였다. 성별로 보면, 남성은 불교 20%, 개신교 18%, 천주교 5%, 종교 없음 56%, 여성은 불교 24%, 개신교 24%, 천주교 8%, 종교 없음 43%로 나타나 전반적으로 남성(44%)에 비해 여성(57%)의 종교인 비율이 높았다. 남성의 불교인 비율은 1984년(14%)에 비해 6%포인트 증가했고 특히 2004년 크게 늘었으나 이후 답보했다. 여성의 불교인 비율은 1984년(23%) 대비 5%포인트 늘었다.

지역별로 보면, 불교인 비율은 우리나라 동쪽인 부산/울산/경남(42%)과 대구/경북(32%)에서 높았고 개신교인 비율은 서쪽의 광주/전라(31%)와 인천/경기(27%)에서 상대적으로 높아 대조를 이뤘다.

◎ 종교인 분포 현황 1984-2014 (%)

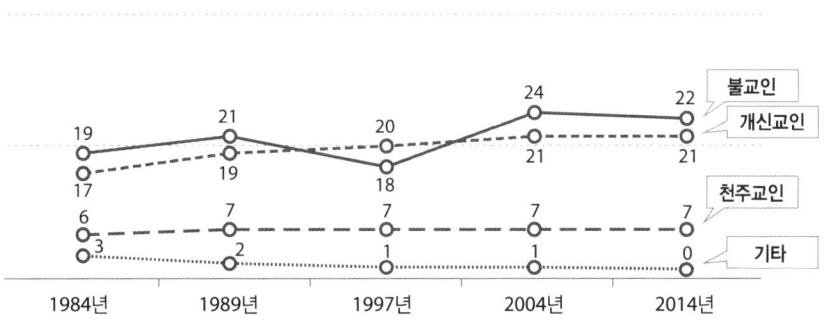

◎ 연령별 종교인 분포 (%)

	19~29세				30대				40대				50대				60세 이상			
	'84	'97	'04	'14	'84	'97	'04	'14	'84	'97	'04	'14	'84	'97	'04	'14	'84	'97	'04	'14
불교인	10	10	15	10	17	15	21	11	28	21	27	21	29	30	35	32				35
개신교인	20	19	23	18	19	22	23	20	14	22	21	20	13	18	19	23				24
천주교인	5	6	6	3	7	8	6	7	5	8	9	9	6	7	6	5				8
비종교인	64	64	55	69	55	53	51	62	51	47	43	49	47	44	38	40				32

*1984~2004년의 50대는 50세 이상을 의미. 2014년부터 60세 이상 별도 구분

연령별로 보면 불교인 비율은 2030 세대(10% 내외)와 5060 세대(30% 상회)의 차이가 큰 데 반해, 개신교인과 천주교인의 연령별 분포는 상대적으로 고른 편이다. 2004년과 비교하면 불교인 비율은 전 세대에서 대체로 감소했고, 개신교인 역시 20대와 30대에서는 소폭 감소했지만 50대 이상에서는 오히려 늘었다. 지난 30년간 3040 세대의 불교인 비율은 6%포인트 이상 감소했고, 5060 세대에서는 3%포인트 늘었다. 반면 같은 기간 동안 개신교의 경우, 2030 세대에서 20% 선을 계속 유지하고 있으나 40대와 50대에서는 각각 6%포인트, 10%포인트 증가했다.

불교인 비율이 높은 직업은 농/임/어업(40%)과 가정주부(30%)였고, 개신교인과 천주교인에서는 상대적으로 직업 편중이 크지 않았다.

지난 30년간 종교 인구 변화를 요약하면 2030 세대 종교인 감소, 전체 종교인의 고령화, 불교 인구 비율의 증감 반복 현상, 그리고 기독교(개신교와 천주교)의 정체라 할 수 있다.

제2절 개인의 종교 실태

〈종교 인구〉에 이어 여기에서는 개인의 종교적 이력과 실태를 전반적으로 살펴봤다. 종교인에게는 신앙 시기, 신앙 기간, 신앙 계기, 개종 경험, 신앙 이유를, 비종교인에게는 과거 신앙 경험과 경험 종교, 그 신앙 기간, 현재 종교를 믿지 않는 이유를 물었다. 특히, 종교인의 개종 경험과 비종교인의 과거 신앙 경험을 살펴봄으로써 개인의 신앙 이력은 물론 종교 간의 변화와 역동성을 이해하고자 했다.

1. 종교인

1) 종교인의 신앙 시기

문) (종교를 믿는 사람에게)
귀하는 현재의 종교를 몇 살 때부터 믿게 되셨습니까? (%, 표 28)

	1984년	1989년	1997년	2004년	2014년
9세 이하	24	21	27	31	26
10대	(44) 20	(41) 20	(48) 21	(47) 16	(38) 12
20대	26	24	24	24	19
30대	16	18	14	18	21
40대	11	11	8	8	16
50세 이상	(15) 4	(16) 5	(13) 5	(11) 3	(22) 6
모름/응답거절	1	1	–	–	–

종교를 믿는 사람(754명, 전체 응답자의 50%)에게 현재의 종교를 몇 살 때부터 믿게 되었는지 물은 결과, '9세 이하'가 26%로 가장 많았고 그 다음은 '20대'(19%), '30대'(21%), '40대'(16%)로 분산됐으며 '10대'(12%)와 '50세 이상'(6%)은 상대적으로 적었다. 2004년과 비교하면 '10대 이하'가 47%에서 38%로 줄고 '40대 이상'은 11%에서 22%로 늘었다. 30년 전인 1984년에 비해서는 '10대', '20대'는 각각 6%포인트, 7%포인트 감소한 반면 '40대 이상'은 7%포인트 증가해 신앙 생활을 시작하게 되는 평균 연령이 높아졌다. 이는 현재 종교 인구의 고령화 현상과도 무관치 않은 결과다.

성별로는 남성이 여성보다 종교를 믿게 된 시기가 상대적으로 일렀다(9세 이하: 남성 32%, 여성 21%, 10대: 남성 14%, 여성 11%, 20대: 남성 14%, 여성 22%). 종교별로 보면, 성인이 되기 전부터 현재의 종교를 믿은 사람은 개신교인의 경우 46%로 절반에 달했고(9세 이하 31%, 10대 15%) 천주교인(36%)과 불교(31%)는 그 비율이 상대적으로 적었다.

2) 종교인의 신앙 기간

문) (종교를 믿는 사람에게)
현재의 종교를 믿으신 기간은 지금까지 대략 몇 년 정도 됐습니까? (%, 표 29)

	1984년	1989년	1997년	2004년	2014년
5년 미만	22	21	12	11	8
5~10년 미만	18	16	12	11	8
10~20년 미만	24	21	27	27	22
20~30년 미만	17	17	22	26	26
30년 이상	(35) 18	(42) 25	(49) 27	(52) 26	(62) 36
모름/응답거절	1	0	0	-	-

현재의 종교를 믿은 기간을 물은 결과, '30년 이상'이 36%로 가장 많았고 그 다음은 '20~30년 미만' 26%, '10~20년 미만' 22% 순이었으며 '5~10년 미만'과 '5년 미만'은 각각 8%였다. 전체 종교인 중에서 20년 이상 믿었다는 사람이 62%를 차지했다. 신앙 기간은 대체로 응답자의 현재 나이에 비례하기 때문에 이 자체만으로는 해석의 한계가 있지만, 1984년 이후 다섯 번의 조사에서 20년 이상 장기간 신앙 생활을 했다는 응답은 계속 증가한 반면(1984년 35%; 2014년 62%) 5년 미만 단기간 신앙 생활자는 감소했다(1984년 22%; 2014년 8%). 이는 종교 인구의 고령화와 함께 종교를 믿은 기간도 평균적으로 더 길어졌음을 의미한다.

◎ 종교별 신앙 기간: 단기(5년 미만) vs. 장기(20년 이상) (%)

	단기 신앙자(5년 미만)					장기 신앙자(20년 이상)				
	'84	'89	'97	'04	'14	'84	'89	'97	'04	'14
불교인	18	15	10	8	8	40	51	55	55	61
개신교인	25	24	13	11	6	44	36	48	51	64
천주교인	25	30	11	18	16	39	49	42	45	57

종교별 신앙 기간 '5년 미만'은 천주교인 16%, 불교인 8%, 개신교인 6%였다. 2004년에는 그 비율이 천주교인 18%, 불교 8%, 개신교인 11%였으니, 불교나 천주교에 비해 개신교인의 단기 신앙자 비율 감소폭이 컸다. 30년 전과 비교해도 불교인(18%→8%)이나 천주교인(25%→16%)에서는 단기 신앙자 비율이 약 10%포인트

줄은 데 반해 개신교인(25%→6%)의 감소폭은 19%포인트에 달했다.

1989년 조사에서 천주교 단기 신앙자 비율(30%)이 이례적으로 높았던 것은 1980년대 두 차례에 걸친(1984년, 1989년) 교황 요한 바오로 2세의 한국 방문 영향으로 추정된다. 또한 2000년 이후에도 천주교는 불교나 개신교보다 높은 단기 신앙자 비율을 유지해 새로운 신도의 유입이 상대적으로 활발하다고 볼 수 있다.

3) 종교인의 신앙 계기[5]

문) (종교를 믿는 사람에게) 현재의 종교를 믿게 되신 가장 큰 계기는 무엇입니까? (%, 표 30)

	2014년
스스로 필요해서	33
모태 신앙	22
타인의 전도로(가족 포함)	46

현재 종교를 믿는 사람들은 종교를 믿게 된 가장 큰 계기로 46%가 '다른 사람의 전도(가족 포함)'를 꼽았고, 그 다음은 '스스로 필요해서'(33%), '모태 신앙'(21%) 순이었다.

◎ 종교별, 연령별 신앙 계기 (%)   (%)

		스스로 필요해서	모태 신앙	타인의 전도
종교별	불교인	44	19	38
	개신교인	23	26	51
	천주교인	25	19	54
연령별	19~29세	10	55	35
	30대	21	33	45
	40대	30	15	55
	50대	40	13	47
	60세 이상	43	15	42

종교별 신앙 계기는 불교인의 경우 '스스로 필요해서'(44%)와 '타인의 전도'(38%) 응답의 차이가 크지 않은 반면, 개신교인이나 천주교인은 '타인의 전도'가 50%를 웃

---
[5] 이번 5차 조사에 새로 추가한 질문

돌아 '스스로 필요해서'(25% 내외)라고 답한 사람보다 배로 많았다.

연령별 차이도 있었다. 2030 세대는 40대 이상에 비해 '모태 신앙'을 많이 꼽아 부모의 영향력을 짐작케 했고(20대 55%, 30대 33%, 40대 이상은 15% 내외) '스스로 필요해서' 종교를 믿게 됐다는 응답은 고연령일수록 많았다(20대 10%, 60세 이상 43%).

4) 종교인의 개종 경험

(1) 개종 경험률

문) (종교를 믿는 사람에게)
현재의 종교 이전에 다른 종교를 믿으신 적이 있습니까? (%, 표 31-1)

	1984년	1989년	1997년	2004년	2014년
있다	17	20	16	16	10
없다	83	80	84	84	90

개종 경험이 '있다'고 응답한 비율은 전체 종교인(754명) 중 10%, 나머지 90%는 '없다'고 답했다. 종교인의 개종 경험률은 1980년대 20%에 육박했으나 이후 1997년과 2004년에는 16%, 이번 2014년에는 10%로 감소했다. 이는 종교 간 유동성이 전체적으로 줄었음을 의미한다.

◎ 종교별 다른 종교 신앙 경험률 (%)

	1984년	1989년	1997년	2004년	2014년
불교인	16	19	17	13	10
개신교인	15	18	10	15	9
천주교인	23	23	25	28	17

종교별로 보면, 천주교인의 개종 경험률이 17%로 가장 높았고 불교인과 개신교인은 약 10%로 비슷했다. 천주교인의 개종 경험률은 1984년부터 2004년까지 20%를

넘었으나 이번에 처음으로 20%를 밑돌았다.

연령별 개종 경험률은 50대가 16%로 가장 높았고 40대(12%)와 60세 이상(9%)은 10% 내외, 30대는 7%, 20대는 5%에 그쳤다. 1997년 이후 조사에서는 모두 20대 개종 경험률이 가장 낮았지만, 1984년과 1989년 조사에서는 당시 24세 이하의 개종 경험률이 각각 21%, 25%로 타 연령대에 비해 가장 높았다[6].

(2) 개종 전의 종교

문) (개종 경험이 있는 사람에게) 과거에는 어느 종교를 믿으셨습니까?[7] (%, 표 31-2)

	1984년	1989년	1997년	2004년	2014년
불교	32	35	33	34	33
개신교	48	50	58	46	52
천주교	11	12	10	15	10
유교	3	4	–	–	–
기타 종교	6	8	5	5	5

개종 경험이 있다고 응답한 종교인(78명)에게 과거 어느 종교를 믿었는지 물은 결과, 개신교가 52%로 비교적 많았으며 불교는 33%, 천주교 10%, 기타 종교는 5%였다. 개신교에서 타 종교로 개종한 사람이 가장 많고, 상대적으로 천주교는 그 숫자가 적었다. 지난 30년간 거의 유사한 경향이다.

---

6 1980년대의 20대는 2014년 현재의 50대에 해당한다. 일명 '베이비 붐(baby boom)' 세대로도 불리는 50대는 한국전쟁 직후인 1955년에서 산아제한정책 도입 직전인 1963년 사이에 태어나 다른 세대보다 인구 수가 많다. 이들은 이전 세대에 비해 교육 수준이 높고, 산업화와 민주화를 모두 경험하는 과정에서 다양한 종교를 접했던 것으로 보인다.

7 1997년 조사까지는 과거 믿었던 종교의 복수 응답을 허용했으나, 2004년부터는 직전 종교 하나만 답하도록 했다.

5) 종교인의 신앙 이유[8]

문) (종교를 믿는 사람에게)
   귀하께서 종교를 믿으시는 가장 큰 이유는 무엇입니까? (%, 표 32)

	1984년	1989년	1997년	2004년	2014년
복을 받기 위해서(건강, 재물, 성공 등)	2	3	10	9	11
죽은 다음의 영원한 삶을 위해서	14	12	17	11	15
마음의 평안을 얻기 위해서	33	43	54	65	60
삶의 의미를 찾기 위해서	6	11	5	8	13
기타	42	29	13	8	1
모름/응답거절	3	2	2	0	1

종교인(754명)에게 현재 자신이 종교를 믿는 이유를 물은 결과 '마음의 평안을 위해'라는 응답이 60%로 가장 많았고 그 다음은 '죽은 다음의 영원한 삶을 위해'(15%), '삶의 의미를 찾기 위해'(13%), '복을 받기 위해'(11%) 순이었다. 1980년대 두 차례 조사 이후 응답 방식이 바뀌었음을 감안하고 보더라도, 지난 30년간 여러 항목들 중에서 '마음의 평안' 응답이 가장 많이 늘었다.

◎ 종교별 신앙 이유: '마음의 평안을 위해' (%)

	1984년	1989년	1997년	2004년	2014년
불교인	34	47	59	71	73
개신교인	34	40	46	56	45
천주교인	34	49	66	73	63

◎ 종교별 신앙 이유: '죽은 다음의 영원한 삶을 위해(구원)' (%)

	1984년	1989년	1997년	2004년	2014년
불교인	3	1	2	0	5
개신교인	28	25	33	25	26
천주교인	12	12	11	5	12

---

[8] 1984년과 1989년에는 완전한 자유응답 방식으로, 1997년 이후에는 질문지에 보기 항목을 제시하고 조사해 각 항목별 응답 변화폭이 큰 편이다. 특히 '기타'는 1984년 42%에서 2014년 1%로 줄었다.

여러 신앙 이유들 중에서 '마음의 평안'을 꼽은 사람은 불교인에 가장 많았고 (73%), '영원한 삶(구원)' 응답은 개신교인(26%)에서 상대적으로 많았다.

2. 비종교인

1) 비종교인의 과거 신앙 경험률

문) (종교를 믿지 않는 사람에게)
귀하는 과거에 한번이라도 어떤 종교를 믿으셨던 적이 있습니까? (%, 표 46-1)

	1984년	1989년	1997년	2004년	2014년
있었다	43	45	50	43	35
없었다	56	55	50	57	65

현재 종교를 믿지 않는 사람(742명, 전체 응답자의 50%)에게 과거 종교를 믿은 적이 있는지 물은 결과 35%는 '있었다', 65%는 '없었다'고 답했다. 비종교인의 과거 신앙 경험률은 1984년 첫 조사에서 43%였다가 1997년 50%로 정점을 기록했고 2004년 43%, 2014년 35%(최저치)까지 감소했다. 현재 비종교인의 65%(종교인+비종교인 전체 기준 33%)는 지금까지 한번도 종교를 믿은 적 없는 사람들이다.

성별로는 남성(32%)보다 여성(38%)이 과거 종교를 믿은 적이 있다는 응답이 많았고, 연령별로는 모두 30% 선으로 뚜렷한 차이나 경향이 나타나지 않았다(20대 31%, 30대 35%, 40대 38%, 50대 33%, 60세 이상 39%).

2) 비종교인의 과거 신앙 경험 종교

문) (과거에 종교를 믿은 적이 있는 비종교인에게) 어떤 종교를 믿으셨습니까?[9] (%, 표 46-2)

	1984년	1989년	1997년	2004년	2014년
불교	24	23	24	26	22
개신교	64	75	73	59	68
천주교	16	10	12	13	10
기타	3	3	2	2	0

과거 종교를 믿은 적이 있다고 응답한 비종교인(257명)에게 가장 최근 기준으로 어떤 종교를 믿었는지 물은 결과, 68%는 개신교, 22%는 불교, 10%는 천주교라고 답했다. 이는 지난 조사 결과들과도 유사하다. 과거 개신교를 믿었다는 비종교인은 1984년 64%, 1989년 75%, 1997년 73%, 2004년 59%, 2014년 68%로 개신교 이탈자가 가장 많았다. 개신교는 불교나 천주교에 비해 상대적으로 젊은 층에 대한 포교 활동에 적극적이며, 부모의 종교에 따른 모태 신앙 비율 또한 높다. 하지만 그만큼 이탈하는 사람도 다른 종교에 비해 많은 것으로 보인다.

3) 비종교인의 과거 신앙 기간

문) (과거에 종교를 믿은 적이 있는 비종교인에게)
그 종교를 믿으신 기간은 대략 몇 년 정도였습니까? (%, 표 47)

	1984년	1989년	1997년	2004년	2014년
1년 이하	26	29	27	30	27
2년	13	16	16	10	16
3년	17	16	20	16	21
4~5년	14	13	16	15	17
6~10년	14	16	15	18	9
11년 이상	7	8	6	12	9
모름/응답거절	9	2	–	–	–

---

[9] 1997년 조사까지는 과거 믿었던 종교의 복수 응답을 허용했으나, 2004년부터는 직전 종교 하나만 답하도록 했다.

과거 종교를 믿은 적이 있다고 응답한 비종교인(257명)에게 그 종교를 믿은 기간을 물었다. '1년 이하'가 27%로 가장 많았고, 그 다음은 '3년' 21%, '4~5년' 17%, '2년' 16% 등 '3년 이하'가 전체의 64%를 차지했으며 '6년 이상' 장기간 믿은 경우는 18%였다. 종교별로는 유의미한 차이가 없었다. 지난 30년간 과거 신앙 경험 비종교인의 60% 내외가 신앙 기간을 '3년 이하'로 답해, 그 이상으로 신앙을 지속하는 사람은 이탈 가능성이 현저히 낮아진다고 볼 수 있다.

4) 비종교인이 종교를 믿지 않는 이유

문) (종교를 믿지 않는 사람에게)
귀하께서 현재 종교를 믿지 않으시는 가장 큰 이유는 무엇입니까? (%, 표 48)

	1997년	2004년	2014년
종교에 대한 불신과 실망으로	23	14	19
내 자신을 믿기 때문에	10	18	15
정신적, 시간적 여유가 없어서	19	21	18
관심이 없어서	26	37	45
가족과 주위 사람들의 반대로	4	2	1
용기가 없고 마음에 부담이 되어서	4	2	2
기타/모름/응답거절	14	6	0

비종교인(742명)은 현재 종교를 믿지 않는 가장 큰 이유로 45%가 '관심이 없어서'라고 답했고, 그 다음은 '종교에 대한 불신과 실망'(19%), '정신적, 시간적 여유가 없어서'(18%), '내 자신을 믿기 때문'(15%) 순이었다. 과거 조사들과 비교하면, '종교에 관심이 없어서'라는 응답이 1997년 26%, 2004년 37%, 2014년 45%로 계속 증가한 점이 두드러진다.

연령별로 보면 '관심이 없어서'라는 응답은 특히 20대의 55%에 달하며, 30대부터 50대는 40% 선, 60세 이상은 36%로 가장 적었다.

5) 비종교인의 호감 종교[10]

문) (종교를 믿지 않는 사람에게)
귀하께서 종교를 믿지 않으시는 것과는 무관하게, 현재 가장 호감이 가는 종교는
무엇입니까? (%, 표 49)

	2004년	2014년
불교	37	25
개신교	12	10
천주교	17	18
호감 가는 종교 없다	33	46

비종교인(742명)에게 종교를 믿지 않는 것과 무관하게 가장 호감을 느끼는 종교를 물은 결과 25%가 '불교'를 꼽았고, 그 다음은 '천주교'(18%), '개신교'(10%) 순이었으며 절반에 가까운 46%는 '호감 가는 종교가 없다'고 답했다. 2004년과 비교하면 호감 가는 종교로 '불교'를 꼽은 비율이 37%에서 25%로 감소한 반면, '호감 가는 종교가 없다'는 응답은 33%에서 46%로 늘어 대조를 이뤘다. '개신교'와 '천주교'는 10년 전과 거의 변함 없어, 비종교인의 호감 종교에서는 불교가 중요한 변수임을 알 수 있다.

◎ 연령별 비종교인의 호감 종교 (%)

	불교		개신교		천주교		없다	
	'04	'14	'04	'14	'04	'14	'04	'14
19~29세	34	18	11	12	18	17	36	52
30대	37	23	11	7	19	23	33	47
40대	43	30	17	12	17	18	23	40
50대	39	28	11	11	13	17	36	43
60세 이상		31		10		10		48

연령별로 보면, 고연령일수록 '불교'에 호감 간다는 응답이 많았고 '개신교'는 전 연령대에서 10% 남짓하게 고른 분포를 보였으며 '천주교'는 50대 이하에서는 약 20%, 60세 이상에서는 10% 정도로 나타났다. '호감 가는 종교가 없다'는 응답은 40

---
[10] 4차 조사(2004년)부터 질문

대(40%)에서 가장 적었고, 40대 위아래 세대로 갈수록 더 많았다. 2030 세대는 또래 집단에 종교인 비율이 적고 관심 가질 기회가 적어서, 5060 세대는 이미 종교인 비율이 높은 데다 과거 신앙 경험 등에 의해 종교에 별로 호감을 느끼지 못하는 것으로 보인다.

지금까지 살펴본 〈개인의 종교 실태〉를 요약하면, 종교인의 경우 저연령일수록 모태 신앙 비율이 높고 개종 경험률은 과거에 비해 낮아지고 있다. 또한, 비종교인의 과거 종교 경험률은 최저치(35%)를 기록했고, 최근 10년 사이 호감 가는 종교가 없다는 응답은 늘었다. 이는 전체적으로 한국의 종교 지형이 점차 고착되어 가고 있음을 보여주는 결과다.

제3절 가족의 종교 실태

가정은 한 개인에게 가족 구성원 간의 친교(親交)와 사랑을 통한 정서적·심리적 안정감과 생존 필수 요소인 의식주 등 물리적·신체적 안위(安慰)를 제공한다. 또한 가정은 문화적으로 사회 기본 단위이자 사적인 문화 전승(傳承) 공간으로서 큰 의미가 있다. 종교 역시 삶의 정서적 안정감을 제공하는 등 가정과 유사한 기능을 해 왔다. 특히 현대 사회에서 종교는 사적인 영역에서 가정과 사회·문화적으로 많은 공통점이 있다. 가정의 결속과 해체는 개인의 종교에도 적잖은 영향을 주며, 반대로 개인의 종교 또한 가정에 영향을 끼친다. 이러한 상호 관계로 말미암아 가족 구성원 간 종교의 일치 여부는 개인의 일상 생활에 중요한 변수가 된다. 이 절에서는 부모의 종교를 통해 세대 간 종교 변화를 파악하고, 기혼자와 그 배우자의 종교를 비교하여 개인의 일생일대 중대사인 결혼에서 종교의 중요성을 간접적으로 가늠해봤다.

문) 귀하의 가족 종교에 대해 여쭙겠습니다.
  (1) 귀하의 아버님은 어떤 종교를 믿으십니까(믿으셨습니까)?
  (2) 어머님은요?
  (3) (결혼 경험이 있는 경우에만) 그럼, 배우자의 종교는 무엇입니까? (%, 표 53)

	부친				모친				배우자			
	'84	'97	'04	'14	'84	'97	'04	'14	'84	'97	'04	'14
불교	32	33	35	29	47	43	43	37	25	24	27	22
개신교	7	13	13	13	12	18	18	17	16	20	19	19
천주교	3	5	4	4	5	7	7	5	6	7	8	5
기타 종교	4	3	1	0	4	3	1	0	2	2	1	0
종교 없음	51	46	48	54	30	29	31	41	49	48	45	53

1. 부모의 종교

부친의 종교는 불교 29%, 개신교 13%, 천주교 4%, 비종교인 54%였고, 모친은 불교 37%, 개신교 17%, 천주교 5%, 비종교인 41%로 나타났다. 현 세대와 부모 세대의 성별 종교인 비율을 비교하면 현재 남성은 43%, 부친은 46%, 현재 여성은 58%, 모친은 59%로 동성(同性)의 부모-자녀(부친-아들, 모친-딸) 간 종교인 비율은 거의 유사했다.

◎ **부모와 종교 일치율** (%, 표 53-1, 2)

응답자의 종교	부친과 일치				모친과 일치			
	'84	'97	'04	'14	'84	'97	'04	'14
불교	67	68	74	67	82	80	81	82
개신교	27	46	47	47	43	57	60	56
천주교	28	47	29	38	40	56	49	46

응답자의 종교가 부친 또는 모친과 일치하는 비율은 불교가 가장 높았고(부친과 일치 67%, 모친과 일치 82%) 그 다음은 개신교(부친과 일치 47%, 모친과 일치 56%), 천주교(부친과 일치 38%, 모친과 일치 46%) 순이었다. 종교를 믿는 사람은 대체로 부친보다 모친이 믿는 종교와의 일치율이 더 높았고, 비종교인의 경우 부친

의 73%, 모친은 58%가 종교를 믿지 않았다.

1984년 이후 부모-자녀 종교 일치율 추이는 대체로 증가했다. 불교는 부친, 모친 일치율에 큰 변화가 없었지만 개신교는 부친 일치율과 모친 일치율이 각각 20%포인트, 13%포인트 늘었으며, 천주교 역시 부친 일치율 10%포인트, 모친 일치율은 6%포인트 늘었다. 개신교와 천주교의 부모 종교 일치율이 급상승한 시기는 1980년대와 1990년대이며, 2000년 이후로는 변화폭이 크지 않다.

2. 배우자의 종교

결혼한 적이 있는 1,164명(전체 응답자의 78%, 이혼/사별 포함)에게 배우자의 종교를 물은 결과, 불교 22%, 개신교 19%, 천주교 5%, 그리고 53%는 '배우자가 종교를 믿지 않는다'고 답했다.

◎ **응답자와 배우자의 종교** (%, 표 53-3)

응답자의 종교	같은 종교				다른 종교				배우자 종교 없음			
	'84	'97	'04	'14	'84	'97	'04	'14	'84	'97	'04	'14
불교	71	73	74	68	2	2	3	3	27	25	23	29
개신교	73	74	67	73	4	4	3	3	24	22	29	24
천주교	66	70	71	56	3	9	10	8	32	21	19	36

응답자와 배우자의 종교가 일치하는 비율은 개신교 73%, 불교 68%, 천주교 56% 순이었으며, 응답자가 비종교인인 경우 배우자도 84%가 비종교인이었다. 2004년 대비 개신교인의 일치율은 높아진 반면 불교인과 천주교인의 배우자 종교 일치율은 낮아졌다. 한편 1984년과 비교하면 불교인과 개신교인의 배우자 종교 일치율은 70% 내외로 크게 달라지지 않았으나, 천주교인은 그 비율이 66%에서 56%로 감소했다.

이상의 부모와 배우자 등 가족 구성원 간 종교 일치율을 함께 고려하면, 부모-자녀 종교 일치율은 대체로 증가한 데 반해 배우자 종교 일치율은 정체하거나 하락했다. 부모-자녀 종교 일치율 증가는 부모의 영향으로 신앙에 입문하는 경우, 즉 신앙의 세대적 전승이 많아지고 있음을, 배우자 종교 일치율 하락은 젊은 남녀의 결혼에 종교적 요인의 중요성이 약화되고 있음을 의미한다. 부모가 특정 종교를 믿는 경우 자녀도 해당 종교를 믿는 경향이 있고, 그 자녀가 성인이 됐을 때 같은 종교를 믿는 배우자를 찾게 될 가능성이 높다. 현재는 불교인의 가족 구성원 종교 일치율이 높은 편이지만, 불교인 다수가 고령층이라는 점에서 향후 가족 구성원을 통한 종교 인구 확장성은 전 연령층에 고르게 분포한 개신교 쪽이 더 크다고 볼 수 있다. 2014년 현재 한국의 종교는 가족 중심으로 정착해 가고 있으며, 이는 우리 사회의 종교들이 중산층 중심으로 변하고 있다는 진단과도 맥을 같이하고 있다[11].

◎ 응답자와 가족 구성원 간 종교 일치율 (%)

응답자의 종교	부친과 일치		모친과 일치		배우자와 일치	
	1984년	2014년	1984년	2014년	1984년	2014년
불교	67	67	82	82	71	68
개신교	27	47	43	56	73	73
천주교	28	38	40	46	66	56
평균	41	51	55	61	70	66

---

11 서우석, "중산층 대형교회에 대한 사회학적 연구", 〈한국사회학〉 28집 여름호, (1994) pp. 151-174.

제2장 종교와 종교 생활

이번 장에서는 개인의 객관적인 종교 실태에 이어 개인의 종교 생활 전반을 심층적으로 파악하고자 했다. 같은 종교인이라 해도 개인의 종교관이나 신앙의 진실성과 강도에 따라 종교 생활의 내용은 상당히 다를 수밖에 없다. 여기서는 개인의 종교 생활을 종교 의식(意識)을 중심으로 한 종교적 생활, 개인 신앙의 열성(熱誠)을 중심으로 한 종교적 참여 정도, 개인의 신앙 내용(內容)을 중심으로 한 종교적 체험 등 크게 3개 영역으로 구분하여 질문을 구성했다.

그러나 조사 결과에 나타난 수치 그 자체는 개인의 종교 생활 표층만 보여줄 뿐이다. 각 종교마다 나름의 종교적 성향과 생활 방식이 따로 있기 때문에 어느 종교를 믿는가에 따라 종교인의 신앙 생활에 나타나는 표층도 다르다. 예컨대, 불교인이 절에 가는 빈도가 기독교인이 교회에 가는 빈도보다 적다고 해서 불교인의 종교성이 낮다고 평가할 수 없다. 기독교는 교파에 상관없이 주일 교회 출석을 모든 교인의 의무로 삼고 있지만, 불교에는 그에 상응하는 의무가 없기 때문이다. 따라서 이 장에서 다룰 종교 생활 관련 조사 결과를 해석할 때는 반드시 각 종교의 성향과 생활 방식 차이를 전제해야 한다.

제1절 종교적 의식

이 절에서는 종교 생활에 영향을 미치는 개인의 종교 의식과 종교 활동이 주로 이루어지는 종교 단체와의 관계를 살펴봤다. 먼저 개인의 종교관과 관련해서는 개인 생활에서 종교가 차지하는 비중, 종교를 믿는 이유, 종교가 개인의 질적인 삶에 어떤 도움을 주는지 질문했고, 종교 단체와 관련해서는 교회/절 참석의 중요성, 종교 단체 얽매임 등에 대한 인식을 물었다.

1. 종교를 믿는 이유 (일반적 견해)

문) 귀하는 사람들이 종교를 믿는 가장 큰 이유가 무엇이라고 생각하십니까? (%, 표 16)					
	1984년	1989년	1997년	2004년	2014년
복을 받기 위해서(건강, 재물, 성공 등)	13	11	12	16	15
죽은 다음의 영원한 삶을 위해서	11	11	12	8	14
마음의 평안을 얻기 위해서	58	65	67	68	60
삶의 의미를 찾기 위해서	12	10	7	7	10
기타	4	2	2	2	1

전체 응답자(만 19세 이상 남녀 1,500명)에게 일반적으로 사람들이 종교를 믿는 이유가 무엇이라고 생각하는지 물은 결과 '마음의 평안을 위해서'라는 응답이 60%로 가장 많았고, 그 다음은 '복을 받기 위해서'(15%)와 '죽은 다음의 영원한 삶을 위해서'(14%), 그리고 '삶의 의미를 찾기 위해서'(10%) 순이었다. 앞선 장에서 다룬 종교인의 신앙 이유와도 유사하다.

지금까지 다섯 차례 조사에서 모두 응답자의 과반이 종교를 믿는 이유로 '마음의 평안'을 꼽았고, 그 다음으로는 '복'이나 '영원한 삶', '삶의 의미' 등의 이유들이 엇비슷하게 나타났다. 지난 30년간 사회 환경이나 인구 구성, 종교 분포가 많이 달라졌음에도 이러한 경향이 지속되어 왔다.

◎ 종교별 신앙 이유: '복을 받기 위해' (%)

	1984년	1989년	1997년	2004년	2014년
불교인	20	15	16	19	11
개신교인	8	6	10	11	12
천주교인	3	2	3	8	10
비종교인	14	13	12	17	19

◎ 종교별 신앙 이유: '죽은 다음의 영원한 삶을 위해' (%)

	1984년	1989년	1997년	2004년	2014년
불교인	4	4	4	2	10
개신교인	27	27	28	23	28
천주교인	20	16	16	6	16
비종교인	9	7	8	5	9

◎ 종교별 신앙 이유: '마음의 평안을 위해' (%)

	1984년	1989년	1997년	2004년	2014년
불교인	61	67	71	71	67
개신교인	46	53	52	59	49
천주교인	58	72	70	78	58
비종교인	60	68	71	69	62

◎ 종교별 신앙 이유: '삶의 의미를 찾기 위해' (%)

	1984년	1989년	1997년	2004년	2014년
불교인	13	10	8	7	10
개신교인	16	13	9	6	10
천주교인	16	9	9	6	16
비종교인	11	8	5	7	9

종교인이나 비종교인이 꼽은 '사람들이 종교를 믿는 이유' 우선 순위는 크게 다르지 않았다. 다만 개신교인은 가장 종교적이라 할 수 있는 '영원한 삶' 응답이 28%로 불교인(10%)과 비종교인(9%)에 비해 높았고, '마음의 평안' 응답은 49%로 불교인(67%)과 비종교인(62%)에 비해 낮은 점이 두드러졌다.

2. 생활 속의 종교 비중

문) 귀하의 개인 생활에는 종교가 얼마나 중요합니까, 중요하지 않습니까? (%, 표 15)

	1984년	1989년	1997년	2004년	2014년
매우 중요하다	24	29	22	19	9
어느 정도 중요하다	(68) 44	(66) 37	(62) 40	(56) 37	(52) 43
(별로+전혀) 중요하지 않다	24	30	38	44	48
모름/응답거절	8	5	0	–	–

본인의 개인 생활에는 종교가 얼마나 중요한지 물은 결과 '(매우+어느 정도) 중요하다' 52%, '(별로+전혀) 중요하지 않다' 48%로 양분됐다. 특히 개인 생활에 종교가 '매우 중요하다'는 응답은 1989년 29%로 정점을 기록한 이래 2014년 9%까지 감소한 반면, '(별로+전혀) 중요하지 않다'는 응답은 1984년 24%에서 2014년 48%에 이르기까지 지속적으로 증가했다.

◎ 개인 생활 속 종교의 중요성: '(매우+어느 정도) 중요하다'					(%)
	1984년	1989년	1997년	2004년	2014년
불교인	88	78	77	68	59
개신교인	97	97	96	90	90
천주교인	97	96	89	82	81
비종교인	48	44	39	29	30

종교별로 보면, 종교가 개인 생활에 '중요하다'고 답한 비율이 가장 높은 집단은 개신교인(90%)이며 그 다음은 천주교인(81%), 불교인(59%), 비종교인(30%) 순이었다. 지난 30년간 추이를 보면 3대 종교인과 비종교인 모두 대체로 '중요하다'는 응답이 줄었지만 그 정도는 달랐다. 개신교인의 경우 '중요하다'는 응답 비율이 1980년대 97%였고 2000년 이후에도 여전히 90% 수준으로 유지됐으나 천주교인(1984년 97%; 2014년 81%)과 불교인(1984년 88%; 2014년 59%), 그리고 비종교인(1984년 48%; 2014년 30%)은 상대적으로 하락폭이 컸다.

한편 성별, 연령별 경향은 2004년 조사와 비슷하게 나타났다. 여성(60%)이 남성(45%)보다 생활 속 종교를 중시했고, 고연령일수록 개인 생활에서 종교가 중요하다는 응답이 많았다(20대 39%; 60세 이상 66%). 이는 여성이 남성보다, 그리고 고령층에서 상대적으로 종교인 비율이 높은 데 기인한 결과다.

3. 종교와 개인 삶의 질[12]

문) 귀하는 다음과 같은 말에 대해 어떻게 생각하십니까?
  귀하의 경험이나 느낌을 바탕으로 '그렇다', '아니다'로 응답해 주십시오.
  - 종교를 믿는 것은 개인 삶의 질 향상에 도움을 준다 (%, 표 17-4)

	2014년
그렇다	59
아니다	29
모르겠다	12

---

[12] 이번 5차 조사에 새로 추가한 질문

'종교를 믿는 것은 개인 삶의 질 향상에 도움을 준다'는 말에 대해서는 '그렇다' 59%, '아니다' 29%, '모르겠다' 12%로 한국인 열 명 중 여섯 명은 종교가 개인 삶에 기여한다고 봤다. 종교별 긍정률은 개신교인(84%)이 가장 높고 그 다음은 천주교인(73%), 불교인(67%) 순이었다. 종교인의 다수인 75%가 종교가 개인 삶의 질을 향상한다고 봤으며, 비종교인도 43%가 '그렇다'고 답했다. 또한 긍정률은 여성(64%)이 남성(54%)보다, 고연령일수록(20대 49%; 60세 이상 75%) 더 높았다.

◎ '종교를 믿는 것은 개인 삶의 질 향상에 도움을 준다'에 대한 견해 (%)

		그렇다	아니다	모르겠다
종교별	불교인	67	28	5
	개신교인	84	12	4
	천주교인	73	22	5
	비종교인	43	38	20
성별	남성	54	33	13
	여성	64	25	11
연령별	19~29세	49	31	20
	30대	52	30	18
	40대	58	31	11
	50대	57	34	8
	60세 이상	75	20	5

4. 교회/절 참석의 중요성

문) 귀하는 다음과 같은 말에 대해 어떻게 생각하십니까?
　　귀하의 경험이나 느낌을 바탕으로 '그렇다', '아니다'로 응답해 주십시오.
　- 종교를 아무리 열심히 믿어도 교회나 절에 나가지 않으면 소용이 없다 (%, 표 17-2)

	1984년	1989년	1997년	2004년	2014년
그렇다	24	23	22	28	27
아니다	64	67	68	65	65
모르겠다	12	10	10	7	8

'종교를 아무리 열심히 믿어도 교회나 절에 나가지 않으면 소용이 없다'는 말에 대해서는 '그렇다' 27%, '아니다' 65%로 반대가 더 많았고, 이는 과거 조사와도 유사한 결과다.

◎ 종교별 긍정률: '종교를 믿어도 교회나 절에 나가지 않으면 소용이 없다' (%)

	1984년	1989년	1997년	2004년	2014년
불교인	21	20	18	25	19
개신교인	53	50	55	55	49
천주교인	45	32	31	34	32
비종교인	13	12	9	16	20

종교별로 보면 개신교인은 절반(49%)이 '교회나 절에 반드시 나가야 한다'는 의견이었으며 천주교인은 32%, 그리고 불교인(19%)과 비종교인(20%)은 비슷한 수준이었다. 과거 조사에 비해 개신교인은 그 비율이 소폭 하락한 반면, 비종교인은 1997년 9%, 2004년 16%, 2014년 20%로 증가한 점이 눈에 띈다.

성별로는 여성(30%)이 남성(24%)보다, 그리고 고연령일수록 종교 단체 참여를 중시했다(20대 22%; 50대 이상 31%). 이 역시 성별, 연령별 종교인 분포가 다르기 때문에 나타난 차이로 보여, 종교 의식 전반에서는 일반적인 인구 통계적 특성보다 현재 어느 종교를 믿는지가 더 중요한 변인임을 알 수 있다.

5. 종교 단체 얽매임 기피[13]

문) 귀하는 다음과 같은 말에 대해 어떻게 생각하십니까?
　　귀하의 경험이나 느낌을 바탕으로 '그렇다', '아니다'로 응답해 주십시오.
　- 종교를 믿는 것은 좋다고 생각하지만 종교 단체에 얽매이는 것은 싫다 (%, 표 17-5)

	2014년
그렇다	67
아니다	28
모르겠다	5

---

[13] 이번 5차 조사에 새로 추가한 질문

'종교를 믿는 것은 좋다고 생각하지만 종교 단체에 얽매이는 것은 싫다'는 말에 대해서는 '그렇다' 67%, '아니다' 28%, '모르겠다' 5%로 전체 응답자 열 명 중 일곱 명은 종교 단체의 구속에 거부감을 보였다. '그렇다'는 응답을 종교별로 보면 개신교인에서 52%로 가장 적었고 그 다음은 천주교인(65%)과 불교인(67%), 그리고 비종교인에서 75%로 가장 많았다.

◎ '종교를 믿는 것은 좋지만 종교 단체에 얽매이는 것은 싫다'에 대한 견해 (%)

		그렇다	아니다	모르겠다
종교별	불교인	67	31	2
	개신교인	52	44	4
	천주교인	65	33	2
	비종교인	75	19	6
성별	남성	68	28	5
	여성	67	28	5
연령별	19~29세	72	21	7
	30대	71	24	5
	40대	67	28	5
	50대	63	33	4
	60세 이상	64	33	3

'종교와 개인 삶의 질', '교회/절 참석 중요성', '종교 단체 구속'에 대한 견해를 요약하면, 개신교인은 종교가 삶의 질 향상에 기여한다는 믿음이 가장 강하고 종교 단체 구속 거부감은 적은 데 반해 비종교인은 종교가 삶에 기여하는 바를 상대적으로 낮게 평가하며 특히 종교 단체 구속에 대한 거부감이 가장 크다는 점에서 대조를 이뤘다.

제2절 종교적 참여

종교 생활의 평가는 종교인이 자기 종교에 얼마나 진실하고 열성인가의 문제다. 종교를 믿는 사람 모두가 열성적인 신앙인은 아니다. 냉담자(冷淡者)에서부터 열성자(熱誠者)에 이르기까지 그 열의와 강도에 따라 다양한 스펙트럼을 보인다. 또한 각 종교들의 차이도 무시할 수 없다. 기독교와 같이 경성 조직을 가진 종교는 신앙 생활을 교회 중심으로 할 뿐 아니라 전 생활을 구속하려는 성향이 농후하다. 이런 종교들은 구성원의 신앙 정체성이 분명하고 신앙 의식이나 참여 강도가 높으며 사회 배타성이 강한 편이다. 그러나 불교처럼 연성 조직을 가진 종교는 구성원의 일상생활을 별로 구속하지 않는다. 상대적으로 조직이 느슨하고 신앙 의식이나 참여 강도가 낮으며 이웃 종교에 대한 배타성도 약하다. 이렇게 종교별로 저마다의 신앙 생활 특성이 다르다면 굳이 한국 종교를 모두 통합해서 조사할 필요가 있는가 하는 의문이 들 수도 있을 것이다. 그러나 동서양의 종교가 공존하는 우리 사회의 종교 문화 전반을 이해한다는 면에서는 이런 조사도 상당한 의미를 지닌다. 각 종교가 근대 조직 종교로서 얼마나 체제 정비되어 있는지, 종교 구성원들의 신앙 성향은 어떠한지, 경성 종교와 연성 종교 간 참여 격차는 어느 정도인지, 그리고 각 종교들의 신앙적 참여에 대한 변화 추세 등을 이해하는 데 중요한 자료를 제공하기 때문이다.

이 절에서는 종교인들이 자신의 신앙에 얼마나 충실한지, 즉 신앙에 대한 열의와 강도를 측정했다. 구체적으로는 신앙심의 자기 평가, 종교 의례 참여 빈도, 기원/기도 빈도, 경전을 읽는 빈도, 종교적 헌납(시주와 십일조) 빈도를 물었다.

1. 신앙심의 자기 평가

문) (종교를 믿는 사람에게)
귀하는 본인의 종교적 믿음이 얼마나 깊다고, 혹은 깊지 않다고 생각하십니까? (%, 표 38)

	1984년	1989년	1997년	2004년	2014년
매우 깊다	11	11	9	9	6
깊은 편이다	(41) 30	(39) 28	(42) 33	(34) 25	(36) 30
그저 그렇다	40	39	41	47	42
깊지 않은 편이다	14	18	15	17	17
전혀 깊지 않다	3	1	2	3	5
모름/응답거절	2	2	–	–	–

종교인(754명) 중 본인의 종교적 믿음, 즉 신앙심이 '매우 깊다'고 답한 사람은 6%, '깊은 편이다'는 30%, '그저 그렇다' 42%, '깊지 않은 편이다' 17%, '전혀 깊지

앞다' 5%로 나타났다. 신앙심이 '깊다(매우 깊다+깊은 편)'는 응답은 1990년대까지 약 40% 내외로 유지됐으나(1984년 41%, 1989년 39%, 1997년 42%) 2000년대 이후 30% 선에 머물고 있다(2004년 34%, 2014년 36%).

◎ 종교별 신앙심의 자기 평가: 신앙심이 '매우 깊다+깊은 편'					(%)
	1984년	1989년	1997년	2004년	2014년
불교인	35	31	28	20	21
개신교인	46	48	53	51	52
천주교인	49	39	38	27	35

신앙심이 '깊다'고 응답한 비율을 종교별로 보면, 개신교인(52%)이 가장 높고 그 다음은 천주교인(35%), 불교인(21%) 순이었으며 이러한 경향은 1989년 조사 이후로 거의 비슷하다. 지난 30년간 개신교인은 절반 가량이 스스로의 신앙심을 '깊다'고 평가한 반면, 불교인과 천주교인은 그 비율이 각각 10%포인트 이상 줄었다.

2. 종교 의례 참여 빈도

문) (종교를 믿는 사람에게)
　귀하는 요즘 성당, 교회, 절 등에 얼마나 자주 가십니까?
　단, 결혼식, 장례식 등의 일로 방문하신 것은 제외하고 응답해 주십시오. (%, 표 33)

	1984년		1989년		1997년		2004년		2014년
일주일에 1번 이상	39		41		42		36		44
한 달에 2~3번	8		7		6		11		10
한 달에 1번	13		8		9		11		8
두세 달에 1번	(31) 10		(24) 9		(22) 7		(32) 10		(28) 10
일 년에 1~2번 이하	23		26		27		28		26
전혀 가지 않는다	–		9		9		5		2
모름/응답거절	8		1		–		–		–

종교인에게 요즘 성당/교회/절 등 종교 의례를 위한 장소에 얼마나 자주 가는지 물은 결과, '일주일에 1번 이상'이 44%로 가장 많았고 '두세 달에 1번 이상' 28%, '일 년에 1~2번 이하' 26% 순이었다. 열 명의 종교인이 있다고 가정하면 그 중 네

명은 주 1회 이상 종교 의례에 참석하지만, 세 명은 잘해야 일 년에 한두 번 또는 아예 가지 않는다고 볼 수 있다. 지난 30년간 추이는 별로 달라지지 않았지만, 종교별로는 큰 차이를 보였다.

◎ 종교별 종교 의례 참여율: '일주일에 1번 이상 성당/교회/절에 간다' (%)

	1984년	1989년	1997년	2004년	2014년
불교인	10	4	1	4	6
개신교인	62	73	72	71	80
천주교인	66	66	60	43	59

개신교인의 80%, 천주교인의 59%가 '일주일에 1번 이상' 교회나 성당을 가는 반면, 불교인은 그 비율이 6%에 불과했다. 불교인의 52%는 '일 년에 1~2번 이하'로 절에 간다고 답해, 다수가 주간 종교 의례에 참석하는 기독교와 달리 불교에서는 연간 의례 참석이 더 보편적이었다.

종교 의례 참여 측면에서 '일주일에 1번 이상' 교회나 성당에 가는 개신교인과 천주교인을 핵심 구성원이라고 한다면, 10년 전에 비해 그 비율이 늘었다. 개신교인의 핵심 구성원 비율은 1984년 62%에서 2014년 80%까지 늘었고, 천주교인의 경우 1984년 66%에서 2004년 43%로 줄었다가 이번 2014년에는 59%로 늘어 1997년 수준을 회복했다.

'일주일에 1번 이상' 종교 의례 참여율은 남성(40%)보다 여성(47%)이 높았고, 남녀 모두 10년 전에 비해서는 그 비율이 증가했다(2004년 남성 30%, 여성 40%).

3. 기원/기도 빈도

문) (종교를 믿는 사람에게)
귀하는 개인적으로 기도/기원 등을 얼마나 자주 하십니까? (%, 표 35)

	1984년	1989년	1997년	2004년	2014년
하루에 몇 번	25	26	22	19	14
하루에 1번	(41) 16	(42) 16	(40) 18	(34) 15	(29) 15
일주일에 2~3번	11	11	13	12	13
일주일에 1번	10	10	9	12	11
한 달에 몇 번 또는 그 이하	19	20	22	24	30
전혀 하지 않는다	19	15	16	18	16
모름/응답거절	2	1	–	–	–

종교인에게 개인적으로 기원/기도 등을 얼마나 자주 하는지 물은 결과, '하루에 몇 번' 14%, '하루에 1번' 15%, '일주일에 2~3번' 13%, '일주일에 1번' 11%, '한 달에 몇 번 또는 그 이하' 30%, '전혀 하지 않는다'는 16%였다. 종교인의 29%가 '하루에 1번 이상' 기원이나 기도를 한다고 답했는데, 1984년부터 1997년까지는 그 비율이 약 40%였으나 2004년 34%, 이번 2014년에는 29%로 더 줄었다.

◎ 종교별 기원/기도 빈도: '하루에 1번 이상 기원/기도한다' (%)

	1984년	1989년	1997년	2004년	2014년
불교인	16	14	11	14	8
개신교인	63	68	64	59	52
천주교인	57	58	41	28	30

◎ 종교별 기원/기도 빈도: '전혀 하지 않는다' (%)

	1984년	1989년	1997년	2004년	2014년
불교인	34	30	30	33	25
개신교인	5	3	5	5	8
천주교인	6	3	13	9	12

종교별로 보면, 개신교인의 52%, 천주교인의 30%, 불교인의 8%가 하루에 1번 이상 기원/기도하는 것으로 나타났다. 이러한 차이는 앞서 성당/교회/절 등 종교 의

례 참여 빈도에서 나타난 바와 마찬가지로 각 종교의 보편적 관례가 다른 데서 비롯한 현상으로 보인다.

매일 기도하는 종교인의 비율은 3대 종교 모두 감소세다. 1980년대 개신교인이나 천주교인은 열 명 중 예닐곱 명이 매일 기도했으나, 개신교인은 2014년 그 비율이 52%로 감소했고 천주교인은 2000년대 들어 30% 내외까지 줄었다. 기독교인에 비해 매일 기도하는 불교인 비율은 과거나 현재 모두 현저히 적은 편인데, 그 역시 1984년 16%에서 2014년 8%로 줄었다.

하루 1번 이상 기도하는 종교인을 성별로 보면 여성(35%)이 남성(22%)보다 많으며, 연령별 차이는 크지 않았다.

4. 경전을 읽는 빈도

문) (종교를 믿는 사람에게)
귀하는 성경/불경 등을 얼마나 자주 읽으십니까?[14] (%, 표 36)

	1984년	1989년	1997년	2004년	2014년
하루에 1번 이상	13	13	14	11	11
일주일에 3~4번	9	9	9	6	8
일주일에 1번	(28) 6	(29) 7	(33) 10	(26) 9	(34) 15
가끔 생각날 때 읽는다	41	42	41	39	34
전혀 읽지 않는다	30	27	27	34	32
모름/응답거절	1	1	–	–	–

종교인에게 본인이 현재 믿고 있는 종교의 교리가 실린 책이나 경전(성경이나 불경 등)을 얼마나 자주 읽는지 물은 결과, '하루에 1번 이상' 11%, '일주일에 3~4번' 8%, '일주일에 1번' 15%, '가끔 생각날 때 읽는다' 34%, '전혀 읽지 않는다'는 32%였다.

'일주일에 1번 이상' 경전을 읽는 경우를 비교적 자주 읽는 사람이라고 가정하면, 전체 종교인의 34%가 이에 해당한다. 매주 경전을 읽는 종교인의 비율은 1984년

---

[14] 개신교, 천주교, 불교를 포함해 현재 본인이 믿는 종교의 교리가 실린 책이나 경전을 얼마나 자주 읽는지 묻는 질문

28%, 1997년 33%, 2004년 26%, 2014년 34%로 조사 때마다 소폭 오르내렸다.

종교별 매주 경전 읽는 비율은 개신교인 56%, 천주교인, 39%, 불교인 11% 순이었다. 불교인 중 매주 경전을 읽는 사람의 비율은 30년간 큰 변화가 없으며, 천주교인 역시 2004년 조사에서만 이례적으로 많이 낮았을 뿐 그 외 조사에서는 대략 40% 내외였다. 개신교인의 경우 1984년 45%에서 1989~2004년은 약 50%, 이번 2014년에는 56%로 늘었다.

반면, 경전을 전혀 읽지 않는 종교인의 비율은 불교인에서 48%로 가장 많았고 그 다음은 천주교인 30%, 개신교인 16%였다. 불교인은 매 조사 때마다 그 비율이 50% 내외였고, 개신교인은 10% 선으로 가장 적었다. 천주교인 중 '전혀 읽지 않는다'는 응답은 1984년 11%에 불과했으나 2000년대 들어 30% 내외로 늘어 전례(典禮, liturgy)를 중심으로 하는 천주교의 특성이 많이 반영된 듯하다.

◎ 종교별 경전을 읽는 빈도: '일주일에 1번 이상 경전을 읽는다' (%)

	1984년	1989년	1997년	2004년	2014년
불교인	11	8	9	8	11
개신교인	45	50	50	49	56
천주교인	40	39	34	16	39

◎ 종교별 경전을 읽는 빈도: '전혀 읽지 않는다' (%)

	1984년	1989년	1997년	2004년	2014년
불교인	56	50	51	55	48
개신교인	7	8	10	11	16
천주교인	11	12	19	33	30

5. 종교적 헌납 빈도

1) 불교인의 시주 빈도

문) (불교를 믿는 사람에게)
귀하는 지난 1년간 절이나 불교 단체에 몇 번이나 시주하셨습니까?[15] (%, 표 39)

	1984년	1989년	1997년	2004년	2014년
전혀 하지 않았다	–	9	16	14	13
1~2번	(45) 45	(45) 36	(46) 30	(49) 35	(58) 45
3~4번	26	26	21	26	15
5~6번	10	11	8	10	10
7~10번	8	8	9	4	5
11번 이상	7	10	16	11	12
모름/응답거절	5	1	1	0	–

불교인(334명)의 지난 1년간 시주 빈도는 '1~2번'이 45%로 가장 많았으며 '3~4번' 15%, '5~6번' 10%, '7~10번' 5%, '11번 이상' 12%, 그리고 '지난 1년간 한 번도 시주하지 않았다'가 13%였다. '1년에 2번 이하' 시주 비율은 1997년까지는 45% 내외로 비슷했으나 2004년 49%, 이번 2014년에는 58%로 더 늘어 불교인의 시주는 연례 행사가 되고 있음을 알 수 있다. '1년에 7번 이상' 비교적 자주 시주하는 불교인은 여성(22%)이 남성(11%)보다, 그리고 고연령일수록 많았다(20대 4%; 60세 이상 23%).

---

15 시주는 절이나 불교 단체에 헌납하는 물품, 돈 모두 포함

2) 기독교인의 십일조 여부

> 문) (천주교나 개신교를 믿는 사람에게) 귀하는 요즘 십일조를 하고 계십니까?
> (요즘 십일조를 하지 않는다면) 그럼, 과거에는 한 번이라도 십일조를 내 보신 적이 있습니까?[16] (%, 표 42, 43)
>
> | | 1984년 | 1989년 | 1997년 | 2004년 | 2014년 |
> |---|---|---|---|---|---|
> | 요즘 하고 있다 | 38 | 38 | 51 | 39 | 61 |
> | 하지 않는다 | 61 | 59 | 49 | 61 | 39 |
> | /과거에는 낸 적 있다 | /25 | /31 | /37 | /34 | /45 |
> | /과거에도 낸 적 없다 | /35 | /60 | /62 | /65 | /55 |
> | /모름·응답거절 | /1 | /9 | /1 | /1 | /- |
> | 모름·응답거절 | 1 | 3 | – | – | – |

기독교인, 즉 개신교인(318명)과 천주교인(98명)에게 수입의 1/10을 종교적으로 헌납하는 '십일조'에 대해 물은 결과 61%가 '요즘 십일조를 하고 있다'고 답했다. 기독교인의 십일조 이행률은 1980년대 38%에서 1997년 51%로 늘었다가 2004년 39%로 다시 줄었고 이번 2014년에는 61%로 역대 최고치를 기록했다.

◎ 기독교인(개신교인과 천주교인)의 십일조 이행률 (%)

	1984년	1989년	1997년	2004년	2014년
개신교인	42	41	58	46	68
천주교인	26	29	32	15	36

개신교인(68%)의 십일조 이행률이 천주교인(36%)보다 높은데, 지난 네 차례 조사에서도 마찬가지였다. 고연령일수록(20대 47%; 50대 이상은 70% 상회) 십일조를 많이 하며, 성별 차이는 거의 없었다.

다음으로 요즘 십일조를 하지 않는다는 기독교인(163명)에게 과거 십일조 경험을 물은 결과 45%가 '낸 적 있다'고 답했는데(개신교인 56%, 천주교인 27%), 이는 30년간 조사에서 가장 많은 것이다. 요약하면 최근 10년간 기독교인의 십일조 이행률과 중단율이 모두 상승해, 양극화되고 있음을 알 수 있다.

---

[16] 십일조는 성당이나 교회에 헌납하는 물품, 돈 모두 포함

제3절 종교적 체험[17]

개인의 신앙 생활에서 종교적 경험은 대단히 중요하다. 개인 신앙은 지식보다는 내적 경험에 근거한 내적 확신에서 비롯되기 때문에, 종교적 경험이 전무한 상태에서는 신앙 자체가 성립될 수 없을 정도다. 모든 종교에는 저마다의 독특하고 다양한 종교 경험이 존재한다. 특히, 한국 사회에서는 유교와 불교, 천주교와 개신교 등 동서양에서 유래한 종교와 한국적 문화 토양에서 형성된 자생 종교가 함께 어우러져 독특한 한국적 종교 경험을 만들어 낸다.

종교 경험은 크게 두 종류로 구분된다. 신이나 절대자의 피조물(被造物)로서 느끼는 감정, 즉 '누미노제(Numinose)[18] 경험'과 우주적 신이나 법칙과의 합일(合一)에서 나오는 '신비적 경험'이다. 한국인의 종교 경험은 이 누미노제 경험과 신비적 경험이라는 양극단의 종교 경험 스펙트럼 위 어딘가에 있을 것이다. 여기서는 한국의 종교 현장에서 자주 나타나는 종교적 경험을 유형화하여 살펴봤다.

- 절대자나 신의 계시를 받은 경험
- 극락/천국에 갈 것이라는 계시
- 마귀/악마의 유혹을 받고 있다는 느낌
- 벌을 받고 있다는 느낌
- 종교의 힘으로 병이 나은 경험
- 다시 태어난 것 같은 느낌

---

[17] 객관적인 종교 경험을 개인이 주관적으로 체험하는 것을 말한다.
[18] 순수하게 비합리적이고 종교적인 의미에서의 성스러움. 독일 신학자 오토(Otto, R.)가 사용한 용어다.

문) (종교를 믿는 사람에게) 다음은 종교적 체험에 대한 질문입니다.
각 항목의 경험이 '있었다', '없었다'로 응답해 주십시오. ('있었다' 비율, %, 표 37)

	1984년	1989년	1997년	2004년	2014년
절대자나 신의 계시를 받은 경험	16	16	16	11	16
극락/천국에 갈 것이라는 계시	11	12	9	8	19
마귀/악마의 유혹을 받고 있다는 느낌	28	28	23	19	22
벌을 받고 있다는 느낌	31	33	28	24	24
종교의 힘으로 병이 나은 경험	24	24	24	18	16
다시 태어난 것 같은 느낌	27	25	22	19	21

종교인(754명)에게 여섯 종류의 종교적 체험을 제시하고 각각을 경험한 적이 있는지 물은 결과, '벌을 받고 있다는 느낌'이 24%로 가장 많았고 그 다음은 '마귀/악마의 유혹을 받고 있다는 느낌'(22%), '다시 태어난 것 같은 느낌'(21%), '극락/천국에 갈 것이라는 계시'(19%), 그리고 '절대자나 신의 계시를 받은 경험'(16%)과 '종교의 힘으로 병이 나은 경험'(16%) 순으로 나타났다.

30년 전과 비교하면 '마귀/악마의 유혹', '벌 받는 느낌', '병이 나은 경험', '다시 태어난 느낌' 등을 경험한 비율은 대체로 6~8%포인트 가량 감소했다. 하지만 '절대자나 신의 계시'를 받은 경험이 있다는 응답은 큰 변화 없었으며, '극락/천국에 간다는 계시' 체험률은 2014년 19%로 역대 조사 중에서 최고치를 기록했다.

종교별로 보면, 종교적 체험률은 개신교인에게서 가장 높았고 불교인에게서 가장 낮게 나타났으며 이러한 경향은 과거 조사에서도 마찬가지였다. 한편, 다른 종교적 체험들과 달리 '극락/천국 계시' 체험률은 전에 비해 개신교인, 천주교인, 불교인 모두에서 증가한 점이 두드러졌다.

여러 종교적 체험률은 여성이 남성보다 약 3%포인트 내외, 연령별로는 40대 이하보다 50대 이상에서 좀 더 높았다.

◎ 종교별 종교적 체험률 (%)

	절대자나 신의 계시				극락/천국 간다는 계시				마귀/악마의 유혹 느낌			
	'84	'97	'04	'14	'84	'97	'04	'14	'84	'97	'04	'14
불교인	8	6	2	9	5	3	1	10	10	6	2	9
개신교인	24	26	20	25	19	17	17	31	48	37	40	36
천주교인	17	14	10	11	9	7	3	14	34	27	15	20

	벌 받고 있는 느낌				병이 나은 경험				다시 태어난 느낌			
	'84	'97	'04	'14	'84	'97	'04	'14	'84	'97	'04	'14
불교인	18	13	14	18	13	7	7	9	13	5	4	7
개신교인	42	39	36	31	38	42	31	26	42	37	34	36
천주교인	40	38	24	24	21	18	13	11	34	21	20	2

제3장 종교와 의식 구조(Ⅰ): 종교적 성향과 종교의 추세

한국인의 실제 종교 의식을 파악하기 위해서는 응답자의 평소 가치관이나 다양한 주제에 대한 견해를 추가로 물어 본인이 밝힌 종교 이외 다른 여러 종교적 성향도 함께 봐야 한다. 이번 3장에서는 종교적 의식과 성향을 중심으로 종교관을, 다음 4장에서는 종교와 관련된 가치관을 다루었다.

먼저 종교관을 구성하는 중요 요소인 종교적 성향과 종교적 실재들에 대한 인식, 그리고 종교와 밀접관 관련이 있는 생사관(生死觀), 즉 인생의 의미와 허무, 행복감 등 삶에 대한 태도와 죽음을 맞이하는 자세와 장례식 등 죽음에 대한 인식을 물었다. 이를 통해 한국인은 단 하나의 종교만을 믿는 것이 아니라 다양하고 중층적인 종교적 성향을 지니고 있음을 확인하게 될 것이다. 그 다음으로는 현대 종교의 추세라 할 수 있는 종교의 사사화(私事化, privatization), 그리고 종교의 관용성과 배타성을 측정해 한국에서의 다(多)종교 사회 종교 공존 가능성을 살펴볼 것이다.

제1절 종교 의식과 성향

다종교 사회에서 하나만의 종교 성향을 지닌 종교인은 별로 없다. 예컨대, 일본인은 태어나서는 신사에 가고 죽어서는 사찰에 간다. 마찬가지로 한국인은 집에서는 유교적이고, 밖에서는 기독교적이며, 재난을 맞아서는 무속적이며, 죽음 앞에서 불교적이라는 말이 있다. 한국의 종교인도 특정 종교를 믿는다고는 하지만 한국인으로서의 문화적인 전통이나 현대 사회의 다문화적 삶 속에서 자신이 믿는 종교 이외의 종교 성향을 가질 수 있다.

이 조사에서는 한국의 대표적인 종교 성향, 즉 유교(부부유별과 부모에 순종), 기독교(창조설과 심판설), 불교(윤회설과 해탈설)를 중심으로 측정했다. 다음은 종교적 교리에 중심을 이루는 초월적 실재의 인식을 알아봤다. 초월적 존재를 믿는가, 믿지 않는가 하는 문제는 개인의 신앙 생활을 이해하는 지름길이다. 초월적 실재들의 성격과 또 그 믿음 정도에 따라 응답자의 신앙 형식과 내용이 결정될 수 있기[19] 때문이다.

1. 종교적 성향

1) 유교적 성향

문) 귀하는 다음과 같은 말에 대해 어떻게 생각하십니까?
귀하의 경험이나 느낌을 바탕으로 '그렇다', '아니다'로 응답해 주십시오. (%, 표 12-1, 2)

	그렇다				아니다				모르겠다			
	'84	'97	'04	'14	'84	'97	'04	'14	'84	'97	'04	'14
남편과 아내가 해야 할 일은 구별되어야 한다	73	62	39	43	25	36	59	54	2	1	2	3
자식은 자기 생각보다 부모의 뜻에 따라야 한다	48	43	36	32	47	52	60	64	5	5	5	3

유교적 성향을 측정하기 위한 문항은 '남편과 아내의 역할 구분'과 '자식은 부모의 뜻에 순종' 두 가지다. 이들에 대한 긍정은 유교적 성향을 지닌 것으로, 부정은 지니지 않는 것으로 간주한다. '남편과 아내의 역할 구분'에 대해서는 '그렇다' 43%, '아니다' 54%였으며, '자식은 부모의 뜻에 순종'은 '그렇다' 32%, '아니다' 64%로 나타났다.

'남편과 아내의 역할 구분'에 '그렇다'는 응답은 1984년 73%에서 1997년 62%, 2004년 39%로 감소했고 2014년은 43%로 10년 전보다 더 줄지는 않았다. '자식은 부모의 뜻에 순종' 긍정률은 1984년 48%에서 2014년 32%까지 줄었다. 요약하면, 유교적 성향은 1980년대부터 2000년대 초까지 급격히 쇠퇴했고 그 후 10년간은 변화의 정도가 크지 않았다.

---

[19] 절대자나 신을 믿는 종교는 신의 은총으로 구원을 받는 것이 종교 생활에서 중요하지만, 귀신과 악마를 믿는 종교는 현세 구복적인 성향을 보이며 축귀(逐鬼)와 구마(驅魔) 의식을 중심으로 신앙 생활이 형성된다.

◎ 종교별 유교적 성향: 각 항목에 대해 '그렇다'					(%)
		1984년	1997년	2004년	2014년
남편과 아내의 역할 구분	불교인	79	69	50	53
	개신교인	71	58	37	39
	천주교인	69	58	36	36
	비종교인	72	62	36	41
자식은 부모의 뜻에 순종	불교인	58	50	42	39
	개신교인	43	42	34	36
	천주교인	41	44	34	31
	비종교인	46	40	34	28

◎ 연령별 유교적 성향: 각 항목에 대해 '그렇다'					(%)
		1984년	1997년	2004년	2014년
남편과 아내의 역할 구분	20대	68	49	23	26
	30대	71	58	35	35
	40대	71	68	39	41
	50대	80	77	60	46
	60세 이상				63
자식은 부모의 뜻에 순종	20대	37	31	26	20
	30대	43	33	31	24
	40대	53	47	37	30
	50대	70	63	49	36
	60세 이상				49

종교별로 보면 불교인의 유교적 성향 측정 항목 긍정률이 높은데, 이는 현재 타 종교에 비해 불교인에 고령층이 많기 때문에 나타나는 현상으로 보인다. '남편과 아내의 역할 구분'에는 20대의 26%, 60세 이상의 63%가 동의하며, '자식은 부모의 뜻에 순종'에는 20대의 20%, 60세 이상의 49%가 동의해 고연령일수록 유교적 성향이 강했다.

2) 기독교적 성향

문) 귀하는 다음과 같은 말에 대해 어떻게 생각하십니까? 귀하의 경험이나 느낌을 바탕으로 '그렇다', '아니다'로 응답해 주십시오. (%, 표 12-3, 4)												
	그렇다				아니다				모르겠다			
	'84	'97	'04	'14	'84	'97	'04	'14	'84	'97	'04	'14
이 세상은 그냥 만들어진 것이 아니라 초자연적인 힘을 가진 누가 만들었다	46	42	35	34	28	37	45	52	26	21	20	15
앞으로 이 세상의 종말이 오면 모든 사람은 절대자의 심판을 받게 되어 있다	35	29	22	25	32	46	58	60	33	25	20	16

　기독교적 성향을 알아보기 위해서는 '창조설'과 '절대자의 심판설'에 대해 물었다. '이 세상은 그냥 만들어진 것이 아니라 초자연적인 힘을 가진 누가 만들었다'는 말에는 '그렇다' 34%, '아니다' 52%, 15%는 의견을 유보했으며, '앞으로 이 세상의 종말이 오면 모든 사람은 절대자의 심판을 받게 되어 있다'는 말에 대해서는 '그렇다' 25%, '아니다' 60%, 16%는 의견을 유보했다.

　창조설과 심판설 모두 지난 30년간 긍정률은 10%포인트 남짓 감소한 반면, 부정률은 20%포인트 넘게 증가했다. 1984년부터 2004년까지는 변화의 기울기가 가팔랐지만 최근 10년간은 거의 답보했다. 창조설 긍정률은 1984년 46%, 1997년 42%, 2004년 35%, 2014년 34%였으며 창조설 부정률은 1984년 28%, 1997년 37%, 2004년 45%, 2014년 52%로 긍정률 감소폭보다 부정률 증가폭이 컸다. 심판설의 경우 긍정률은 1984년 35%, 1997년 29%, 2004년 22%, 2014년 25%로 2000년 이후 20% 초중반에 머물고 있으며, 부정률은 1984년 32%, 1997년 46%, 2004년 58%, 2014년 60%로 2004년까지는 증가폭이 컸으나 이후 10년간 2%포인트 더하는 데 그쳤다.

◎ 종교별 기독교적 성향: 각 항목에 대해 '그렇다'					(%)
		1984년	1997년	2004년	2014년
창조설	불교인	42	34	31	34
	개신교인	80	74	70	59
	천주교인	82	64	54	45
	비종교인	33	28	19	21
절대자의 심판설	불교인	30	20	11	16
	개신교인	76	70	64	61
	천주교인	76	49	35	38
	비종교인	19	14	7	12

종교별로 보면, 기독교적 성향 항목에 대해서는 개신교인의 긍정률이 가장 높았고 그 다음은 천주교인, 불교인, 비종교인의 순으로 나타났다. 창조설은 개신교인의 59%가 믿으며, 천주교인은 45%, 불교인 34%, 비종교인은 21%에 불과했다. 절대자의 심판설에 대한 긍정률 역시 개신교인이 61%로 가장 높았고, 그 다음은 천주교인 38%였으며 불교인(16%)과 비종교인(12%)은 20%를 넘지 않았다.

1980년대 개신교인과 천주교인의 기독교적 성향은 비슷했으나 1990년대부터 차이를 보였고 현재까지 유지되고 있다. 2004년과 비교하면 개신교인이나 천주교인의 창조설 긍정률은 약 10%포인트 감소했고, 절대자의 심판설 긍정률은 10년 전과 비슷했다.

창조설과 심판설 모두 남성보다는 여성이, 그리고 고연령일수록 긍정률이 높았다.

3) 불교적 성향

문) 귀하는 다음과 같은 말에 대해 어떻게 생각하십니까? 귀하의 경험이나 느낌을 바탕으로 '그렇다', '아니다'로 응답해 주십시오. (%, 표 12-5, 6)													
	그렇다				아니다				모르겠다			
	'84	'97	'04	'14	'84	'97	'04	'14	'84	'97	'04	'14
사람이 죽으면 어떤 형태로든지 이 세상에 다시 태어난다	21	26	27	28	47	48	49	53	33	27	23	19
누구나 진리를 깨달으면 완전한 인간이 될 수 있다	49	35	30	35	34	47	52	51	17	18	18	14

불교적 성향 파악을 위해서는 '윤회설(輪廻說)'과 '해탈설(解脫說)'에 대한 의견을 물었다. '사람이 죽으면 어떤 형태로든지 이 세상에 다시 태어난다'는 윤회설에 대해서는 28%가 '그렇다'고 답했고, '누구나 진리를 깨달으면 완전한 인간이 될 수 있다'는 해탈설에 대해서는 35%가 동의해 두 문항 모두 긍정률보다 부정률이 높았다.

윤회설 긍정률은 1984년 21%에서 1997년 26%로 늘었고 그 후로는 비슷하며(2004년 27%, 2014년 28%), 해탈설 역시 1984년에는 한국인의 절반(49%)이 '그렇다'고 답했으나 1997년에는 그 비율이 35%로 감소했고 이후로는 30% 초중반에 머물고 있다(2004년 30%, 2014년 35%).

◎ 종교별 불교적 성향: 각 항목에 대해 '그렇다' (%)

		1984년	1997년	2004년	2014년
윤회설	불교인	29	37	37	38
	개신교인	21	25	22	34
	천주교인	25	30	40	29
	비종교인	17	22	23	21
해탈설	불교인	53	37	41	42
	개신교인	50	32	22	43
	천주교인	51	42	28	36
	비종교인	48	35	28	27

불교 사상에 기반한 두 항목에 대해 불교인의 약 40%가 긍정했고(윤회설 38%, 해탈설 42%), 이는 1997년이나 2004년과도 크게 다르지 않다. 이번 조사에서 주목할 만한 부분은 개신교인의 윤회설(34%)이나 해탈설(43%) 긍정률이 2004년에 비해 10%포인트 이상 늘어 불교인과 거의 비슷한 수준에 이른 점이다. 비종교인의 경우, 윤회설에 대해서는 지난 30년간 긍정률이 20% 내외로 유지됐으나 해탈설 긍정률은 1984년 48%에서 1997년 35%, 2004년 28%로 감소했고 2014년은 27%로 10년 전과 비슷했다.

불교적 성향은 남녀 차이가 크지 않았으며, 연령별로 보면 윤회설은 전 세대가 비슷했으나 해탈설 긍정률은 2030 세대(약 30%)에 비해 5060 세대(약 40%)에서 약 10%포인트 높았다.

2. 종교적 실재에 대한 믿음

- 절대자/신
- 극락/천국
- 죽은 다음의 영혼
- 기적
- 귀신/악마

문) 현재 종교와는 상관없이 귀하는 다음 각각의 것들이 존재한다고, 혹은 존재하지 않는다고 생각하십니까? (%, 표 50)

	그렇다				아니다				모르겠다			
	'84	'97	'04	'14	'84	'97	'04	'14	'84	'97	'04	'14
절대자/신	51	48	43	39	30	33	45	45	19	19	12	17
극락/천국	39	42	39	42	36	33	43	41	25	25	18	17
죽은 다음의 영혼	50	53	50	47	28	26	34	37	22	22	16	16
기적	57	60	62	56	25	24	27	32	18	17	11	12
귀신/악마	37	51	46	41	43	33	40	42	20	16	14	17

여러 종교에서 말하는 초자연적인 개념에 대한 존재 여부를 물은 결과, '존재한다'는 응답은 '기적'이 56%로 가장 많았고 그 다음은 '죽은 다음의 영혼'(47%), '극락/천국'(42%), '귀신/악마'(41%), '절대자/신'(39%) 순으로 나타났다.

2004년 조사와 비교하면 '극락/천국'이 존재한다고 믿는 사람이 3%포인트 증가한 것 외 나머지는 각각 3~6%포인트 감소했다. 지난 30년간 각 개념의 존재 긍정률 추이 또한 달랐다. '절대자/신'의 존재를 믿는 사람은 지속적으로 감소했다(1984년 51%; 2014년 39%). '극락/천국'을 믿는 사람은 30년간 꾸준히 40% 내외, '죽은 다음의 영혼'은 50% 내외, '기적'의 존재를 믿는 사람은 60% 내외로 유지됐다. 한편, '귀신/악마'의 존재를 믿는 사람은 1984년 37%에서 1997년 51%로 늘었다가 2004년 46%, 2014년 41%로 다시 감소했다.

◎ 종교별 초자연적 개념 존재 긍정률 (%)

	절대자/신				극락/천국				죽은 다음의 영혼			
	'84	'97	'04	'14	'84	'97	'04	'14	'84	'97	'04	'14
불교인	57	45	37	44	44	43	36	51	53	54	51	55
개신교인	85	89	84	79	72	86	81	82	78	86	81	79
천주교인	84	75	60	59	72	73	57	65	82	78	66	64
비종교인	35	30	23	16	24	22	19	18	38	36	33	28

	기적				귀신/악마			
	'84	'97	'04	'14	'84	'97	'04	'14
불교인	50	53	57	57	38	55	44	48
개신교인	84	89	84	82	71	85	78	73
천주교인	86	83	72	71	65	67	55	61
비종교인	48	48	52	42	23	35	31	22

종교별로 보면, 여러 초자연적 개념이 존재한다고 믿는 사람은 개신교인 중에 가장 많았고(5개 개념 모두에 대해 70% 이상) 그 다음은 천주교인(각 개념별로 60% 이상), 불교인(최저 '절대자/신' 44%, 최고 '기적' 57%) 순이었다. 비종교인은 42%가 '기적'을 믿었고, '죽은 다음의 영혼'은 28%, '귀신/악마' 22%, '극락/천국' 18%, '절대자/신' 16% 등 나머지 개념을 믿는 사람은 30%를 넘지 않았다.

2004년과 비교하면 불교인의 경우 '극락/천국' 존재를 믿는 사람이 36%에서 51%로 많아지는 등 여러 초자연적 개념 긍정률이 대체로 늘었고 개신교인과 천주교인은 비슷하거나 상대적으로 변화가 적었다. 한편, 비종교인은 10년 전에 비해 각 개념별 긍정률이 감소했다.

제2절 삶과 죽음에 대한 태도[20]

인간도 살아가면서 동시에 죽어가는 과정을 밟는다. 삶의 의미를 성찰하는 것은 그 종착역인 죽음에 대한 성찰로 이어진다. 결국 잘 사는 것과 잘 죽는 것은 별개가 아님에도 현대인은 상대적으로 죽음에 더 소홀하다. 그러나 삶의 방향과 지침을 제공하는 종교에서는 삶의 문제만큼 죽음의 문제도 중요하다. 종교의 궁극적인 관심은 죽음의 문제라고 이해하는 사람들도 적지 않다. 최근 고령화 시대를 맞아 우리 사회에서도 죽음에 대한 관심이 많아지고 있다. 이러한 추세를 반영하여 제5차 조사에는 삶과 죽음에 대한 질문을 새롭게 추가했다. 삶의 문제로는 인생의 의미, 삶에서 느끼는 허무감과 행복감을, 죽음의 문제로는 평소 죽음의 생각하는 빈도, 죽음 맞이 준비[21], 죽음을 마무리하는 장례식[22]에 대해 물었다.

---

20 이번 5차 조사에 새로 추가한 내용

21 2009년 초 선종한 고(故) 김수환 추기경은 기계에 의존한 연명 의료를 거부하고 자연스런 죽음의 과정을 받아들이는 방식으로 존엄한 죽음을 맞이했다. 같은 해 대법원이 '김 할머니'의 연명의료 중단을 판결하면서부터 우리 사회에서는 '웰 다잉(Well-dying)'이란 개념에 한층 관심이 집중됐다. '사람은 누구나 죽는다'는 대전제 하에 삶과 죽음은 별개의 것이 아니며, 좀 더 적극적으로 죽음을 준비하고 맞으려는 사람들이 늘고 있다.

22 개인의 생명은 죽음과 동시에 소멸하지만, 그가 일생 동안 맺은 사회적 관계는 가족, 친척, 지인들이 참석하는 장례식을 통해 비로소 마무리된다. '웰 다잉'이 적극적으로 죽음을 맞이하는 과정이라면, 장례식 역시 본인이 원하는 형식으로 치를 수 있어야 할 것이다.

1. 삶에 대한 태도

1) 인생의 의미

문) 귀하는 우리 인생이 얼마나 의미가 있다고 생각하십니까, 아니면 의미가 없다고 생각하십니까? (%, 표 56)

	2014년
매우 의미가 있다	18
어느 정도 의미가 있다	(90) 72
별로 의미가 없다	9
전혀 의미가 없다	1

우리 인생이 얼마나 의미가 있다고 생각하는지 물은 결과, '매우 의미가 있다' 18%, '어느 정도 의미가 있다' 72%로 한국인의 대다수(90%)는 '인생이 의미 있다'고 생각하며 사는 것으로 나타났다. '(별로+전혀) 의미가 없다'는 10%였다.

종교별로 보면, '매우 의미 있다'는 응답은 개신교인(24%)에 가장 많았고 불교인(13%)에서 가장 적었다. 연령별로 2030 세대는 네 명 중 한 명이 '인생이 매우 의미 있다'고 답한 반면 고연령일수록 그 비율이 줄어 60세 이상은 11%만이 그렇게 생각했다.

◎ 종교별, 성별, 연령별 인생의 의미: '(매우+어느 정도) 의미 있다' (%)

		매우 의미 있다	어느 정도 의미 있다	의미 있다 (계)
종교별	불교인	13	75	88
	개신교인	24	71	95
	천주교인	20	72	92
	비종교인	18	71	89
성별	남성	19	70	89
	여성	18	74	92
연령별	19~29세	24	69	93
	30대	27	66	92
	40대	18	74	91
	50대	14	77	91
	60세 이상	11	73	85

2) 허무감 생각 빈도

```
문) 귀하는 인생이 무의미하다고 얼마나 자주 생각하십니까,
    아니면 생각하지 않으십니까? (%, 표 57)
                              2014년
    자주 생각한다              2
    가끔 생각한다      (50)    48
    별로 생각하지 않는다       42
    전혀 생각하지 않는다        7
```

'인생이 무의미하다고 얼마나 자주 생각하는가' 질문은 '인생이 얼마나 의미 있다고 생각하는가'라는 물음과 반대되는 것이 아니다. 사람은 자신의 인생에서 충분히 의미를 찾으며 열심히 살다가도 어느 순간 인생이 허무함을 느낄 수도 있기 때문이다. 이렇게 인생이 무의미하다고 '자주 생각한다'는 응답은 2%, '가끔 생각한다'는 48%, '별로 생각하지 않는다' 42%, '전혀 생각하지 않는다'는 7%로 무의미함을 생각하는 사람과 생각하지 않는 사람이 반반으로 나뉘었다.

종교별로 허무감을 '(자주+가끔) 느낀다'는 응답은 불교인(55%)과 천주교인(55%)이 개신교인(47%)이나 비종교인(50%)에 비해 많았고, 고연령일수록 더 많았다(20대 43%; 60세 이상 56%).

◎ 종교별, 성별, 연령별 허무감: '(자주+가끔) 생각한다' (%)

		자주 생각한다	가끔 생각한다	(자주+가끔) 생각한다
종교별	불교인	3	53	55
	개신교인	1	46	47
	천주교인	1	54	55
	비종교인	3	47	50
성별	남성	3	47	50
	여성	2	50	52
연령별	19~29세	3	40	43
	30대	2	45	46
	40대	2	51	53
	50대	2	53	54
	60세 이상	2	53	56

3) 행복감

> 문) 귀하는 현재 자신이 얼마나 행복하다고 생각하십니까,
> 아니면 행복하지 않다고 생각하십니까? (%, 표 55)
>
> | | 2014년 |
> |---|---|
> | 매우 행복하다 | 10 |
> | 어느 정도 행복하다 | (85) 75 |
> | 별로 행복하지 않다 | 14 |
> | 전혀 행복하지 않다 | 1 |

현재 자신이 얼마나 행복하다고 생각하는지 물은 결과 '매우 행복하다' 10%, '어느 정도 행복하다' 75% 등 85%가 '행복하다'고 답했다. '(매우+어느 정도) 행복하다'는 응답은 개신교인(90%)에서, 남성(82%)보다는 여성(88%)에서, 그리고 30대 이하(약 90%)에서 상대적으로 많았으며, '(별로+전혀) 행복하지 않다'는 15%였다. 이는 앞에서 다룬 '생활 만족도'와도 비슷한 결과다.

◎ 종교별, 성별, 연령별 행복감: '(매우+어느 정도) 행복하다' (%)

		매우 행복하다	어느 정도 행복하다	행복하다 (계)
종교별	불교인	7	75	82
	개신교인	15	75	90
	천주교인	15	68	83
	비종교인	9	75	85
성별	남성	10	72	82
	여성	11	78	88
연령별	19~29세	13	76	89
	30대	10	80	90
	40대	11	71	82
	50대	7	77	84
	60세 이상	10	71	81

2. 죽음에 대한 태도[23]

1) 죽음 생각 빈도

문) 귀하는 죽음에 대해 얼마나 자주 생각하십니까, 아니면 생각하지 않으십니까? (%, 표 58)	
	2014년
자주 생각한다	4
가끔 생각한다	(51) 47
별로 생각하지 않는다	38
전혀 생각하지 않는다	11

'죽음에 대해 얼마나 자주 생각하는가' 하는 질문에 '자주 생각한다'는 응답은 4%, '가끔 생각한다'는 47%, '별로 생각하지 않는다' 38%, '전혀 생각하지 않는다' 11%로 전체 응답자 중에서 죽음을 의식하는 사람과 의식하지 않은 사람이 각각 절반을 차지했다.

종교별로 죽음을 '(자주+가끔) 생각한다'는 응답은 개신교인(62%)과 천주교인(62%)에서 비교적 많은 편이었고 그 다음은 불교인(51%)과 비종교인(46%) 순으로 나타났다. 종교보다는 연령별 차이가 큰 편이었는데, 20대는 36%가 '(자주+가끔) 죽음을 생각한다'고 답했으나 고연령일수록 늘어 60세 이상은 그 비율이 68%에 달했다. 공교롭게도 죽음 의식 비율은 연령별 종교인 비율과도 비슷하다(연령별 종교인 비율: 20대 30%, 30대 38%, 40대 51%, 50대 60%, 60세 이상 68%).

---

23 이번 5차 조사에 새로 추가한 질문

◎ 종교별, 성별, 연령별 죽음 생각 빈도: '(자주+가끔) 생각한다'		자주 생각한다	가끔 생각한다	(자주+가끔) 생각한다 (%)
종교별	불교인	2	48	51
	개신교인	8	54	62
	천주교인	3	59	62
	비종교인	4	42	46
성별	남성	5	45	50
	여성	4	49	53
연령별	19~29세	4	32	36
	30대	2	41	43
	40대	4	47	52
	50대	4	51	55
	60세 이상	6	62	68

2) 죽음 맞이와 준비

문) 다음 각 항목에 대해 어떻게 생각하십니까? (%, 표 8, 9)	그렇다	그렇지않다
잘 사는 것만큼이나 죽음을 잘 맞이하는 것도 중요하다	89	11
기회가 되면 '죽음 준비(웰 다잉)' 교육에 참여할 의향이 있다	35	65

'잘 사는 것만큼이나 죽음을 잘 맞이하는 것도 중요하다'는 말에 대해서는 응답자 대부분인 89%가 '그렇다'고 답했으며, 이는 성별, 종교별, 연령별로도 큰 차이가 없었다. 그러나 '기회가 되면 죽음 준비 또는 웰 다잉 교육에 참여할 의향이 있다'는 사람은 35%에 그쳤다. 죽음 준비 교육 참여 의향은 고연령일수록 많아(20대 25%; 60세 이상 46%) 상대적으로 죽음에 더 가까이 다가간 고령층의 심경이 반영됐으며, 종교인(40%)이 비종교인(30%)보다 교육 참여 의향이 많았다. 종교인에 교육 참여 희망자가 더 많은 이유로는 종교인에 고령자가 많은 점, 그리고 다수의 죽음 준비 교육 과정이 종교 단체를 중심으로 이뤄지고 있어 종교인이 비종교인보다 그러한 교육을 좀 더 인지하고 있다는 점 또한 들 수 있을 것이다.

◎ 종교별, 성별, 연령별 죽음 맞이 중요성/교육 참여 의향 (%)		죽음 맞이 중요성	교육 참여 의향
종교별	불교인	87	39
	개신교인	90	38
	천주교인	90	50
	비종교인	89	30
성별	남성	88	34
	여성	89	37
연령별	19~29세	86	25
	30대	89	31
	40대	88	33
	50대	88	39
	60세 이상	92	46

3) 선호하는 장례식

문) 현재 종교와는 상관없이, 귀하는 장례식을 어떤 종교 형식으로 치르는 것이 좋다고 느껴지십니까? (%, 표 51)

	2014년
불교식	25
개신교식	25
천주교식	10
유교식(전통장례)	36
기타	3
모름/응답거절	1

현재 종교와 상관없이 어떤 종교 형식으로 장례식을 치르는 것이 좋다고 보는지 물은 결과 '유교식(전통장례)'이 36%로 가장 많았고 그 다음은 '불교식'(25%)과 '개신교식'(25%), '천주교식'(10%) 순으로 나타났다.

종교별로 보면 불교인의 68%, 개신교인의 92%, 천주교인의 70% 등 주요 종교인들은 각자 믿는 종교 형식의 장례식을 가장 많이 원했다. 불교인의 27%, 천주교인의 16%가 '유교식'을 원한 반면, 개신교인은 그 비율이 4%에 불과했다. 한편 비종교인은 57%가 '유교식', 그 다음은 '불교식'(19%)을 선택했고 '개신교식'(9%)나 '천주교식'(9%)을 원한 사람은 상대적으로 적었다.

◎ 종교별, 성별, 연령별 원하는 장례식 형식					(%)
		불교식	개신교식	천주교식	유교식
종교별	불교인 개신교인 천주교인 비종교인	68 1 6 19	1 92 7 9	2 1 70 9	27 4 16 57
성별	남성 여성	25 26	21 28	8 11	42 31
연령별	19~29세 30대 40대 50대 60세 이상	19 21 24 33 30	24 22 25 25 27	10 12 11 7 8	41 41 35 34 32

제3절 종교의 사사화와 관용성

이 절에서는 현대 종교의 사회적 추세인 종교의 사사화와 다종교 사회의 중요한 주제인 종교의 관용성(배타성과 포용성)을 살펴보았다. 먼저 5차 조사에 새롭게 추가한 내용인 '종교의 사사화(私事化, privatization) 경향'은 기존 제도권 종교의 교리나 의례의 틀에 얽매이지 않고 개인이 스스로 '영성'을 추구하는 것으로 정의하고[24] '정신 수련 참여 경험'과 '종교보다 개인 성찰/수련 관심', 그리고 종교 단체를 벗어나 종교적 믿음 실천이 가능한지 물었다.

한편, 다른 종교에 대한 태도는 다(多)종교 사회의 공동체 화합에 중요한 문제다. 종교는 절대 신념 체계다. 종교적 정체성이 강할수록 종교적 자부심이 생겨나고 우월의식을 가지게 된다. 그렇게 되면 종교는 '우리'와 '그들'을 이분법적으로 구분하고 진리, 지식, 선함을 독점적으로 소유하려 한다. 특히, 다수의 종교가 배타성을 강하게 드러내면 사회적 갈등으로 노출된다. 내집단의 충성심과 연대감이 강할수록 외집단에 대한 거부감과 적대감이 강하다. 경우에 따라서는 종교적 우월주의 확인과 내집단 결속을 위해 희생양을 필요로 하거나 적대감 표출 대상을 의도적으로 만

---

24 종교의 사사화는 종교 단체와 개인 차원 각각에서 나타나는 현상이지만, 여기에서는 개인의 종교 의식 변화에 초점을 두기로 한다.

들기도 한다. 이러한 종교적 관용성(배타성과 포용성)을 측정하는 데는 종교 교리의 차이, 비종교인의 구원 가능성, 종교 단체의 비종교인에 대한 태도 등 세 가지 의견을 제시하고 찬반을 물었다.

1. 종교의 사사화 경향[25]

1) 기/마음 수련 참여 경험

문) 귀하는 다음과 같은 말에 대해 어떻게 생각하십니까?
　　귀하의 경험이나 느낌을 바탕으로 '그렇다', '아니다'로 응답해 주십시오.
　　- 나는 기 수련이나 마음 수련 등의 행사에 참여한 적이 있다 (%, 표 12-7)

	2014년
그렇다	20
아니다	76
모르겠다	4

먼저 '기 수련이나 마음 수련 등의 행사에 참여한 적이 있는가' 하는 질문에 20%가 '그렇다'고 답했다.

◎ 종교별 긍정률: '기/마음 수련 참여 경험 있다' (%)	
	2014년
불교인	25
개신교인	33
천주교인	23
비종교인	12

종교별로 보면, '기/마음 수련'에 불교인 25%, 개신교인 33%, 천주교인 23%가 참여한 적이 있다고 답했고 비종교인은 그 비율이 12%에 그쳤다. 이는 종교 단체가 주관하는 정신 수련 행사가 많고, 아무래도 종교인이 비종교인보다 해당 행사들을 자주 접하기 때문에 나타난 차이로 보인다.

---

25 이번 5차 조사에 새로 추가한 질문

성별로 보면 '기/마음 수련 경험'은 남녀가 20% 내외로 비슷했고, 고연령일수록 많았다(20대 14%; 60세 이상 26%).

2) 종교보다 개인 성찰에 관심

문) 귀하는 다음과 같은 말에 대해 어떻게 생각하십니까?
　　 귀하의 경험이나 느낌을 바탕으로 '그렇다', '아니다'로 응답해 주십시오.
　　 - 나는 종교보다 개인적인 성찰과 수련에 관심이 많다 (%, 표 12-8)

	2014년
그렇다	35
아니다	58
모르겠다	7

'종교보다 개인적인 성찰과 수련에 관심이 많다'에 대해서는 '그렇다' 35%, '아니다' 58%였고 7%는 의견을 유보했다. 종교별로는 불교인 33%, 개신교인 25%, 천주교인 29%가 '그렇다'고 답했고, 비종교인은 그보다 많은 40%가 이에 동의했다. 남성(38%)의 긍정률이 여성(31%)보다 7%포인트 높았고, 세대별 차이는 크지 않았다.

◎ 종교별 긍정률: '종교보다 개인 성찰/수련에 관심 많다' (%)

	2014년
불교인	33
개신교인	25
천주교인	29
비종교인	40

3) 종교 단체를 벗어난 개인의 종교적 믿음 실천

문) 요즘 종교 단체들에 대한 다음의 말들에 대해 얼마나 그렇다고, 혹은 그렇지 않다고 생각하시는지 응답해 주십시오.
- 개인은 종교 단체에 얽매이기보다는 본인이 옳다고 생각하는 종교적 믿음을 실천하면 된다

(%, 표 26-1)

	2014년
매우 그렇다	21
어느 정도 그렇다 (83)	62
별로 그렇지 않다	13
전혀 그렇지 않다	2
모르겠다	2

'개인은 종교 단체에 얽매이기보다는 본인이 옳다고 생각하는 종교적 믿음을 실천하면 된다'는 말에 대해서는 '매우 그렇다' 21%, '어느 정도 그렇다' 62%, '별로 그렇지 않다' 13%, '전혀 그렇지 않다' 2%로 전체 응답자 열 명 중 여덟 명이 동의했다.

◎ '종교 단체에 얽매이기보다 본인의 종교적 믿음 실천': '(매우+어느 정도) 그렇다' (%)

	2014년
불교인	85
개신교인	73
천주교인	84
비종교인	86

종교별 동의율은 불교인(85%), 천주교인(84%), 비종교인(86%)에서 80%를 웃돌았고, 개신교인(73%)만 상대적으로 낮은 70% 선에 머물렀다. 종교인이든 비종교인이든 응답자의 다수가 종교 단체에 의존하지 않고도 개인 신앙 생활이 가능하다는 견해다.

이상 세 문항의 조사 결과를 볼 때 종교 단체 중심이 아닌 개인 중심의 신앙 생활에 관심이 적지 않으며, 실천 가능성에 대해서도 상당히 낙관적이다. 이는 우리 사회 속 종교의 사사화 경향을 엿볼 수 있는 부분이다.

2. 종교의 관용성 (배타성과 포용성)

1) 종교의 교리 차이

문) 귀하는 다음과 같은 말에 대해 어떻게 생각하십니까?
  귀하의 경험이나 느낌을 바탕으로 '그렇다', '아니다'로 응답해 주십시오.
  - 여러 종교의 교리는 얼핏 생각하면 서로 달라 보이지만 결국은 같거나 비슷한 진리를 말하고 있다 (%, 표 17-1)

	1984년	1989년	1997년	2004년	2014년
그렇다	78	77	80	75	70
아니다	12	15	19	20	24
모르겠다	10	8	1	5	6

종교의 교리 차이에 대한 관용성, 즉 '여러 종교의 교리는 결국 비슷한 진리를 담고 있다'는 말에 대해 '그렇다' 70%, '아니다' 24%였으며 6%는 의견을 유보했다. 역대 조사에서 '그렇다'는 응답이 모두 70%를 상회해 한국인은 대체로 서로 다른 종교 교리도 결국은 통한다는 입장을 취했다. 그러나 지난 30년간 긍정률은 소폭 감소 (1984년 78%; 2014년 70%)한 반면 부정률은 배로 늘어(1984년 12%; 2014년 24%) 종교 간 차별성이 강화된 것으로 볼 수 있다.

◎ 종교별 긍정률: '여러 종교의 교리는 결국 비슷한 진리를 담고 있다' (%)

	1984년	1989년	1997년	2004년	2014년
불교인	80	79	87	82	79
개신교인	65	64	62	53	49
천주교인	86	80	85	74	79
비종교인	80	81	84	81	74

종교별로 보면 불교인과 천주교인의 79%, 그리고 비종교인의 74%가 '그렇다'고 답한 반면 개신교인은 그 비율이 49%에 그쳤다. 개신교인은 1984년 첫 종교 조사 때부터 타 종교인이나 비종교인에 비해 종교적 관용성을 인정하는 비율이 낮은 편이었고(개신교인 65%; 비개신교인 80% 이상) 그러한 경향은 5차 조사까지 이어졌

다. 바꿔 말하면, 자신이 믿는 종교만을 절대 진리로 보는 사람들이 점차 늘고 있으며 특히 개신교인에게서 가장 두드러졌다.

성별이나 연령별로는 모두 70%±2%포인트 범위에 있어 뚜렷한 차이를 보이지 않았다.

2) 비종교인의 구원 가능성

문) 귀하는 다음과 같은 말에 대해 어떻게 생각하십니까?
귀하의 경험이나 느낌을 바탕으로 '그렇다', '아니다'로 응답해 주십시오.
- 아무리 선한 사람이라도 종교를 믿지 않으면 극락이나 천국에 갈 수 없다 (%, 표 17-3)

	1984년	1989년	1997년	2004년	2014년
그렇다	17	18	18	19	20
아니다	66	70	69	72	67
모르겠다	16	13	13	10	13

'아무리 선한 사람이라도 종교를 믿지 않으면 극락이나 천국에 갈 수 없다'는 말에 대해서는 67%가 '아니다', 20%가 '그렇다'고 답했고 13%는 의견을 유보했다. 역대 조사에서 '아니다'라는 응답, 즉 '비종교인이라도 선하다면 구원 받을 수 있다'고 보는 사람은 모두 70% 내외였다.

◎ '선한 사람이라도 종교를 믿지 않으면 극락/천국에 갈 수 없다': '아니다' (%)

	1984년	1989년	1997년	2004년	2014년
불교인	73	76	79	84	75
개신교인	37	39	32	31	36
천주교인	61	69	73	72	67
비종교인	74	79	80	83	76

종교별 차이, 특히 개신교인과 비개신교인 간 입장이 상반됐다. 우선 비종교인의 76%가 비종교인이라도 구원 가능하다고 답했고 불교인(75%)과 천주교인(67%)도 가능성을 높게 봤으나, 개신교인은 그 비율이 36%에 그쳤다.

3) 종교 단체의 비종교인에 대한 태도

문) 요즘 종교 단체들에 대한 다음의 말들에 대해 얼마나 그렇다고,
혹은 그렇지 않다고 생각하시는지 응답해 주십시오.
- 요즘 종교 단체는 비신도(종교를 믿지 않는 사람)를 따뜻하게 대하지 않는다 (%, 표 26-5)

	1984년	1989년	1997년	2004년	2014년
매우 그렇다	11	12	7	11	7
어느 정도 그렇다	(33) 22	(37) 25	(38) 31	(46) 35	(41) 34
별로 그렇지 않다	24	22	39	33	43
전혀 그렇지 않다	(51) 27	(47) 25	(39) −	(46) 13	(53) 10
모르겠다	17	16	23	8	6

'요즘 종교 단체는 비신도(종교를 믿지 않는 사람)를 따뜻하게 대하지 않는다'는 말에 대해서는 '매우 그렇다' 7%, '어느 정도 그렇다' 34%, '별로 그렇지 않다' 43%, '전혀 그렇지 않다' 10%로 '그렇다'(41%)는 응답보다 '그렇지 않다'(53%)가 더 많았다. 종교 단체가 비신도에게 호의적이지 않다는 응답은 2004년(46%) 처음으로 40%를 넘었으나, 이번에는 41%로 약간 줄었다.

◎ '종교 단체는 비신도를 따뜻하게 대하지 않는다': '(매우+어느 정도) 그렇다' (%)

	1984년	1989년	1997년	2004년	2014년
불교인	34	40	43	46	42
개신교인	32	27	22	34	27
천주교인	18	22	32	44	40
비종교인	34	42	44	52	46

종교별로 보면 비종교인(46%), 불교인(42%), 천주교인(40%)은 종교 단체가 비신도를 따뜻하게 대하지 않는다는 응답이 40%를 웃돌았으나 개신교인만 그 비율이 27%로 낮았다.

이상 종교의 관용성 부분에서는 종교인과 비종교인 간 경계보다 개신교인과 비개신교인 간 경계가 더 명확히 나타난다. 또한 사회 일반적으로는 개신교를 배타적이라고 평가하지만, 개신교인 자신들은 스스로를 그렇게 생각하지 않음을 알 수 있다.

제4장. 종교와 의식 구조(Ⅱ): 종교와 생활 의식

이어서 종교와 관련된 가치관을 살펴보겠다. 한 사람의 가치관이 그가 믿는 종교와 전적으로 일치하지는 않으며, 외견상 종교적으로 보이는 행동이라 해도 그 실천 동기가 반드시 종교에만 있는 것은 아니다. 개인의 특정 가치관은 다른 의식 구조와 긴밀하게 연계되어 발현된다. 말하자면, 종교적 실천 행위에는 종교적 성향이나 태도만이 아니라 다른 여러 가치관들이 함께 작용한다. 따라서 종교와 관련된 다양한 주제에 대한 견해를 추가로 물어 본인이 밝힌 종교 의식 이외의 가치들이 종교와 어떻게 관계 맺고 있는지 살펴볼 필요가 있다. 또한, 이번 5차 조사에서는 최근 종교계에서 자주 논쟁되고 있는 이혼, 낙태, 동성애에 대한 질문을 새롭게 추가했다.

이 부분에서는 먼저 인간 본성에 대한 태도, 일상 생활의 기본적 가치관과 생활 만족도 등을 측정하고, 다음으로 전통적인 가치관은 우리 생활에 얼마나 영향을 주는지 알아봤다.

제1절 일상적 가치관

1. 인간 본성에 대한 태도 (선악, 善惡)

문) 인간의 본성은 태어날 때부터 '선하다' 또는 '악하다'는 말이 있습니다. 귀하의 경험으로 보면, 다음 네 가지 견해 중에서 무엇이 귀하의 생각에 가장 가깝습니까? (%, 표 10)

	1984년	1989년	1997년	2004년	2014년
태어날 때부터 선하다	60	67	56	46	39
태어날 때부터 악하다	3	3	2	2	4
태어날 때부터 선과 악이 동시에 있다	14	14	27	31	37
태어날 때부터 선하지도 악하지도 않다	20	13	15	21	20
모르겠다	4	3	0	0	-

인간 본성에 대한 여러 견해 중에서 '태어날 때부터 선하다'는 성선설(性善說)을 믿는 사람은 39%로 다섯 차례 조사에서 최저치를 기록했다. 성선설 응답은 1989년 67%로 가장 많았고 이후 1997년 56%, 2004년 46%로 감소했으며, 이후 10년 만에 7%포인트가 더 줄었다. 반면 '태어날 때부터 선과 악이 동시에 있다(선악 공존설)'는 응답은 1980년대 14%에서 지속적으로 증가해 2014년 37%에 달했다. '태어날 때부터 선하지도 악하지도 않다'는 응답은 20%였으며, '태어날 때부터 악하다'는 성악설(性惡說) 지지는 4%에 그쳐 과거 조사와 마찬가지로 소수 견해에 머물렀다.

◎ 종교별 성선설 응답: '인간의 본성은 태어날 때부터 선하다' (%)

	1984년	1989년	1997년	2004년	2014년
불교인	61	71	58	53	47
개신교인	57	64	59	36	36
천주교인	68	65	59	47	38
비종교인	59	67	54	47	37

2. 생활에서 중요한 것

문) 다음에 제시한 여러 항목 중 살아가는 데 특히 중요하다고 생각하시는 것을 두 가지만 골라 지적해 주십시오. (%, 2개 복수응답, 표 11)

	1984년	1989년	1997년	2004년	2014년
좋은 친구들이 있는 것	12	13	16	20	22
여가/휴식 시간이 많은 것	2	2	7	9	12
가정생활이 즐거운 것	41	42	38	31	37
직업이 좋은 것	5	0	4	7	14
돈이 많은 것	11	13	14	31	25
종교를 갖는 것	11	10	7	5	5
건강한 것	56	62	62	61	53
남을 돕는 것	7	6	6	3	2
존경을 받는 것	3	4	2	2	4
마음이 평안한 것	25	25	29	23	18
신념을 갖고 생활하는 것	27	23	14	10	6

일상 생활과 관련한 11개 항목을 제시하고 그 중에서 살아가는 데 특히 중요하다고 생각하는 것 두 가지를 선택하게 했다. 그 결과, '건강'이 53%로 가장 많이 선택됐고 그 다음은 '즐거운 가정생활'(37%), '돈'(25%), '좋은 친구들'(22%), '마음의 평안'(18%), '좋은 직업'(14%), '충분한 여가/휴식 시간'(12%) 순으로 나타났다. 지난 30년간 흐름에서 볼 때 '좋은 친구들', '여가/휴식 시간', '직업', '돈'을 중시하는 사람은 점진적으로 많아진 반면, '종교', '마음의 평안', '신념의 생활' 등은 줄었다. 최근 10년만 보면 '가정생활', '직업', '여가/휴식' 응답은 늘었고 '건강', '돈', '마음의 평안' 등은 소폭 감소했다. 이는 개인 생활에서 가치나 신념, 종교 등 정신적인 부분(종교적 가치)보다 현재의 안위와 즐거움(세속적 가치)을 중시하는 세태를 반영한 결과로도 볼 수 있을 것이다.

◎ 종교별 생활에서 중요한 것: 2014년			(%, 2개 복수응답)
불교인 (334명)	개신교인 (318명)	천주교인 (98명)	비종교인 (746명)
건강 61	건강 49	건강 50	건강 52
가정생활 36	가정생활 36	가정생활 43	가정생활 38
돈 29	돈 23	마음의 평안 25	돈 26
친구 22	친구 20	신념 18	친구 23
마음의 평안 19	마음의 평안 18	친구 18	마음의 평안 17
직업 13	종교 18	돈 16	직업 17
여가/휴식 9	여가/휴식 10	여가/휴식 14	여가/휴식 15
존경 받는 것 4	직업 10	종교 9	신념 5
신념 3	신념 5	직업 5	존경 받는 것 4
남을 돕는 것 2	존경 받는 것 5	남을 돕는 것 2	남을 돕는 것 2
종교 1	남을 돕는 것 4	존경 받는 것 1	종교 0

정도의 차이는 조금씩 있지만 불교인, 개신교인, 천주교인, 비종교인 모두 생활에서 중요한 것으로 '건강'과 '가정생활'을 가장 많이 꼽았다. 불교인은 특히 '건강'(61%) 응답이 전체 평균보다 많았고, 개신교인은 타 종교인에 비해 '종교'(18%)를 중요하게 보는 사람이 많은 점이 두드러졌다. 불교인, 개신교인, 비종교인은 생활에서 중요한 것 세 번째가 '돈'이었지만(20% 상회), 천주교인은 '돈'(16%)보다는 '마음의 평안'(25%)이 우선이었고 타 종교인에 비해 '신념의 생활'(18%) 응답이 많았다.

◎ 종교별 생활에서 중요한 것: 주요 항목추이 (%, 2개 복수응답)

	건강한 것				돈이 많은 것				마음의 평안			
	'84	'97	'04	'14	'84	'97	'04	'14	'84	'97	'04	'14
불교인	62	71	71	61	16	17	29	29	25	33	25	19
개신교인	40	53	50	49	4	9	30	23	26	24	22	18
천주교인	48	62	59	50	4	12	26	16	26	25	22	25
비종교인	59	63	61	52	11	15	33	26	26	31	22	17

	직업이 좋은 것				신념의 생활				종교를 갖는 것			
	'84	'97	'04	'14	'84	'97	'04	'14	'84	'97	'04	'14
불교인	5	2	6	13	23	7	8	3	7	3	2	1
개신교인	3	3	5	10	32	18	18	5	36	26	17	18
천주교인	2	3	10	5	29	14	9	18	34	14	3	9
비종교인	6	5	8	17	26	15	8	5	2	0	0	0

연령별로 보면, 20대는 '건강'(37%)과 함께 '좋은 친구들'(36%)을 생활에서 가장 중요하다고 봤고 그 다음은 '돈'(28%), '직업'(24%), '가정생활'(23%) 순으로 응답해 아직 대부분이 미혼인 데다 학생 또는 취업 초년생, 구직자 입장에서의 시각이 반영됐다. 반면 60세 이상은 73%가 '건강'을 꼽아 노년기의 가장 큰 고충과 두려움이 드러났으며, 그 다음은 '가정생활'(37%), '마음의 평안'(23%), '돈'(19%), '좋은 친구들'(12%) 순으로 나타나 20대와 대조를 이뤘다. '건강'은 고연령일수록, '직업'은 저연령일수록 더 중요한 요소로 꼽았다.

◎ 연령별 생활에서 중요한 것: 2014년   (%, 2개 복수응답)

19~29세	30대	40대	50대	60세 이상
건강 37	가정생활 44	건강 53	건강 56	건강 73
친구 36	건강 43	가정생활 41	가정생활 40	가정생활 37
돈 28	돈 28	돈 30	돈 23	마음의 평안 23
직업 24	마음의 평안 18	친구 20	친구 23	돈 19
가정생활 23	친구 18	마음의 평안 15	마음의 평안 18	친구 12
여가/휴식 19	여가/휴식 16	직업 13	직업 12	여가/휴식 9
마음의 평안 16	직업 16	여가/휴식 10	여가/휴식 10	직업 8
신념 6	신념 7	신념 8	종교 7	존경 받는 것 6
존경 받는 것 3	존경 받는 것 5	종교 6	신념 4	종교 6
종교 3	남을 돕는 것 3	남을 돕는 것 3	존경 받는 것 4	남을 돕는 것 3
남을 돕는 것 1	종교 3	존경 받는 것 2	남을 돕는 것 2	신념 3

◎ 연령별 생활에서 중요한 것: 주요 항목 추이   (%, 2개 복수응답)

	건강한 것				돈이 많은 것				마음의 평안			
	'84	'97	'04	'14	'84	'97	'04	'14	'84	'97	'04	'14
19~29세	52	54	44	37	4	12	34	28	23	31	22	16
30대	55	61	58	43	10	11	32	28	26	26	21	18
40대	57	65	62	53	16	15	34	30	27	30	20	15
50대	65	74	79	56	19	19	23	23	27	31	26	18
60세 이상				73				19				23

	직업이 좋은 것				신념의 생활				종교를 갖는 것			
	'84	'97	'04	'14	'84	'97	'04	'14	'84	'97	'04	'14
19~29세	5	6	13	24	37	19	12	6	10	4	1	3
30대	6	3	9	16	25	15	9	7	12	7	5	3
40대	6	4	3	13	18	14	11	8	13	8	4	6
50대	4	2	2	12	16	5	9	4	9	10	8	7
60세 이상				8				3				6

3. 생활 만족도

문) 다음에 제시한 여러 일들에 대해 귀하는 어느 정도 만족 혹은 불만족하십니까?
매우 만족하시면 10점, 매우 불만족하시면 0점, 보통이면 5점이라고 할 때
각각에 대해 몇 점을 주시겠습니까? (단위: 점, 0-10점 척도 100점 환산 평균, 표 59)

	1984년	1989년	1997년	2004년	2014년
살림살이 형편	53	54	56	52	61
다른 사람들과의 관계	64	68	68	68	69
결혼생활/이성관계	63	68	65	64	65
요즘 건강 상태	67	64	63	62	67
직업/하는 일	59	61	59	59	64
전반적인 개인생활	60	61	61	60	65

응답자에게 생활 관련 5개 측면과 전반적인 개인생활 만족도를 매우 불만족 0점, 보통 5점, 매우 만족 10점을 기준으로 직접 평가하게 했다. 전반적인 개인생활 만족도(100점 환산 평균)는 평균 65점이며, 각 측면별로는 '다른 사람들과의 관계' 69점, '요즘 건강 상태' 67점, '결혼생활/이성관계' 65점, '직업/하는 일' 64점, '살림살이 형편' 61점으로 나타났다. '사람들과의 관계' 만족도가 가장 높았고 '살림살이 형편' 만족도가 가장 낮았는데 이는 1989년, 1997년, 2004년 조사와도 같은 경향이다.

10년 전과 비교하면 측정한 모든 항목의 만족도가 약간씩 향상됐지만, 지난 30년간을 통틀어 봐도 그 이상으로 큰 변화는 없었다. 1984년 이후 각 항목별 만족도 평균 점수는 조사 시기마다 대략 5점 범위 내 등락을 거듭하며 점진적으로 상승해 지금에 이르렀기 때문이다. 1980년대에 비해 가구 소득이 늘고 학력 수준이 높아졌을 뿐 아니라 산업화, 민주화, 세계화의 물결 속에 한국의 위상도 높아졌지만, 주관적 생활 만족도가 그에 상응하는 정도로 정비례 상승하지는 않았다.

◎ 종교별 현재 생활 만족도 (단위: 점, 0-10점 척도 100점 환산 평균)

	살림살이 형편				타인들과의 관계				결혼생활/이성관계			
	'84	'97	'04	'14	'84	'97	'04	'14	'84	'97	'04	'14
불교인	52	53	51	62	63	68	67	70	59	65	64	65
개신교인	56	61	52	61	66	71	68	69	67	68	64	66
천주교인	55	61	57	60	65	71	68	69	63	66	66	63
비종교인	53	54	50	61	65	66	68	68	63	63	62	65

	요즘 건강 상태				직업/하는 일				전반적인 개인생활			
	'84	'97	'04	'14	'84	'97	'04	'14	'84	'97	'04	'14
불교인	64	58	60	63	55	58	57	63	57	58	60	64
개신교인	68	67	62	68	63	64	58	65	64	65	60	67
천주교인	60	62	64	66	62	64	62	62	60	64	63	64
비종교인	68	63	64	68	59	57	59	63	60	59	59	65

종교별 '전반적인 개인생활' 만족도는 개신교인(67점), 비종교인(65점), 불교인(64점), 천주교인(64점) 순으로 유의미한 차이는 없었으며, 다른 항목들에서도 마찬가지였다.

연령별로 보면 '건강 상태'(20대 74점; 60세 이상 60점)와 '직업/하는 일'(20대 67점; 60세 이상 59점)' 만족도는 저연령일수록 높았고, 나머지 '살림살이 형편', '타인들과의 관계', 그리고 '전반적인 개인생활'의 경우도 격차는 작았지만 대체로 비슷한 경향을 보였다.

나이가 들수록 건강은 나빠지고, 은퇴 후 수입이 감소하면 대인관계 등 여러 사회적 활동에 제약을 받을 수밖에 없다. 정부는 최근 기초연금 제도를 도입하는 등 급격한 고령화에 대비하고 있으나, 현재 우리나라 국민의 노후 준비는 전반적으로 부족한 상태여서 노인 빈곤층 복지 문제가 점차 그 심각성을 더해가고 있다. 50대의 60%, 60세 이상의 68%가 종교를 믿고 있다는 점을 고려할 때, 고령층의 생활 만족도가 더 낮아지는 것을 막는 데는 종교 또는 종교 단체의 역할이 중요해 보인다.

◎ 연령별 현재 생활 만족도 (단위: 점, 0-10점 척도 100점 환산 평균)

	살림살이 형편				타인들과의 관계				결혼생활/이성관계			
	'84	'97	'04	'14	'84	'97	'04	'14	'84	'97	'04	'14
19~29세	56	60	53	63	68	70	67	71	60	63	59	65
30대	51	57	52	63	63	68	68	69	69	70	67	67
40대	52	53	52	61	62	66	67	69	65	63	66	65
50대	53	50	50	60	62	68	70	68	60	63	64	64
60세 이상				59				67				63

	요즘 건강 상태				직업/하는 일				전반적인 개인생활			
	'84	'97	'04	'14	'84	'97	'04	'14	'84	'97	'04	'14
19~29세	71	68	64	74	62	61	58	67	62	65	60	68
30대	68	68	65	71	59	63	62	66	59	62	62	67
40대	64	62	65	68	60	57	60	65	59	58	60	65
50대	59	54	56	64	57	54	55	62	57	56	59	64
60세 이상				60				59				62

4. 이상적인 자녀 수

문) 귀하는 자녀를 몇 명 정도 갖는 것이 좋다고 생각하십니까? (단위: 명, 표 1)

	1984년	1989년	1997년	2004년	2014년
이상적인 자녀 수(평균)	2.0	2.0	2.4	2.5	2.3

이상적인 자녀 수를 물은 결과 '2명'이 55%로 가장 많았고 '3명' 24%, '4명 이상' 9%로 전체 응답자의 88%가 '2명 이상'을 꼽았으며, '1명'은 9%, 그리고 3%는 '자녀를 갖지 않는 것이 좋다'고 답했다. 이상적인 자녀 수의 평균은 1980년대 2.0명에서 1997년 2.4명, 2004년 2.5명까지 늘었다가 2014년 2.3명으로 다시 줄었다.

종교별로 보면, 불교인은 이상적인 자녀 수를 평균 2.5명으로 응답해 가장 많았고 비종교인이 2.2명으로 가장 적었다. 종교보다는 연령에 따른 차이가 컸다. 20대는 평균 1.9명인 반면, 60세 이상은 2.8명에 달해 고연령일수록 더 많은 수의 자녀를 원했다. 그러나 2013년 기준 우리나라의 합계출산율[26]은 1.2명에 불과해, 원하는 바를 크게 밑돌았다.

◎ 종교별, 성별, 연령별 이상적인 자녀 수(평균)   (단위: 명)

		1984년	1989년	1997년	2004년	2014년
종교별	불교인	2.1	2.2	2.6	2.7	2.5
	개신교인	1.9	2.0	2.5	2.5	2.4
	천주교인	1.9	1.9	2.4	2.5	2.3
	비종교인	1.9	2.0	2.4	2.3	2.2
성별	남성	2.0	2.1	2.4	2.4	2.3
	여성	1.9	2.0	2.5	2.5	2.3
연령별	19~29세	1.6	1.6	2.1	2.1	1.9
	30대	1.9	1.9	2.4	2.3	2.0
	40대	2.2	2.2	2.4	2.5	2.3
	50대	2.4	1.5	2.9	2.9	2.4
	60세 이상					2.8

제2절 전래의 사고 방식

1. 집안 항렬의 돌림자

문) 귀하의 친척이 아들을 낳는다면 그 아들의 이름은 집안 항렬의 돌림자에 따라 짓는 것이 좋다고 생각하십니까, 아니면 그럴 필요 없다고 생각하십니까? (%, 표 2)

	1984년	1989년	1997년	2004년	2014년
돌림자에 따라 짓는 것이 좋다	51	55	47	39	37
그럴 필요 없다	46	43	53	61	63
모르겠다	2	1	–	–	–

---

[26] 우리나라는 1960년대부터 1980년대까지 약 30년간 산아 제한 정책을 펼쳐, 1960년대 6명에 달했던 합계출산율(여성 1명이 평생 낳는 평균 자녀 수)이 1984년에는 2.1명으로 줄었다. 이후 산아 제한 정책은 중단됐으나 출산율은 계속 하락했다. 2000년대 들어 정부는 출산 장려에 힘쓰고 있지만, 우리나라는 2001년부터 10년 넘게 OECD(경제협력개발기구 34개국) 평균 합계출산율 1.7명을 크게 밑도는 초저출산국(합계출산율 1.3명 이하) 위치를 벗어나지 못하고 있다.

이름의 돌림자는 친족 집단 내 계보상의 종적(縱的) 세대 관계를 나타내는 것으로, 형제자매 관계는 같은 항렬(行列) 돌림자를 쓴다. 이렇게 집안 항렬대로 이름을 짓는 것에 대해 63%가 '그럴 필요 없다'고 답해, '돌림자에 따라 짓는 것이 좋다'(37%)는 의견을 앞섰다. 1980년대까지는 '돌림자에 따라 짓는 것이 좋다'는 의견이 약간 많았지만, 1997년 역전됐으며 2000년 이후로는 '그럴 필요 없다'는 응답이 60%를 웃돌았다. 하지만 이전에 비해 최근 10년간 변화의 폭은 크지 않았다.

◎ 종교별, 연령별 돌림자 고수율 (%)

		1984년	1989년	1997년	2004년	2014년
종교별	불교인	60	69	60	49	43
	개신교인	43	51	42	28	39
	천주교인	47	47	32	40	38
	비종교인	51	53	47	39	34
연령별	19~29세	36	39	33	23	21
	30대	46	44	42	31	30
	40대	64	65	48	41	35
	50대	75	78	69	61	44
	60세 이상					53

종교별 돌림자 고수율은 불교인에서 43%로 가장 높았고, 그 다음은 개신교인(39%)과 천주교인(38%), 비종교인(34%) 순이었다. 과거 조사와 비교하면 불교인과 비종교인의 돌림자 고수율은 지난 30년간 20%포인트 가깝게 줄었으나, 개신교인이나 천주교인은 상대적으로 감소폭이 적었다.

종교보다 연령별 차이가 더 뚜렷했다. 20대는 21%만이 '항렬대로 이름을 짓는 것이 좋다'는 의견이었지만, 고연령일수록 늘어 60세 이상은 53%에 달했다. 성별로는 남성(41%)이 여성(33%)보다 돌림자 고수율이 높았는데, 이는 우리나라의 족보와 돌림자가 부계(父系) 중심이라는 점에 기인한 현상으로 보인다.

2. 궁합과 결혼

> 문) 귀하의 친척이 선을 봤는데 궁합이 아주 나쁘다면 결혼하지 않는 것이 좋다고 생각하십니까, 상관없다고 생각하십니까? (%, 표 3)
>
> | | 1984년 | 1989년 | 1997년 | 2004년 | 2014년 |
> |---|---|---|---|---|---|
> | 결혼하지 않는 것이 좋다 | 38 | 44 | 33 | 34 | 37 |
> | 상관없다 | 58 | 52 | 67 | 66 | 63 |
> | 모르겠다 | 5 | 4 | 0 | – | – |

궁합과 결혼의 상관 관계를 묻는 질문에 '궁합이 아주 나쁘면 결혼하지 않는 것이 좋다'고 응답한 사람은 37%로, 1984년(38%)과 비슷한 수준이다. 이는 지난 30년간 궁합과 결혼에 대한 태도에 사실상 거의 변화가 없음을 보여준다.

◎ 궁합과 결혼에 대한 태도: '궁합이 나쁘면 결혼하지 않는 것이 좋다' (%)

		1984년	1989년	1997년	2004년	2014년
종교별	불교인	59	62	55	57	52
	개신교인	21	26	19	18	28
	천주교인	26	34	28	31	32
	비종교인	36	45	31	30	34
연령별	19~29세	29	34	19	23	19
	30대	34	41	32	31	32
	40대	42	46	35	37	37
	50대	54	57	48	46	42
	60세 이상					50

종교별로 보면 불교인에게서 '상관있다'는 응답이 52%로 가장 많았고, 개신교인(28%), 천주교인(32%), 비종교인(34%) 간 차이는 상대적으로 크지 않았다. 여성(40%)이 남성(33%)보다, 그리고 고연령일수록 '궁합이 나쁘면 결혼하지 않는 것이 좋다'고 생각하는 사람이 많았다(20대 19%; 60세 이상 50%).

3. 묏자리와 자손의 번영

문) '명당에 선조의 묏자리를 쓰면 자손이 잘 된다'는 말이 있습니다. 귀하는 이 말에 대해 그렇다고 생각하십니까, 그렇지 않다고 생각하십니까? (%, 표 4)

	1984년	1989년	1997년	2004년	2014년
그렇다	48	55	50	56	52
그렇지 않다	38	35	50	44	48
모르겠다	14	10	0	0	-

선조의 묏자리가 좋으면 자손이 잘 된다는 말에 대해 '그렇다'는 52%, '그렇지 않다'는 48%로 의견이 양분됐다. '그렇다'는 응답은 1984년 48%에서 2014년 52%로 30년 전과 비슷한 반면, '그렇지 않다'는 1984년 38%에서 2014년 48%로 늘었다. 예나 지금이나 한국인의 절반은 선조의 묏자리가 자손에게 영향을 준다고 생각하지만, 1990년대 부정률 급증 현상은 한국 사회의 조상 숭배 의식에 분명한 변화가 있었음을 보여준다.

◎ 종교별 묏자리에 대한 태도: '명당에 선조의 묏자리를 쓰면 자손이 잘 된다' (%)

	1984년	1989년	1997년	2004년	2014년
불교인	71	73	73	74	71
개신교인	27	38	26	33	35
천주교인	34	47	41	55	45
비종교인	48	55	53	57	51

종교별로 보면 불교인의 긍정률이 71%로 가장 높았고, 그 다음은 비종교인(51%), 천주교인(45%), 개신교인(35%) 순이었다. 명당 묏자리의 영향력에 대해서는 고연령일수록 더 많이 믿었으며(20대 38%; 60세 이상 63%), 성별 차이는 거의 없었다(남성 51%, 여성 53%).

제3절 이혼, 낙태, 동성애에 대한 인식[27]

　이혼, 낙태, 동성애는 인류 역사에 계속 존재해 왔으나, 전통적인 결혼관, 가족관, 애정관(愛情觀)에서 금기시되거나 부정적으로 다뤄져 온 개념이다. 우리 사회가 과거에 비해서는 많이 개방적으로 바뀌었다고 하지만, 피치 못할 사정에 의한 이혼이나 낙태라 해도 이해의 폭은 그리 넓지 않으며 특히 동성애에 대해서는 반감(反感)의 정도가 한층 더 크다. 또한, 국내외를 막론하고 종교계에서도 이들 주제에 대한 논쟁이 끊이지 않고 있다. 5차 조사에서는 세대별 양극화, 이념 성향의 차이[28], 그 속에서 종교인과 비종교인의 차이를 파악하기 위해 전통 사회의 터부(taboo)였던 이혼, 낙태, 동성애 용인 여부 문항을 새롭게 추가했다.

문) 다음 각 항목에 대해 어떻게 생각하십니까? (%, 표 5, 6, 7)

	그렇다	그렇지않다
경우에 따라서는 이혼할 수도 있다	75	25
원치 않는 임신을 한 경우에는 낙태를 할 수도 있다	60	40
남자끼리 또는 여자끼리의 동성애도 사랑의 한 형태다	24	76

---

1. 이혼[29]

　'경우에 따라서는 이혼할 수도 있다고 생각하는가' 물은 결과 75%가 동의했고 25%는 '그렇지 않다'고 답했다. 종교인별로 보면 '이혼할 수도 있다'는 응답은 불교

---

27 이번 5차 조사에 새로 추가한 질문

28 사회 구성원의 이념 성향을 구분할 때 기존 전통을 옹호하고 유지하려는 성향을 '보수'라고 본다면, 그 반대편에는 '진보'가 있다. 현재 우리 국민의 정치적 성향이나 투표 행동에서는 세대별 양극화가 심해지고 있다. 현재 연령별 종교인 비율(20대 30%; 60세 이상 68%)을 보면, 종교 역시 세대별 양극화를 겪고 있다 해도 과언이 아닐 것이다.

29 한국가정법률상담소에 따르면 2000~2010년 한국의 평균 조(粗)이혼율(인구 1,000명당 이혼 건수)은 2.7건으로 1951~1959년(0.2건)에 비해 크게 늘었다. 특히 IMF 사태 여파가 짙었던 2000년대 초반 조이혼율은 2000년 2.7건, 2002년 3.1건, 2003년 3.5건으로 역대 최고에 달한 바 있으며, 이후에는 다시 줄어 2013년에는 2.3건을 기록했다.

인 73%, 개신교인 68%, 천주교인 73% 등 종교인 평균은 71%, 비종교인은 그보다 많은 79%였다. 남성은 70%, 여성은 80%가 이혼할 수 있다고 답해 성별 차이를 보였다.

연령별로는 20대의 이혼 용인율이 86%에 달했고 30대와 40대도 80%였으나, 50대는 71%, 60세 이상은 61%였다. 고령층일수록 이혼 용인율이 낮기는 하지만, 60세 이상도 절반 넘게 이혼할 수도 있다는 입장이란 점이 최근의 '황혼 이혼' 증가 추세를 반영하고 있는 듯하다.

◎ 종교별, 성별, 연령별 이혼/낙태/동성애 용인율		이혼	낙태	동성애 (%)
종교별	불교인 개신교인 천주교인 비종교인	73 68 73 79	62 51 58 63	16 17 28 30
성별	남성 여성	70 80	55 65	20 27
연령별	19~29세 30대 40대 50대 60세 이상	86 80 80 71 61	66 62 64 60 50	44 33 23 13 10
이념성향별	보수적 중도적 진보적	68 77 82	52 60 71	13 23 43

2. 낙태[30]

'원치 않는 임신을 한 경우에는 낙태를 할 수도 있다고 생각하는지'에 대해 60%

---

[30] 우리나라는 모자보건법에 따라 임산부 본인 또는 배우자에게 정신장애나 신체질환이 있는 경우에만 낙태(임신중절수술)를 인정해, 사실상 낙태를 엄격히 금지하고 있다. 현행법상 낙태를 한 여성은 범죄자다. 형법 제269조 1항은 낙태한 여성에게 1년 이하의 징역 또는 200만 원 이하의 벌금형을 부과한다. 그러나 현실에서는 거의 사문화(死文化)된 조항이다.
태아 생명 존엄을 위해 더 적극적으로 낙태를 줄여야 한다는 주장(Pro-life 운동)과 여성의 자기 신체 결정권을 중시해 낙태를 합법화해야 한다는 주장(Pro-choice 운동)이 팽팽히 맞서고 있으나 아직 사회적 합의나 법을 바꾸는 데까지는 이르지 못한 상태다. 2010년 보건복지부 실태 조사 결과 가임기 여성(15~44세) 중 한 번이라도 낙태 수술을 경험한 비율은 29.6%, 낙태율(가임기 여성 1,000명당 낙태 건수)은 15.8건으로 OECD 주요국 중에서도 높은 편이다.

는 동의했고 40%는 반대했다. 낙태 용인율은 남성(55%)보다 여성(65%)이 더 높았으며, 연령별로 보면 50대 이하는 '낙태를 할 수도 있다'는 의견이 60%를 넘었으나, 60세 이상에서는 50%였다.

종교별 낙태 용인율은 개신교인이 51%로 가장 낮았고, 천주교인(58%), 불교인(62%), 비종교인(63%)은 60% 내외로 엇비슷했다. 로마 교황청은 지난 2009년 시대 변화에 따른 7대 죄악을 새롭게 추가했는데[31], 그 중 하나가 낙태였다. 한국 천주교 역시 낙태를 금하고 있으나, 천주교인의 낙태 용인율이 타 종교인에 비해 특별히 더 낮지는 않다.

3. 동성애[32]

'남자끼리 또는 여자끼리의 동성애도 사랑의 한 형태'라는 말에 대해서는 24%가 '그렇다', 76%는 '그렇지 않다'고 답했다. '그렇다'는 응답은 불교인(16%)과 개신교인(17%)에서는 20%를 밑돌았지만 천주교인(28%)과 비종교인(30%)에서는 그보다 많았다.

'동성애'에 대해서는 남성(20%)보다 여성(27%)이, 그리고 저연령일수록(20대 44%; 60세 이상 10%) 더 긍정적이었다. 이념 성향별 동성애 용인율은 보수층에서 13%에 그친 반면, 진보층에서는 43%에 달해 이혼(보수 68%; 진보 82%)이나 낙태(보수 52%; 진보 71%)에 비해 보수-진보 간 격차가 컸다.

---

31 6세기 로마 시대 그레고리 교황의 7대 죄악 정리 후 1,500년 만에 새롭게 추가한 7대 죄악: 환경 파괴, 윤리적 논란을 부르는 과학 실험, 유전자(DNA)를 조작하는 유전 실험과 배아줄기세포 연구, 마약 거래, 소수의 과도한 부 축재로 인한 사회적 불공정, 낙태, 소아성애(性愛)

32 2014년 6월 7일부터 15일까지 서울에서 동성애자, 양성애자, 트랜드젠더 등 성적 소수자를 위한 '퀴어문화축제(Korea Queer Culture Festival)'가 열렸다. 이 축제는 2000년부터 매년 개최되어 왔는데, 이번에는 15주년 맞이 퍼레이드, 거리 공연 등의 행사에 3만 명이 몰렸다. 그러나 일부 종교 단체들이 거센 항의와 행사 방해를 해 경찰이 진입하기도 했다. 한편, 국립국어원은 2012년 표준어대사전의 '사랑', '연애', '애정', '연인', '애인' 등 5개 단어의 뜻을 '남녀'에 한정하지 않는 것으로 바꿨다가 기독교계의 항의에 2014년 1월 다시 이성애 중심으로 수정한 바 있다. 그러나 전세계적으로는 동성애뿐 아니라 동성결혼을 법적으로 인정하는 기류가 형성되고 있다.

제5장 종교와 종교 단체

현실에서 종교를 표상하는 것은 종교 단체다. 그러나 일상에서 '종교'와 '종교 단체'는 거의 구분 없이 사용되기 때문에[33] 종교에 대한 평가에서도 추상적인 종교인지 현실의 종교 단체인지 구분되지 않는 경우가 많다. 추상적인 종교는 주로 종교 진리나 이상적인 종교를 의미하지만, 현실의 종교는 의례의 종교나 종교 단체를 말한다. 따라서 추상적인 종교에 대한 평가와 현실의 생존을 걱정하며 조직을 운영하고 관리해야 하는 종교 단체에 대한 평가는 상당히 다를 수 있다. 이는 개별 종교들에도 마찬가지로 적용된다. 이 장에서는 추상적인 종교가 아니라 현실에서 활동하는 종교, 종교 단체와 관련된 종교를 다루었다.

종교 전반의 문제이기도 하면서 동시에 한국의 종교 단체 현장에서 관심이 집중되고 있는 문제들을 네 가지 주제로 구분하여 질문을 구성했다. 첫째, 종교 일반에 대한 사회적 평가와 종교를 실행하는 신도와 성직자의 행위에 대한 평가, 둘째는 종교 단체 자체와 그 활동에 관한 직접적 평가, 셋째는 종교 단체의 물적 기반인 헌납금에 대한 인식, 그리고 마지막으로는 일반 대중이 주요 종교 단체에 바라는 바를 물었다.

제1절 종교와 종교인 평가

종교는 복합적인 문화 체계다. 종교 경험, 신념 체계, 의례 체계, 종교 공동체로 구성된 아주 복합적인 문화 현상이기 때문에 사회와 문화의 모든 영역에는 종교적 요소가 스며 있다. 그런 맥락에서는 종교와 관련된 현실 문제가 너무나 많아 일일이 거론하기가 불가능할 정도다. 현실 종교에 대한 사회적 평가 대상은 한없이 넓힐 수 있다는 말이다. 그러나 여기서는 종교의 생존과 그 영향력 확대라는 측면, 특히 한국 사회의 주요 관심사를 중심으로 현실의 종교를 평가했다.

---

33 종교라는 말은 세속과 대립되는 초자연적인 영역을 나타내는 추상적인 개념의 종교, 불교나 기독교와 같은 종교 전통을 의미하는 개별 종교들의 종교, 초자연적이고 초월적인 문화 현상들을 지칭하는 데 사용하는 '종교적'의 종교, 종교 단체를 포괄하는 개별 종교 현상을 의미하는 종교 등 실로 다양한 종교 관련 현상을 포괄한다.

먼저 종교에 대한 평가에서는 종교의 사회적 영향력, 종교의 사회 기여도, 그리고 종교가 아니면서 종교 행세를 하는 사이비 종교에 대한 인식을 파악했다. 그 다음으로는 종교 단체를 운영하는 종교인의 종교적 덕목 실천 정도와 종교 단체를 이끌어가는 성직자의 자질과 품위, 그리고 신도들에 대한 성직자의 태도는 얼마나 권위적이라고 보는지 물었다.

1. 종교에 대한 평가

1) 종교의 사회적 영향력 변화

문) 과거에 비해 요즘 우리 사회에서의 종교의 영향력이 증가하고 있다고 보십니까, 감소하고 있다고 보십니까? (%, 표 13)

	1984년	1989년	1997년	2004년	2014년
증가하고 있다	68	70	59	54	47
감소하고 있다	11	8	17	15	19
비슷하다	7	9	22	32	34
모름/응답거절	14	14	1	–	–

과거와 비교할 때 종교가 우리 사회에 미치는 영향력 변화에 대해 물은 결과 '종교의 영향력이 증가하고 있다' 47%, '감소하고 있다' 19%, '비슷하다' 34%로 나타났다. 응답자의 절반 가까이는 여전히 '증가하고 있다'고 생각하지만, 실상 그 비율은 1980년대 약 70%에서 크게 낮아졌다. 반면 종교의 영향력이 '감소하고 있다'는 1980년대 약 10%에서 2014년 19%가 됐고, '비슷하다'는 응답 역시 1980년대 10%를 밑돌았으나 2014년에는 34%로 늘었다.

◎ 종교별 종교의 사회적 영향력 변화 평가: '과거에 비해 영향력이 증가하고 있다' (%)

	1984년	1989년	1997년	2004년	2014년
불교인	66	69	54	54	50
개신교인	84	81	64	55	59
천주교인	77	80	67	68	48
비종교인	63	66	58	52	40

종교별로 보면 '종교의 사회적 영향력이 증가하고 있다'는 의견은 개신교인에서 59%로 가장 많았고, 그 다음으로 불교인(50%)과 천주교인(48%)이 비슷한 수준이었으며 비종교인은 40%로 가장 적었다. 2004년 조사와 비교하면 불교인과 개신교인은 큰 차이가 없으나 천주교인과 비종교인에서 눈에 띄게 줄었다.

2) 종교의 사회적 기여[34]

문) 요즘 종교는 우리 사회에 얼마나 도움을 준다고, 혹은 도움을 주지 않는다고 생각하십니까?

(%, 표 14)

	2014년
매우 도움을 준다	6
어느 정도 도움을 준다	(63) 57
별로 도움을 주지 않는다	32
전혀 도움을 주지 않는다	6

요즘 종교가 우리 사회에 얼마나 도움을 준다고 생각하는지 물은 결과 '매우 도움을 준다' 6%, '어느 정도 도움을 준다' 57%, '별로 도움을 주지 않는다' 32%, '전혀 도움을 주지 않는다' 6%로 전체 응답자의 63%는 종교가 사회에 기여한다고 평가했다.

◎ 종교별 종교의 사회적 기여 평가: '(매우+어느 정도) 도움을 준다' (%)

	2014년
불교인	67
개신교인	87
천주교인	79
비종교인	48

종교별로 보면 개신교인의 87%, 천주교인의 79%, 불교인의 67% 등 종교인의 77%는 종교가 사회에 도움을 준다고 봤지만, 비종교인은 그 비율이 48%에 그쳐 종교인과 비종교인의 입장은 사뭇 달랐다.

---

34 이번 5차 조사에 새로 추가한 질문

3) 사이비 종교의 수

문) 요즘 우리 주변에 진정한 의미에서 종교라고 할 수 없는 사이비 종교는 얼마나 많다고, 혹은 없다고 생각하십니까? (%, 표 25)

	1984년	1989년	1997년	2004년	2014년
매우 많다	20	26	36	40	33
어느 정도 있다	(72) 52	(76) 50	(92) 56	(95) 55	(94) 61
별로 없다	11	8	7	4	6
전혀 없다	1	1	1	1	1
모르겠다	15	15	2	0	0

요즘 우리 주변에 사이비 종교가 얼마나 많다고 생각하는지 물은 결과 '매우 많다' 33%, '어느 정도 있다' 61%로 '많다'는 응답이 90%를 넘었고 '(별로+전혀) 없다'는 7%에 그쳤다. '주변에 사이비 종교가 많다'는 응답은 1980년대 80%를 밑돌았으나 1997년 처음으로 90%를 넘었고 이후 2004년, 2014년까지 계속 90%를 웃돌고 있다. 사이비 종교의 수에 대해서는 종교를 불문하고 응답자 대부분이 많다고 답했다.

◎ 종교별 사이비 종교의 수에 대한 인식: '매우 많다+어느 정도 있다' (%)

	1984년	1989년	1997년	2004년	2014년
불교인	64	71	88	95	92
개신교인	82	85	94	97	93
천주교인	83	86	93	95	97
비종교인	72	73	91	95	93

2. 종교인에 대한 평가

1) 종교적 덕목의 실천

문) 흔히 '이웃과 타인을 사랑하라, 자비를 베풀라'고 하는데요,
- 귀하께서 보시기에 요즘 사람들은 이 말을 얼마나 잘 지키고 있다고 생각하십니까?
- 그럼, 종교를 믿는 사람들(신자)은 이 말을 얼마나 잘 지키고 있다고 생각하십니까?

(%, 표 18-1, 2)

	일반인 평가					종교인 평가				
	'84	'89	'97	'04	'14	'84	'89	'97	'04	'14
매우 잘 지키고 있다	4	3	1	3	1	14	8	4	8	3
어느 정도 지키는 편이다	(56)52	(35)32	(29)28	(47)44	(34)33	(67)53	(53)45	(44)40	(56)48	(45)42
별로 지키지 않는 편이다	32	40	49	45	57	20	29	38	38	49
전혀 지키지 않는다	7	22	15	8	9	5	13	11	6	6
모르겠다	5	3	7	0	–	9	5	7	0	–

일반인(비종교인과 종교인 포함)과 종교인이 각각 '사랑과 자비를 얼마나 잘 지키고 있는가' 물은 결과, 일반인에 대해서는 '(별로+전혀) 지키지 않는다'는 응답이 66%였고 '(매우 잘+어느 정도) 지키고 있다'는 34%로 부정률이 긍정률을 크게 앞섰다. 종교인에 대한 평가 역시 '지키지 않는다'가 55%, '지키고 있다'가 45%로 부정적 의견이 더 많았다.

'사랑과 자비를 실천하고 있다'는 응답은 1984년 일반인 56%, 종교인 67%로 높은 편이었으나 이후 하락해 1997년에는 일반인 29%, 종교인 44%로 최저치를 기록했다. 2004년에는 일반인 47%, 종교인 56%로 다소 회복됐지만 이번 2014년 조사에서는 일반인 34%, 종교인 45%로 다시 감소했다.

◎ 일반인과 종교인의 사랑과 자비 실천 정도: '(매우 잘+어느 정도) 지키고 있다' (%)

	일반인 평가					종교인 평가				
	'84	'89	'97	'04	'14	'84	'89	'97	'04	'14
불교인	59	40	33	50	32	74	55	48	57	41
개신교인	53	34	30	47	47	81	66	64	74	74
천주교인	57	34	27	54	39	84	69	58	63	60
비종교인	59	33	28	45	29	59	45	35	46	33

다섯 차례 조사에서 모두 일반인보다는 종교인이 사랑과 자비를 잘 실천하는 것으로 나타났는데, 이 부분에서는 종교별 인식 차가 컸다. 개신교인(일반인 47%, 종교인 74%)과 천주교인(일반인 39%, 종교인 60%)은 일반인보다 종교인의 사랑과 자비 실천 정도를 20%포인트 이상 높게 봤고, 불교인 역시 일반인 32%, 종교인 41%로 종교인을 약간 더 높게 평가했다. 반면 비종교인은 일반인 29%, 종교인 33%로 종교적 믿음과는 무관하게 사회 전반적인 실천 정도를 낮게 봤다.

2) 성직자의 품위와 자격

문) 귀하는 요즘 우리 주변에 품위가 없거나 자격이 없는 성직자가 얼마나 많다고, 혹은 없다고 생각하십니까? (%, 표 24)

	1984년	1989년	1997년	2004년	2014년
매우 많다	16	22	16	25	22
어느 정도 있다	(65) 49	(71) 49	(79) 63	(87) 62	(87) 65
별로 없다	15	12	16	12	12
전혀 없다	2	2	1	1	1
모름/응답거절	18	16	3	0	–

요즘 우리 주변에 품위가 없거나 자격이 없는 성직자가 얼마나 많다고 생각하는지 물은 결과 '매우 많다' 22%, '어느 정도 있다' 65%로 전체 응답자의 87%가 '(매우+어느 정도) 있다'고 답했고 '(별로+전혀) 없다'는 13%에 불과했다.

자격 미달 성직자가 흔하다는 의견은 1984년 65%, 1989년 71%, 1997년 79%, 2004년 87%까지 꾸준히 늘었지만 2014년 이번 조사에서는 답보했다. 이러한 결과는 자격 미달 성직자가 더 늘지 않은 것이 아니라, 이미 10년 전부터 우리 국민 열 명 중 아홉 명이 자격 미달 성직자가 많다고 느끼고 있어 더 이상 악화될 여지가 없음을 의미한다.

◎ 종교별 '품위나 자격이 없는 성직자가 '매우 많다+어느 정도 있다' (%)

	1984년	1989년	1997년	2004년	2014년
불교인	66	71	80	88	88
개신교인	64	71	72	83	85
천주교인	60	64	69	79	89
비종교인	66	71	84	88	87

품위나 자격이 없는 성직자가 많다는 의견은 불교인(88%), 개신교인(85%), 천주교인(89%), 비종교인(87%) 등 종교를 불문하고 90%에 육박했다.

3) 성직자의 권위적 태도[35]

문) (종교를 믿는 사람에게)
귀하께서 현재 가장 자주 다니시는 (성당/교회/절)의 성직자가 신도를 지도하는 방법은 얼마나 권위적이라고, 혹은 권위적이지 않다고 생각하십니까? (%, 표 34)

	2004년	2014년
매우 권위적이다	7	3
어느 정도 권위적이다	(40) 33	(34) 31
별로 권위적이지 않다	44	53
전혀 권위적이지 않다	16	12
모름/응답거절	1	-

종교인들에게 현재 다니고 있는 종교 기관(성당, 교회, 절 등)의 성직자가 신도를 지도하는 방법이 얼마나 권위적인지 물은 결과 '매우 권위적이다' 3%, '어느 정도 권위적이다' 31%, '별로 권위적이지 않다' 53%, '전혀 권위적이지 않다' 12%로 전체 응답자의 약 1/3은 권위적, 나머지는 권위적이지 않다고 답했다. 2004년 40%가 '권위적'이라고 답한 것과 비교하면, 그 비율이 소폭 줄었다.

---

35 4차 조사(2004년)부터 질문

◎ 종교별 '성직자가 신도를 지도하는 방법이 권위적이다' (%)

	2004년	2014년
불교인	33	30
개신교인	45	40
천주교인	46	33

종교별로 보면, 성직자의 탈권위적 경향은 기독교에서 좀 더 강하게 감지됐다. 개신교인은 10년 전 45%에서 40%로 소폭, 천주교인은 46%에서 33%로 크게 줄었다. 특히 천주교의 이러한 기류는 2013년 즉위한 프란치스코 교황의 탈권위적 행보와도 일치해 흥미롭다. 불교인의 경우 10년 전이나 지금이나 성직자가 권위적이란 응답이 약 30% 선에 머물러 타 종교에 비해 낮은 편이었다.

제2절 종교와 사회 활동에 대한 평가

현실의 종교 단체에는 개별 종교 전통과 종교 공동체, 그리고 제도적 이해(利害) 관계가 함께 어우러져 있다. 제도화된 종교 권력이 종교 조직의 인사와 재정을 관리 조정하며, 종교의 생존과 영향력 확대를 도모한다. 그 때문에 종교 단체의 활동이 종교적 진리에 기반한다고 해도 추상적인 종교와는 상당한 차이가 있을 수밖에 없다.

이 절에서는 현실의 종교를 표상하는 종교 단체를 종합적으로 평가하고자 했다. 먼저 종교 단체 일반에 대한 평가로 종교 본래의 뜻, 인생 문제에 해답 제시, 교세 확장, 종교적 규율 강조에 대한 인식을 물었다. 이는 대체로 종교 단체 본래의 역할에 관한 지표들이다. 그 다음으로는 최근 우리 사회에서 문제가 되고 있는 종교의 현실 참여, 학교에서의 신앙 교육, 종교 시설의 개방, 종교 기관의 사적 상속 등 종교의 사회 활동에 대해 질문했다.

1. 종교 단체 일반에 대한 평가

1) 종교 본래의 뜻

문) 요즘 종교 단체들에 대한 다음의 말들에 대해 얼마나 그렇다고, 혹은 그렇지 않다고 생각하시는지 응답해 주십시오.
- 대부분의 종교 단체는 종교 본래의 뜻을 잃어버리고 있다 (%, 표 26-2)

	1984년	1989년	1997년	2004년	2014년
매우 그렇다	18	15	13	15	13
어느 정도 그렇다	(67) 49	(63) 48	(72) 59	(68) 53	(63) 50
별로 그렇지 않다	11	14	15	21	29
전혀 그렇지 않다	9	9	-	5	4
모르겠다	14	13	13	7	4

'대부분의 종교 단체가 종교 본래의 뜻을 잃어버리고 있다'는 말에 대해서는 '매우 그렇다' 13%, '어느 정도 그렇다' 50%, '별로 그렇지 않다' 29%, '전혀 그렇지 않다' 4%로 '그렇다'(63%)는 응답이 '그렇지 않다'(33%)를 크게 앞섰다. '그렇다'는 1997년 72%로 정점을 기록했지만 이후 2004년 68%, 2014년 63%로 감소해 다시 30년 전 (1984년 67%)과 비슷해졌고, '그렇지 않다'는 1984년 20%에서 2014년 33%로 늘었다.

◎ 종교별 '종교 단체가 본래의 뜻을 잃어버리고 있다': '(매우+어느 정도) 그렇다' (%)

	1984년	1989년	1997년	2004년	2014년
불교인	61	62	73	69	62
개신교인	67	60	63	59	52
천주교인	54	57	73	59	54
비종교인	69	66	76	73	71

종교별로 보면, 개신교인(52%)과 천주교인(54%)은 종교 단체가 본래의 뜻을 잃어버린다는 데 절반 가량만 동의했으나 불교인(62%)은 그 비율이 좀 더 많았고 비종교인은 71%에 달해 대체로 종교인보다 비종교인이 현재 종교 단체에 대해 좀 더 비판적 입장이다.

2) 인생 문제에 대한 해답 제시

문) 요즘 종교 단체들에 대한 다음의 말들에 대해 얼마나 그렇다고, 혹은 그렇지 않다고 생각하시는지 응답해 주십시오.
- 요즘 종교 단체는 진정한 삶의 의미를 찾으려는 사람에게 답을 주지 못한다 (%, 표 26-4)

	1984년	1989년	1997년	2004년	2014년
매우 그렇다	21	19	14	16	9
어느 정도 그렇다	(57) 36	(57) 38	(63) 49	(64) 48	(55) 46
별로 그렇지 않다	13	15	18	22	33
전혀 그렇지 않다	8	8	–	4	5
모르겠다	23	21	19	11	8

'요즘 종교 단체는 진정한 삶의 의미를 찾으려는 사람에게 답을 주지 못한다'는 말에 대해서는 '매우 그렇다' 9%, '어느 정도 그렇다' 46%, '별로 그렇지 않다' 33%, '전혀 그렇지 않다' 5%로 응답자의 절반(55%)이 동의해 1997년(63%)과 2004년(64%)에 비하면 그 비율이 좀 줄었다.

◎ '종교 단체는 인생 문제에 해답을 제시하지 못한다': '(매우+어느 정도) 그렇다' (%)

	1984년	1989년	1997년	2004년	2014년
불교인	61	57	60	67	55
개신교인	51	50	51	53	36
천주교인	55	59	58	61	43
비종교인	57	59	69	68	63

종교별로 보면 종교 단체가 인생 문제에 해답을 제시하지 못한다는 말에 동의하는 비율은 개신교인(36%)이 가장 낮았고 그 다음은 천주교인(43%), 불교인(55%), 비종교인(63%) 순으로 높았다. 다시 말해 개신교인과 천주교 등 기독교인은 인생 문제 해답 제시 측면에서 종교 단체를 비교적 긍정적으로 평가했고, 반대로 비종교인은 가장 부정적이었다. 특히 2004년에는 개신교인(53%)과 비종교인(68%)의 동의율 격차가 15%포인트였지만 2014년에는 27%포인트로 간극이 더 벌어졌다.

3) 참진리 추구보다 교세 확장에 관심

문) 요즘 종교 단체들에 대한 다음의 말들에 대해 얼마나 그렇다고, 혹은 그렇지 않다고
생각하시는지 응답해 주십시오.
- 대부분의 종교 단체는 참진리를 추구하기보다는 교세 확장에 더 관심이 있다 (%, 표 26-3)

	1984년	1989년	1997년	2004년	2014년
매우 그렇다	31	31	25	29	23
어느 정도 그렇다	(74) 43	(76) 45	(80) 55	(77) 48	(68) 45
별로 그렇지 않다	9	8	10	15	24
전혀 그렇지 않다	5	5	–	3	4
모르겠다	12	10	10	6	4

'대부분의 종교 단체는 참진리를 추구하기보다는 교세 확장에 더 관심이 있다'는 말에 대해서는 '매우 그렇다' 23%, '어느 정도 그렇다' 45%, '별로 그렇지 않다' 24%, '전혀 그렇지 않다' 4%였다. 이 결과는 종교 단체에 대한 부정적 시각을 반영하는 것으로, 과거 네 차례 조사에서는 '그렇다'는 응답이 모두 70%를 넘었으나 이번에는 68%로 그 정도가 완화된 양상이다. '그렇지 않다'는 응답은 1984년 14%에서 2014년 28%로 늘었다.

◎ '종교 단체는 참진리보다 교세 확장에 더 관심이 있다': '(매우+어느 정도) 그렇다' (%)

	1984년	1989년	1997년	2004년	2014년
불교인	73	76	76	78	67
개신교인	71	68	65	64	53
천주교인	62	70	80	75	62
비종교인	76	81	87	81	76

종교별로 보면 개신교인(53%), 천주교인(62%), 불교인(67%) 등 종교인은 '그렇다'는 응답이 61%, 비종교인은 76%로 나타나 비종교인이 종교인에 비해 종교 단체를 좀 더 부정적으로 평가했다.

4) 종교적 규율 강조

> 문) 요즘 종교 단체들에 대한 다음의 말들에 대해 얼마나 그렇다고, 혹은 그렇지 않다고 생각하시는지 응답해 주십시오.
> - 종교 단체는 지켜야 하는 규율을 너무 엄격하게 강조한다 (%, 표 26-6)

	1984년	1989년	1997년	2004년	2014년
매우 그렇다	14	13	9	10	6
어느 정도 그렇다	(41) 27	(43) 30	(46) 37	(50) 40	(42) 36
별로 그렇지 않다	20	21	31	31	42
전혀 그렇지 않다	13	15	–	8	8
모르겠다	28	22	23	12	8

'종교 단체는 지켜야 하는 규율을 너무 엄격하게 강조한다'는 말에 대해 '매우 그렇다'는 6%, '어느 정도 그렇다' 36%, '별로 그렇지 않다' 42%, '전혀 그렇지 않다' 8%로 '그렇다'(42%)는 응답보다 '그렇지 않다'(50%)가 좀 더 많았다. 종교 규율을 엄격하게 강조한다는 응답은 2004년 50%로 최고치를 기록했고 그 전후 조사에서는 모두 40% 초중반에 머물렀다. 반면, '그렇지 않다'는 1984년 33%에서 2014년 50%로 크게 늘었다.

◎ '종교 단체는 규율을 너무 엄격하게 강조한다': '(매우+어느 정도) 그렇다' (%)

	1984년	1989년	1997년	2004년	2014년
불교인	38	40	46	48	37
개신교인	46	46	40	40	39
천주교인	42	41	41	51	43
비종교인	38	43	49	55	46

종교별로 보면 비종교인의 46%가 종교 단체는 규율을 지나치게 강조한다고 답했고 그 다음은 천주교인(43%), 개신교인(39%), 불교인(37%) 순이었다. 비종교인이나 불교인, 천주교인에서는 2004년에 비해 규율이 지나치다는 응답이 줄었지만, 개신교인은 10년 전과 비슷했다.

2. 사회 활동에 대한 평가

1) 종교 단체의 바람직한 참여 범위[36]

문) 귀하는 종교 단체들이 종교 자체에만 전념하는 것이 좋다고 생각하십니까, 아니면 사회, 문화, 정치 분야 활동까지 하는 것이 좋다고 생각하십니까? (%, 표 19)

	2004년	2014년
종교 자체에만 전념하는 것이 좋다	49	58
사회/문화 분야 활동은 좋으나, 정치 분야 활동은 반대	31	28
정치 분야 활동은 좋으나, 사회/문화 분야 활동은 반대(a)	2	5
사회/문화/정치 분야 활동 모두 하는 것이 좋다(b)	18	9

종교 단체의 바람직한 참여 범위를 묻는 질문에 대해서는 '종교 자체에만 전념하는 것이 좋다'가 58%로 가장 많았고 그 다음은 '사회/문화 분야 활동은 좋으나 정치 분야 활동은 반대'(28%)였으며 '사회/문화/정치 분야 활동 모두 하는 것이 좋다' 9%, '정치 분야 활동은 좋으나 사회/문화 분야 활동은 반대' 5%로 나타났다. 2004년에 비해 종교 자체에만 전념해야 한다는 의견이 9%포인트 늘었고 정치 분야 활동 찬성(a+b) 의견[37]은 6%포인트 감소했다.

---

36 4차 조사(2004년)부터 질문

37 종교 단체의 사회/문화 활동보다는 정치 활동이 논란되는 경우가 많으므로 '정치 분야 활동은 좋으나 사회/문화 분야 활동은 반대(a)'와 '사회/문화/정치 분야 활동 모두 하는 것이 좋다(b)' 응답의 합계를 기준으로 비교

◎ 종교 단체의 바람직한 참여 범위: '종교 자체에만 전념', '정치 활동 찬성' (%)

		종교 자체에만 전념		정치 분야 활동 찬성(a+b)	
		2004년	2014년	2004년	2014년
종교별	불교인	46	54	22	15
	개신교인	40	51	25	18
	천주교인	47	54	17	17
	비종교인	56	63	16	12
연령별	19~29세	44	54	20	18
	30대	47	56	20	15
	40대	52	59	15	15
	50대	55	60	21	13
	60세 이상		59		12
이념성향별	보수적		61		12
	중도적		56		16
	진보적		58		16

비종교인의 63%, 종교인의 53%가 종교 자체에만 전념해야 한다고 답했다. 바꿔 말하면, 종교 단체가 종교 이외 분야로 활동 범위를 확장해야 한다는 의견은 비종교인(37%)보다 종교인(47%)에서 더 강하게 나타났다. 그러나 2004년과 비교하면 종교인과 비종교인 모두 2004년에 비해 종교 자체에만 전념해야 한다는 응답이 늘었고, 반대로 정치 분야 활동 찬성 의견은 소폭 감소했다(천주교인만 예외).

2) 종교 단체가 설립한 학교의 신앙 교육[38]

문) 종교 단체가 설립한 학교에서 신앙 교육을 하는 것에 대해서는 좋게 보십니까, 좋지 않게 보십니까? (%, 표 23)

	2014년
좋게 본다	57
좋지 않게 본다	43

---

38 이번 5차 조사에 새로 추가한 질문

종교 단체가 설립한 학교에서 신앙 교육을 하는 것에 대해서는 '좋게 본다' 57%, '좋지 않게 본다' 43%로 나타났다. 종교별로 보면 개신교인의 79%가 학교에서의 신앙 교육을 좋게 봤고 천주교인도 67%로 높은 편이었으나, 불교인(55%)과 비종교인(47%)은 그 비율이 상대적으로 낮았다.

3) 종교 시설의 개방[39]

> 문) 귀하는 성당, 교회, 절과 같은 종교 시설을 수련회, 관광, 예식 등으로 비신도들에게 개방하는 것에 대해 좋게 보십니까, 혹은 좋지 않게 보십니까? (%, 표 22)
>
> | | 2004년 | 2014년 |
> |---|---|---|
> | 좋게 본다 | 87 | 76 |
> | 좋지 않게 본다 | 13 | 24 |

'종교 시설을 수련회, 관광, 예식 등으로 비신도들에게 개방하는 것을 좋게 보는가' 하는 질문에 76%는 '좋게 본다', 24%는 '좋지 않게 본다'고 답했다. 대체로 좋게 본다는 응답이 많았지만, 2004년(87%)에 비하면 그 비율이 11%포인트 줄었다.

◎ 종교별 종교 시설 개방에 대한 태도: '좋게 본다'   (%)

	2004년	2014년
불교인	89	78
개신교인	84	85
천주교인	84	79
비종교인	87	70

종교별로 보면 종교 시설 개방에 대해서는 개신교인(85%)이 가장 긍정적이었고, 그 다음은 천주교인(79%)과 불교인(78%)이었으며 상대적으로 비종교인(70%)의 긍정률은 낮은 편이었다. 2004년 조사에서는 종교를 불문하고 종교 시설 개방 찬성 의견이 80% 중후반에 달했지만 10년 사이 비종교인과 불교인은 10%포인트 이상, 천주교인 역시 5%포인트 줄었다. 개신교인은 10년 전과 비슷했다.

---

[39] 4차 조사(2004년)부터 질문

4) 종교 기관의 사적 상속[40]

> 문) 요즘 우리 사회에서 성당, 교회, 절 등의 종교 기관을 사적으로 상속하는 경우가 있습니다. 종교 기관이 사적 상속을 해도 된다고 보십니까, 해서는 안 된다고 보십니까? (%, 표 20)
>
> | | 2004년 | 2014년 |
> |---|---|---|
> | 해도 된다 | 10 | 13 |
> | 해서는 안 된다 | 90 | 87 |

종교 기관의 사적 상속에 대해 물은 결과 '해서는 안 된다' 87%, '해도 된다' 13%로 응답자 대부분이 부정적이었다. 2004년 조사에서도 90%가 '해서는 안 된다'고 답해 종교 기관의 사적 상속에 대한 입장에는 변화가 크지 않았다.

◎ 종교별 종교 기관의 사적 상속에 대한 태도: '해서는 안 된다' (%)

	2004년	2014년
불교인	90	88
개신교인	91	81
천주교인	91	89
비종교인	89	89

종교별로 보면 불교인(88%), 천주교인(89%), 비종교인(89%)은 종교 기관의 사적 상속 반대가 90%에 육박했고 10년 전과도 비슷했으나, 개신교인에서만 그 비율이 91%에서 81%로 감소해 가장 낮게 나타났다.

제3절 종교적 헌납과 재산에 대한 태도

1. 종교적 헌납과 신앙

종교적 헌납은 현실의 종교에 매우 중요한 문제다. 이 절에서는 종교 단체가 물적 자원을 조달하는 데 강제성은 없는지, 신도들은 종교적 헌납과 복받음의 관계를 어

---

[40] 4차 조사(2004년)부터 질문

떻게 생각하는지, 그리고 종교적 헌납 이외 기부 경험을 물어 종교인과 비종교인의 기부 문화 차이를 알아봤다.

1) 헌납금 강요

문) 요즘 종교 단체들에 대한 다음의 말들에 대해 얼마나 그렇다고, 혹은 그렇지 않다고 생각하시는지 응답해 주십시오.
- 요즘 종교 단체는 시주/헌금을 지나치게 강조하는 경향이 있다 (%, 표 26-7)

	1984년	1989년	1997년	2004년	2014년
매우 그렇다	31	32	20	19	16
어느 정도 그렇다	(66) 35	(69) 37	(69) 49	(63) 44	(65) 49
별로 그렇지 않다	11	10	16	20	27
전혀 그렇지 않다	9	9	–	7	4
모르겠다	15	13	16	9	5

'요즘 종교 단체는 시주/헌금을 지나치게 강조하는 경향이 있다'는 말에 대해서는 '매우 그렇다' 16%, '어느 정도 그렇다' 49%, '별로 그렇지 않다' 27%, '전혀 그렇지 않다' 4%로 '그렇다'는 응답이 60%를 넘었다. 1984년부터 2004년까지의 조사에서도 종교 단체가 헌납금을 강조한다는 응답은 모두 60% 중후반으로 비슷한 수준이었다. 다만, 과거에 비해 의견유보('모르겠다')는 줄고 대신 '그렇지 않다'는 응답이 늘어 이번에 처음으로 30%를 넘었다.

◎ '종교 단체는 헌납을 지나치게 강조하는 경향이 있다': '(매우+어느 정도) 그렇다' (%)

	1984년	1989년	1997년	2004년	2014년
불교인	64	66	70	64	63
개신교인	67	59	57	48	46
천주교인	58	62	63	65	59
비종교인	67	74	72	71	73

종교별로 보면 헌납금 강조 경향에 대해 '그렇다'는 응답은 비종교인에서 73%로 가장 높았고, 그 다음은 불교인(63%), 천주교인(59%) 순으로 나타났다. 반면, 개신교인은 그 비율이 46%에 그쳐 헌금 강요에 대한 거부감이 상대적으로 적었다. 비종교인이나 불교인, 천주교인은 과거 조사와도 크게 다르지 않으나, 개신교인에서만 뚜렷한 변화가 있었다. 1984년에는 개신교인의 67%가 헌납금 강조가 지나치다고 여겼으나 이후 30년에 걸쳐 46%까지 점진적으로 감소했다.

2) 불교 시주에 대한 이해 (시주와 복 받음)

문) (불교를 믿는 사람에게)
귀하는 '절이나 불교 단체에 1년에 한 번도 시주하지 않은 사람은 진정한 신자가 아니다'라는 말에 대해 그렇다고 생각하십니까, 그렇지 않다고 생각하십니까? (%, 표 40)

	1984년	1989년	1997년	2004년	2014년
그렇다	19	16	10	14	21
그렇지 않다	66	68	70	85	79
경우에 따라 다르다[41]	(79) 13	(80) 12	(84) 14	–	–
모름/응답거절	2	4	6	1	–

불교인(334명)에게 '1년에 한 번도 시주하지 않은 사람은 진정한 신자가 아니다'라는 말에 대해 어떻게 생각하는지 물은 결과 '그렇다' 21%, '그렇지 않다' 79%로 다수가 반대했다. 과거 조사에서도 마찬가지로 1990년대까지는 불교인의 약 70%, 2000년 이후에는 약 80%가 '시주를 해야만 진정한 신자'라는 의견에 동의하지 않았다. '그렇지 않다'는 의견은 남성(83%)이 여성(76%)보다, 50대 이상보다 40대 이하에서 약간 더 많았다(20대 85%; 50대 77%).

---

41 '경우에 따라 다르다'는 2004년부터 질문지에 보기로 제시하지 않음

```
문) (불교를 믿는 사람에게)
    그럼, '절이나 불교 단체에 시주하는 사람은 그 금액 이상으로 복을 받는다'라는 말에
    대해서는 그렇다고 생각하십니까, 그렇지 않다고 생각하십니까? (%, 표 41)
```

	1984년	1989년	1997년	2004년	2014년
그렇다	12	14	11	12	17
그렇지 않다	72	75	72	88	83
경우에 따라 다르다[42]	(81) 9	(81) 6	(83) 11	–	–
모름/응답거절	8	5	6	0	–

'시주하면 그 금액 이상으로 복을 받는다'는 의견에 대해서도 '그렇다' 17%, '그렇지 않다' 83%로 불교인 다수가 동의하지 않았다. 지난 네 차례 조사에서도 모두 부정률이 70%를 넘었고 2000년 이후로는 80%를 웃돌았다. '그렇지 않다'는 의견은 남성(87%)이 여성(79%)보다 좀 더 많았다. 요약하면 불교인 열 명 중 여덟 명은 '시주와 진정한 믿음' 또는 '시주 금액과 복 받음'의 관계에 의미를 두지 않는다고 볼 수 있다.

3) 기독교인의 십일조/헌금에 대한 이해 (헌금과 복 받음)

```
문) (천주교나 개신교를 믿는 사람에게)
    '십일조를 하지 않는 사람은 진정한 신자가 아니다'라는 말에 대해 그렇다고 생각하십니까,
    그렇지 않다고 생각하십니까? (%, 표 44)
```

	1984년	1989년	1997년	2004년	2014년
그렇다	16	15	12	17	23
그렇지 않다	67	71	74	82	77
경우에 따라 다르다[43]	(79) 12	(80) 9	(89) 15	–	–
모름/응답거절	5	4	–	1	–

---

42 '경우에 따라 다르다'는 2004년부터 질문지에 보기로 제시하지 않음
43 '경우에 따라 다르다'는 2004년부터 질문지에 보기로 제시하지 않음

천주교나 개신교를 믿는 기독교인(415명)에게 '십일조를 하지 않는 사람은 진정한 신자가 아니다'라는 말에 대해 어떻게 생각하는지 물은 결과 '그렇다' 23%, '그렇지 않다' 77%로 다수가 동의하지 않았다. 불교인과 마찬가지로 기독교인 대다수도 양자의 상관성을 부정하는 태도를 보였다.

◎ '십일조를 하지 않는 사람은 진정한 신자가 아니다': '그렇다' (%)

	1984년	1989년	1997년	2004년	2014년
개신교인	20	18	15	21	28
천주교인	7	9	3	4	9

'십일조를 하지 않는 사람은 진정한 신자가 아니다'라는 말에 개신교인과 천주교인 모두 '그렇지 않다'는 의견이 우세했지만, 개신교인은 28%가 '그렇다'고 답해 그 비율이 9%에 그친 천주교인과 차이를 보였다.

문) (천주교나 개신교를 믿는 사람에게)
그럼, '성당이나 교회에 헌금하는 사람은 그 금액 이상으로 복을 받는다'는 말에 대해서는 그렇다고 생각하십니까, 그렇지 않다고 생각하십니까? (%, 표 45)

	1984년	1989년	1997년	2004년	2014년
그렇다	35	34	32	32	31
그렇지 않다	49	53	57	68	69
경우에 따라 다르다[44]	(61) 12	(58) 5	(69) 12	–	–
모름/응답거절	5	8	–	1	–

'성당이나 교회에 헌금하는 사람은 그 금액 이상으로 복을 받는다'는 말에 대해 기독교인(415명)의 31%는 '그렇다', 69%는 '그렇지 않다'고 답했으며 이는 2004년과도 유사한 결과다. 지난 30년간 '그렇다'는 응답은 30% 초중반으로 비슷하며, 과거의 의견유보('경우에 따라 다르다', '모름/응답거절')가 줄면서 '그렇지 않다'는 응답이 크게 늘었다. '그렇지 않다'는 의견은 남성(73%)이 여성(66%)보다 많았고 50대 이상은 66%, 40대 이하는 70%를 웃돌았다.

---

44 '경우에 따라 다르다'는 2004년부터 질문지에 보기로 제시하지 않음

◎ '헌금하는 사람은 그 금액 이상으로 복을 받는다': '그렇다'   (%)

	1984년	1989년	1997년	2004년	2014년
개신교인	40	41	39	37	37
천주교인	18	17	12	15	14

'헌금과 복 받음'의 관계에 대해 개신교인과 천주교인 모두 부정적 견해가 우세했으나, 개신교인은 37%가 '그렇다'고 답해 그 관계를 수긍하는 사람이 적지 않았고 천주교인의 동의율은 14%에 그쳤다. 천주교인보다 개신교인이 '헌금과 복 받음' 관계를 더 믿는 현상은 지난 30년간 조사에서 일관되게 나타났다.

기독교라는 큰 범주에 함께 속해 있지만 십일조나 헌금에 대한 개신교인과 천주교인의 이러한 인식 차이는 이번 조사에서 실제 십일조 이행률(개신교인 68%, 천주교인 36%) 차이로도 확인된다.

2. 종교의 본뜻에 따른 헌금 용도

문) 귀하는 종교 단체들이 자동차를 구입해서 포교나 전도, 선교를 더 많이 하는 것과 자동차를 살 돈으로 가난한 이웃을 돕는 것 중 어느 것이 종교의 본뜻에 더 잘 따르는 것이라고 생각하십니까? (%, 표 21)

	1984년	1989년	1997년	2004년	2014년
포교/전도/선교를 더 많이 하는 것	9	8	10	10	14
가난한 이웃을 돕는 것	81	82	78	71	61
비슷하다	7	6	12	18	25
모름/응답거절	4	4	1	0	-

헌금을 기반으로 한 종교 단체의 자원이 어디에 우선적으로 사용돼야 한다고 생각하는지 알기 위해, 돈이 있다면 '포교나 전도, 선교를 하는 것'과 '가난한 이웃을 돕는 것' 중 어느 것이 종교의 본뜻을 더 잘 따르는 일인지 물었다. 그 결과, '가난한 이웃을 돕는 것' 61%로 가장 많았고 '포교/전도/선교'는 14%였으며 '양자에 비슷하게 사용해야 한다'는 의견은 25%로 나타났다.

1980년대까지는 '가난한 이웃을 돕는 것'에 우선적으로 헌금을 사용해야 한다는 사람이 80% 내외에 달했으나 2014년 61%로 줄었다. 반면, 1980년대 10%를 밑돌았던 '비슷하게 사용해야 한다'는 의견은 2014년 25%에 이르기까지 점진적으로 늘었다. 즉, 전체 응답자 열 명 중 네 명은 종교의 본뜻을 따르기 위해서는 포교 활동이 자선 활동 못지않게 중요하다고 여기거나 오히려 포교가 더 중요하다고 답했다.

◎ 종교별 헌금 우선 용도: '포교/전도/선교' (%)

	1984년	1989년	1997년	2004년	2014년
불교인	4	4	5	7	11
개신교인	23	24	24	25	26
천주교인	9	9	12	13	13
비종교인	5	4	5	5	11

종교별로 보면, '포교 우선' 응답은 개신교인에서 26%로 가장 많았고 불교인(11%), 천주교인(13%), 비종교인(11%)은 비슷한 수준이었다. 반대로 '자선 우선' 응답은 불교인(62%), 천주교인(66%), 비종교인(65%)에서 60%를 웃돌았으나 개신교인은 그 비율이 48%로 낮은 편이었다. '양자에 비슷하게 사용해야 한다'는 응답은 불교인(27%), 개신교인(26%), 천주교인(21%), 비종교인(24%) 등으로 큰 차이를 보이지 않았다. 이는 개신교인이 비개신교인에 비해 상대적으로 포교를 중시함을 보여주는 결과이며, 과거 네 차례 조사에서도 마찬가지였다.

3. 종교 단체 이외의 자선적 기부 경험[45]

문) 귀하는 지난 1년간 교회나 절 등 종교 단체에 내는 헌금을 제외하고 불우한 이웃을 위해 돈이나 물품을 내는 자선적 기부를 하신 적이 있습니까? (%, 표 60)

	2004년	2014년
한 적이 있다	48	36
그런 적 없다	42	64

'지난 1년간 종교 단체에 내는 헌금을 제외하고 자선적 기부를 한 적이 있는지' 물

---

45 4차 조사(2004년)부터 질문. 2004년 질문 방식과 차이가 있어 당시 결과를 재계산하여 제시함.

은 결과, 전체 응답자 중 36%가 '있다'고 답했다. 종교인별 지난 1년간 자선적 기부 경험률은 불교인 47%, 개신교인 51%, 천주교인 48% 등 종교인에서는 49%에 달했으나, 비종교인은 그 절반 수준인 24%에 그쳤다.

◎ 종교별 자선적 기부 경험: '지난 1년간 한 적이 있다' (%)

	2004년	2014년
불교인	46	47
개신교인	63	51
천주교인	59	48
비종교인	41	24

한편, 2004년 전체 응답자의 자선적 기부 경험률은 48%였고 종교인은 54%, 비종교인은 41%로 종교인과 비종교인 간 격차가 이번만큼 크지 않았다. 10년 전과 비교하면 불교인의 기부 경험률은 거의 변함 없으나 개신교인과 천주교인은 10%포인트가량 감소했다.

연령별 자선적 기부 경험률은 30대부터 50대가 약 40% 내외로 20대(26%)와 60세 이상(33%)에 비해 상대적으로 높았다.

제4절 주요 종교에 대한 건의 사항

한국 사회는 종교 단체나 그 활동에 별로 긍정적이지 않은데, 최근 들어 부정적 여론이 더 많아지고 있다. 여기서는 종교 단체에 대한 부정적 여론을 좀 더 구체적으로 파악하기 위해 자유응답 방식으로 주요 종교에 대한 건의 사항을 받았다.

1. 불교에 대한 건의 사항

문) 불교에 건의하고 싶거나 시정했으면 하는 점이 있으면 무엇이든 좋으니 한 가지만 구체적으로 응답해 주십시오. (자유응답, 표 54-1)

불교에 대한 건의 사항으로 가장 많이 지적된 것은 '성직자의 질적 향상'(5%)과 '헌납 부담/강요'(5%)였으며, 그 다음으로는 '사회봉사/이웃사랑 실천'(3%), '종파 간 화합'(3%), '종교 이외 다른 부분 개입 자제'(3%), '타 종교 비방 자제'(2%) 순이었다. '성직자의 질적 향상' 문제는 2004년 1%에 불과했으나 이번에는 5%로 늘었다.

그 외 소수 응답 중에는 '종교 시설 위치의 비접근성', '교리 실천 부족' 등도 있었으며, 전체 응답자의 74%는 의견을 유보했다.

2. 개신교에 대한 건의 사항

> **문) 개신교에 건의하고 싶거나 시정했으면 하는 점이 있으면 무엇이든 좋으니 한 가지만 구체적으로 응답해 주십시오.** (자유응답, 표 54-2)

개신교에 대해서는 '지나친 전도 활동'(9%)이 가장 큰 문제점으로 지적됐으며, 그 다음은 '헌납 부담/강요'(6%), '타 종교 비방 자제'(4%), '지나친 교세 확장/권력 남용'(4%), '사회봉사/이웃사랑 실천'(2%), '성직자의 질적 향상'(2%), '종교 이외 다른 부분 개입 자제'(2%) 순으로 나타났다. 특히 '지나친 전도 활동'은 2004년 4%에서 이번에 9%로 증가해 최근 10년간 개신교의 전도 활동에 대한 거부감이 더 늘어난 것으로 보인다.

그 외 소수 응답 중에는 '종교 비리 근절/투명한 재정', '종파 간 화합' 등이 있었으며, 전체 응답자의 65%는 의견을 유보했다.

3. 천주교에 대한 건의 사항

> **문) 천주교에 건의하고 싶거나 시정했으면 하는 점이 있으면 무엇이든 좋으니 한 가지만 구체적으로 응답해 주십시오.** (자유응답, 표 54-3)

천주교에 대해서는 '종교 이외 다른 부분 개입 자제'(5%)가 가장 많이 지적됐고,

그 다음은 '헌납 부담/강요'(3%), '사회봉사/이웃사랑 실천'(3%), '지나친 참여/교리 강요'(2%), '성직자의 질적 향상'(2%) 순으로 나타났다. '종교 이외 다른 부분 개입 자제' 지적은 10년 전 1%에 그쳤으나 이번에는 가장 많이 응답됐는데, 이는 천주교 관련 단체가 최근 정치나 사회 현안에 대해 시국선언 등으로 적극적 입장 표명을 하며 활동 범위를 넓힌 데 따른 결과로 보인다.

그 외 소수 응답 중에는 '교리 실천 부족', '타 종교 비방 자제', '지나친 전도 활동', '지나친 교세 확장/권력 남용' 등이 있었고, 전체 응답자의 80%는 의견을 유보했다.

제3부

한국 종교의 30년간 변화와 종교사적 과제

윤승용 (한국종교문화연구소 이사)

한국 종교의 30년간 변화와 종교사적 과제

윤승용 (한국종교문화연구소 이사)

제1절 들어가는 말

한국 사회에서는 종교인이 아니면 종교에 관심을 두지 않는다. 아니 오히려 의도적으로 회피하려 한다. 그러한 현상은 주로 현대 국가의 보편적 규범으로 자리잡은 '정교분리(政敎分離) 원칙'을 교조적(敎條的)으로 이해[46]하는 데서 비롯한 것이다. 실상 정교분리 원칙이란, 본래 종교와 세속은 분리하기 어렵지만 그래도 반드시 분리가 필요하다는 주장이지 종교가 세속과 완전히 결별해야 한다는 주장은 아니다. 분리의 원칙은 지키되 상호 발전을 위해 서로 비판하면서 동시에 서로 협력하는 것이 정교분리의 시스템이라고 할 수 있다. 종교는 자신과 대척점에 있는 세속 사회와 함께 가야 하며, 세속 사회 속에서 성장하기도 하고 소멸해 가는 것이 그의 운명이라고 할 수 있다.

세속의 평면에서 보면 종교는 시민의 문화자원으로서, 시민의 교육도장으로서, 시민의 복지자원으로서도 아주 중요한 자산이며, 우리 모두가 함께 키워가야 할 시민 공동의 자산이기도 하다. 종교는 이렇게 우리 사회와 개인의 삶 속에 존재함에도 불구하고, 교조적 정교분리는 종교를 세상과 완전히 결별케 하고 종교 문제에 대한

---

46 정교분리를 강조하는 것은 역설적으로 우리 삶의 현장에서 정교분리 실천이 쉽지 않음을 의미한다. 일반적으로 정교분리는 종교를 인간 내면의 사적인 영역에, 세속 사회를 공적인 영역에 배치한다. 그렇게 되면 종교는 세속과 완전히 결별하기 때문에, 종교가 엄연히 사회 속에 존재함에도 불구하고 개인적 신앙이나 교단의 사회적 활동을 모두 사적인 일로 치부해 버리기 쉽다. '교조적'이라 함은 역사적 환경이나 구체적 현실을 고려하지 않고 절대 진리처럼 믿고 따르는 것으로, 여기서는 종교와 세속을 무조건 엄격하게 분리하는 것을 말한다.

인간의 세속적 평면을 무시한다. 그 대표적인 예로 종교에 관한 공적이고 개관적인 조사·연구가 턱없이 부족하다는 점을 들 수 있다. 종교에 대한 공적 연구는 고사하고 종교와 종교인에 대한 실상(實狀)을 파악할 수 있는 기초 자료조차 구하기가 쉽지 않다. 설령 유사한 것이 있다 하더라도 종교 교단의 자기 이해를 반영한 조사 연구이거나 아니면 국가가 종교를 간접적으로 관리하기 위한 정책적 조사 연구가 대부분이다.

교조적 정교분리 때문에 국가를 비롯한 공공기관들도 종교 실태를 공적으로 조사하기 꺼려한다. 예컨대 우리나라는 10년에 한 번씩이나마 통계청 인구주택총조사(인구센서스)를 통해 종교 인구를 조사하지만 미국은 국가가 예산을 들여 종교 인구 조사를 하지 않는다[47]거나, 공공기관이 종교와 관련된 사회 문제를 파악하더라도 그것을 해결할 정책적 대안이나 수단을 찾기가 쉽지 않다며 외면하는 것이다. 그러면서 종교에 관한 한 모든 것을 종교의 자율에 맡겨 성역화했다. 그 결과 사회에 큰 영향력을 지닌 종교들이 세속과는 고립된 섬이 됐다. 이로 인해 종교 단체들은 자신의 실상을 외부에 공개해야 할 의무에서 면제되고, 자신을 사회에 드러내는 것도 기피한다. 그들의 자산 역시 형식적으로는 구성원 전체의 자산, 즉 총유(總有)라고 하지만 실제로는 성직자의 사적 소유나 다름없어졌다. 그러다 보니 신앙과 관계없는 개인 연구자로서는 종교 단체의 기초 자료에 접근하기가 쉽지 않다. 종교 현장에 대한 기초 자료 결핍은 종교 연구에서 추상적 종교 이론이나 사회적·문화적 기능에 대한 논의만 무성하게 했고, 신앙 현장의 객관적 조사를 통한 실질적 연구는 거의 도외시되어 왔다. 그런 추상적 종교 연구가 한국의 종교 발전에 별 도움이 될 수 없었던 것은 당연한 일이다.

이러한 상황 속에서 한국갤럽은 1984년 〈한국인의 종교와 종교 의식〉 조사 보고서를 발간했다. 한국인의 종교와 종교 의식의 전모를 파악한다는 측면에서는 소략(疏略)한 것이었지만, 그에 관한 한 국내 처음이나 유일한 실증적 자료였다. 당시 학계는 이 보고서를 종교 조사 연구의 일대 전환점으로 평가했다. 이후 기독교, 불교 등 종교계에서도 유사한 조사 연구들이 나왔는데, 이것이 하나의 기본 모델이 되었다. 한국갤럽이 이번에 펴내는 다섯 번째 보고서는 한 세대인 30년에 걸친 조사 결

---

47 미국은 엄격한 정교분리를 실시하지만 개인의 권리와 시민사회가 활성화되어 있기 때문에 실제 삶의 현장에서 종교와 세속의 협력이 자율적으로 잘 이루어지고 있다.

과를 담고 있다. 그 기간 동안 한국 사회는 정치, 경제, 문화 등 모든 면에서 많은 변화가 있었고, 1980년대 20~30대였던 베이비부머들은 이제 50~60대에 접어들었다. 이번 조사 결과에는 그러한 변화들이 고스란히 녹아있다.

그러나 이 보고서는 종교인의 현황과 의식에 치중해 한국의 종교 교단이나 포교/선교의 실상, 종교 간 상호 역동성 등은 다루지 않아 아쉽다. 또한 조사 방법상 한계도 간과할 수 없다. 비서구, 다종교 국가인 한국 사회에 대한 종교 조사 방법으로는 여전히 부족한 일면이 있다. 이런 약점에도 불구하고 본 조사 자료는 우리나라 통계청이 10년에 한 번씩 실시하는 인구주택총조사(인구센서스)의 종교 인구 조사를 보완할 수 있는 가장 실증적인 종합 자료다.

본 조사 보고서는 한국인의 종교 현황과 실태, 한국인의 종교 생활, 종교 관련 의식 구조, 그리고 종교 단체에 대한 여론 평가 순으로 정리되어 있다. 먼저 한국 종교의 개관적인 현황과 실태를, 다음은 한국 종교인의 종교 생활 전반과 한국인의 종교 생활을 가능하게 하는 종교관과 가치관을, 마지막으로 종교를 현실적으로 표상하는 종교 단체에 대한 사회적 위상과 역할 그리고 재원 등을 살펴봤다.

종교 인구를 조사하는 데는 자기 확인 방법을 사용했다. 이 방법은 종교 인구 조사에 가장 편리한 방법이긴 하지만, 응답자의 자의적 판단에 의존한 것이기에 종교 의식과 종교 생활의 실상까지는 파악하기 힘들다. 이를 보완하기 위해 종교 관련 가치관 등 종교인의 의식과 성향, 신앙 생활을 이해할 수 있는 다양한 질문을 넣어, 종교에 대한 양적인 측면 만이 아니라 질적인 측면을 두루 살펴보고자 했다. 또한 1984년 1차에서 2014년 5차에 이르는 조사 결과를 시계열적으로 제시함으로써 독자는 현재의 종교 실태와 종교 의식을 파악하는 것은 물론 지난 30년간 변화를 추적(tracking)할 수 있게 했다. 이외에도 한국 종교 연구자들을 위해 보고서 마지막 부분에 각 조사 항목의 종교, 성, 연령, 지역, 생활수준, 이념 성향 등 인구 통계학적 특성별 교차 집계표를 첨부했다.

이번 5차 조사에서는 변화하는 종교 현장을 반영하고 독자들의 편의를 고려해 몇 가지를 수정 보완했다. 시의성이 부족한 문항 일부를 정리하고 새로운 종교 이슈들로 대체했다. 종교의 사사화(私事化)와 영성 운동(종교의 개인화와 탈제도화 현상), 종교에서 중요한 부분을 차지하고 있는 삶과 죽음의 문제, 최근 종교계뿐 아니라 사회에서도 논란 중인 이혼, 낙태, 동성애를 새로 추가했다. 또한 인구 고령화 현상을 반영해 세대 구분에서 50대와 60세 이상을 분리하고, 10년 주기 추이 비교에서는 1980년대 두 번의 조사(1984년, 1989년) 중에서 주로 1984년 수치를 기준으로 삼았다.

이 글에서는 지난 30년간 한국 종교 문화의 변화, 즉 종교 실태와 종교 의식의 변화를 간략하게 개관했다. 이어서 그 변화의 의미를 종교사적 입장에서 살펴보고, 분석을 토대로 한국 종교의 과제 몇 가지로 정리했다.

제2절 조사 결과를 돌아보며

1) 종교 인구와 종교 지형

여기서는 한국의 종교 지형을 그리는 데 필요한 것들을 다루었다. 종교 인구의 비율, 종교별 종교 인구 분포, 개인의 종교 실태, 가족 구성원의 종교 등 한국 종교의 개관적 현황을 파악하고 개인의 개종 경험을 통해 종교 간의 역동성을 추적했다. 또한 가족 구성원의 종교 일치율을 통해 세대 간의 종교 변화를 살펴볼 수 있게 했다.

◎ 표 1. 2014년 종교인과 비종교인 분포 현황 (%, ( ) 안은 1984년 비율)

종교인 50 (44)				비종교인 50 (56)				
				과거 종교 경험자 17 (24)				무경험자 33 (33)
불교 22 (19)	개신교 21 (17)	천주교 7 (6)	기타 0 (3)	불교 4 (6)	개신교 11 (15)	천주교 2 (4)	기타 0.5 (0.7)	

2014년 조사 결과에 의하면, 한국인 중 종교인(50%)과 비종교인(50%)은 반반이다. 1984년 종교인 비율(44%)과 비교하면 30년간 6%포인트 증가했고, 10년 전인 2004년 종교인 비율(54%)에 비해서는 4%포인트 감소했다.

성별로 보면 여성(57%)이 남성(44%)보다 종교를 믿는 비율이 더 높았지만, 2004년 조사에 비해 여성의 종교인 비율은 6%포인트 감소했고 남성은 거의 변화가 없었다.

고연령일수록 종교인 비율이 높고(20대 31%, 30대 38%, 40대 51%, 50대 60%, 60세 이상 68%), 2004년에 비해 젊은 세대의 종교인 비율이 눈에 띄게 줄었다. 20대 종교인 비율은 최근 10년간 14%포인트 감소(2004년 45%, 2014년 31%), 30대

(49%→38%)는 11%포인트 감소, 40대(57%→51%)는 6%포인트 감소했다.

학력별로는 학력 수준이 높을수록 종교인 비율이 낮다(중졸 이하 60%, 고졸 54%, 대재 이상 41%). 특히 1984년 조사 이후 종교인 비율은 저학력층에서 꾸준히 증가했으나, 대재 이상 고학력층에서는 증감이 반복됐다.

지역별로는 10년 전에 비해 서울(2004년 54%→2014년 46%), 대전/세종/충청(57%→47%), 부산/울산/경남(59%→52%)은 감소한 반면, 광주/전라(47%→52%), 대구/경북(50%→55%)은 증가했으며, 인천/경기(53%→52%), 강원(42%→45%)은 별 변화가 없다.

지역 크기별로 보면 대도시는 10년 전에 비해 종교인 비율이 줄고(2004년 54%→2014년 47%), 읍/면 지역에서는 증가(54%→62%)했다. 이념 성향별 종교인 비율은 보수층 58%, 중도층 50%, 진보층 39%로 보수적일수록 높았다.

이번 조사에서는 10년 전에 비해 전체적으로 종교인 비율이 감소한 것으로 나타났다. 그 원인은 젊은 층의 종교인 비율이 두드러지게 감소한 데 있다. 10년 전의 20대는 45%가 종교를 믿었지만 현재 30대(10년 전의 20대)는 38%로 7%포인트 줄었으며, 현재 20대는 31%만 종교를 믿는다. 이러한 2030 세대의 탈(脫)종교 현상은 종교 인구의 고령화, 더 나아가 향후 10년, 20년 장기적인 종교 인구 감소로 이어질 가능성이 크다. 최근 종교 인구의 증감은 젊은 층과 고학력층의 종교계 참여와 이탈이 주요한 요인이다. 사회 변화에 민감한 계층인 이들이 왜 종교 인구 변화에 중심적인 축으로 등장했는가에 대한 종합적 원인 분석이 꼭 필요할 것으로 보인다.

◎ 표 2. 종교별, 연도별 종교 인구 비율 (%)

	1984년	1989년	1997년	2004년	2014년
불교인	19	21	18	24	22
개신교인	17	19	20	21	21
천주교인	6	7	7	7	7
기타 종교인	3	2	1	1	0
종교 없음(비종교인)	56	51	53	47	50

종교별 종교인의 비율은 불교인 22%, 개신교인 21%, 천주교인 7%, 비종교인 50%로 나타났다. 지난 30년간 각 종교인 비율의 증가 폭은 개신교인(+4%포인트), 불교인(+3%포인트), 천주교인(+1%포인트) 순이다. 10년 전과 비교하면 불교인은

2%포인트 감소했고, 개신교인과 천주교인 비율은 거의 변화가 없었다.

성별로 보면 남성은 불교 20%, 개신교 18%, 천주교 5%, 종교 없음 56%, 여성은 불교 24%, 개신교 24%, 천주교 8%, 종교 없음 43%로 나타났다. 모든 종교에서 여성이 차지하는 비중이 크다.

연령별로 보면 불교인 비율은 2030 세대(10% 내외)와 5060 세대(30% 이상)의 차이가 큰 데 반해, 개신교인과 천주교인의 분포는 상대적으로 고른 편이다. 10년 전에 비해 불교인 비율은 전 세대에서 대체로 감소했고, 개신교인 비율은 20대와 30대에서는 소폭 감소했지만 50대 이상에서는 오히려 늘었다.

지역별로 보면 불교인 비율은 부산/울산/경남(42%)과 대구/경북(32%)에서, 개신교인 비율은 광주/전라(31%)와 인천/경기(27%)에서 상대적으로 높다. 지난 30년간 인구가 크게 팽창한 인천/경기 지역만 보면 불교인 비율(18%)은 1984년 이후 3%포인트 증가, 천주교인(7%)은 2%포인트 증가에 그쳤으나 개신교인(27%)은 10%포인트 증가해 상대적으로 변화가 컸다.

이상의 결과에 근거해 2014년 현재 종교 인구 지형은 불교의 감소, 개신교와 천주교의 정체로 요약할 수 있다. 10년 전 조사에서는 불교의 약진, 개신교의 정체, 천주교의 감소로 요약됐다. 종교 인구 측면에서는 현재 불교인의 증감이 중요한 변수다. 불교인 비율은 1997년 조사에서 감소한 것으로 나타났으나 2004년에는 전 세대에서 늘었고, 이번 2014년 다시 전 세대 감소세를 보였다. 이러한 불교 인구 비율의 증감 반복 현상은 주목할 만한 일이다.

다음으로 개인의 종교적 이력과 실태를 전반적으로 살펴보았다. 종교인에게는 신앙 시기, 신앙 기간, 신앙 계기, 개종 경험, 신앙 이유 등을, 비종교인에게는 과거 신앙 경험과 경험 종교, 신앙 기간, 종교를 믿지 않는 이유, 호감이 가는 종교 등을 물었다. 특히 종교인의 개종 경험과 비종교인의 과거 신앙 경험을 살펴봄으로써 개인의 신앙 이력은 물론 종교 간의 변화와 그 역동성을 이해하고자 했다.

한국 종교인의 신앙 시작 시기는 '9세 이하'(26%)가 가장 많다. 과거에 비해 10대, 20대의 신앙 시작은 감소한 반면, 30대, 40대의 신앙 시작은 증가했다. 개신교인은 절반에 가까이(46%) 성인기 이전에 신앙을 시작한다. 종교인의 신앙 기간은 '20년 이상'이 62%에 이르고 '5년 미만'은 8%에 불과하며, 지난 30년간 대체로 장기 신앙

자는 늘고 단기 신앙자는 줄었다. 종교인의 신앙 계기는 가족을 포함한 다른 사람 전도(46%)가 가장 많다. 20대, 30대는 '모태 신앙'(20대 55%, 30대 33%), 고연령일수록 '스스로 필요해서'(20대 10%; 60대 43%)가 많았다. 기독교는 '타인 전도'가 50%를 웃돌았지만, 불교는 '스스로 필요해서'(44%)와 '타인 전도'(38%) 차이가 크지 않았다.

전체 종교인의 10%가 개종 경험이 있으며, 이는 1989년(20%) 이후 감소세다. 연령별로는 50대(16%)가, 종교로서는 천주교인(17%)의 개종 경험률이 가장 높다. 개종 전 종교로는 신앙 시기가 빠른 경향이 있는 개신교(52%)가 가장 많이 응답됐다. 종교인의 60%는 신앙 이유로 '마음의 평안'을 꼽았고 그 다음은 '영원한 삶'(15%)이다. 여러 신앙 이유들 중에서 '마음의 평안' 응답이 지난 30년간 가장 많이 늘었다.

다음 비종교인의 과거 신앙 경험률은 35%로 1984년 조사 이래 최저치다. 비종교인의 과거 신앙 경험 종교는 개신교(68%)가 제일 많고, 불교(22%)가 그 다음이다. 개신교는 모태 신앙자가 많고 젊은 층 선교에도 적극적이지만, 그만큼 신앙 이탈자도 많음을 알 수 있다. 비종교인의 과거 신앙 기간은 '3년 이하'가 60% 내외다. 현재 비종교인이 종교를 믿지 않는 이유는 '관심 부족'(45%)이 가장 많고, '종교에 실망'(19%), '정신적, 시간적 여유 부족'(18%), '내 자신을 믿기 때문'(15%) 등이며, 그 중 '관심이 없어서'라는 응답은 지속적으로 늘었다(1984년 9%; 2014년 45%). 비종교인은 호감 종교로 불교(25%)를 가장 많이 꼽았으나 2004년(37%)에 비하면 10%포인트 이상 감소했고, 반면 '호감 종교가 없다'(2004년 36%; 2014년 52%)는 응답은 늘었다.

이상 개인의 종교 실태를 살펴보면, 종교를 시작하는 시기가 대체로 늦어지고는 있으나 여전히 '9세 이하'에 시작하는 모태 신앙이 많다. 종교인의 개종 경험률이나 비종교인의 과거 종교 경험률은 감소하고, 특히 비종교인 중에서는 종교에 관심이 없거나 호감 종교가 없다는 사람이 많아졌다. 이런 점들을 고려한다면 현재 한국의 종교 지형은 불교를 제외하고는 표면적으로 상당히 안정된 상태다.

한편, 종교는 가정의 결속과 해체에 많은 영향을 주며 가정 역시 개인의 종교에 많은 영향을 끼친다. 이런 상호 관계로 말미암아 가족 구성원 간 종교 일치 여부는 개인 생활에 중요한 변수가 된다. 여기서는 부모와의 종교 일치율로 세대 간 종교

◎ 표 3. 가족 구성원과 응답자와의 종교 일치율 (%)

응답자의 종교	부친과 일치		모친과 일치		배우자와 일치	
	1984년	2014년	1984년	2014년	1984년	2014년
불교	67	67	82	82	71	68
개신교	27	47	43	56	73	73
천주교	28	38	40	46	66	56
평균	41	51	55	61	70	66

변화를, 배우자 종교 일치율로는 개인의 중대사인 결혼에서 종교의 중요성을 간접적으로 가늠해봤다.

〈표 3〉을 보면 지난 30년간 종교인의 경우 부친이나 모친 종교 일치율은 증가했지만, 배우자와의 종교 일치율은 다소 하락했다. 부모-자녀 종교 일치율 증가는 부모의 영향으로 신앙에 입문, 즉 신앙의 세대적 전승이 많아지고 있음을 보여준다. 그리고 배우자 종교 일치율 하락은 가정을 이루는 결혼과 같은 중대사에 종교적 요인의 중요성이 약화되고 있음을 의미한다. 부모가 특정 종교를 믿는 경우 자녀도 해당 종교를 믿는 경향이 있고, 그 자녀가 성인이 됐을 때 같은 종교를 믿는 배우자를 찾게 될 가능성이 높다.

현재는 불교인의 가족 구성원 종교 일치율이 높은 편이지만, 불교인 다수가 고령층이라는 점에서 향후 가족 구성원을 통한 종교 인구 확장성은 전 연령층에 고르게 분포한 개신교 쪽이 더 크다고 볼 수 있다. 2014년 현재 한국의 종교는 가족 중심으로 정착해 가고 있으며, 이는 우리 사회의 종교들이 중산층 중심으로 변하고 있다는 진단과도 맥을 같이하고 있다.

2) 종교인의 종교 생활

개인의 종교 실태에 이어 종교인의 종교 생활 전반을 파악해 보고자 했다. 종교인이라도 신앙 의식, 신앙 강도, 그리고 신앙 내용에 차이가 많다. 종교인의 종교 생활 실상을 제대로 파악하기 위해서는 이들을 살펴보지 않을 수 없다. 여기서는 개인의 종교 생활을 가능하게 하는 종교적 의식(意識), 신앙의 강도를 파악하기 위한 종교적 참여(參與), 개인의 신앙 내용(內容)을 알아보기 위한 종교적 체험 등 크게 세 영역으로 구분하여 질문했다.

먼저 종교 생활에 영향을 미치는 개인의 종교 의식과 종교 활동이 주로 이루어지는 종교 단체와의 관계를 중심으로 물었다. 종교인이 종교를 믿는 이유는 종교적인 것보다 세속적인 것이 많았다. 가장 종교적인 이유라 할 수 있는 '죽은 다음 영원한 삶' 응답은 개신교인(28%)에서 불교인(10%)보다 많았고, 특히 불교인의 종교를 믿는 이유는 오히려 비종교인과 비슷했다.

한국인 전체적으로는 지난 30년간 개인 생활에 종교가 중요하지 않다는 응답이 두 배로 증가했고(1984년 24%; 2014년 48%), 59%는 '종교가 개인 삶의 질 향상에 도움을 준다'고 생각하면서도 '교회/절 참석이 중요하다'는 데는 27%만이 동의했으며 67%는 '종교 단체에 얽매이는 것은 싫다'고 답했다. 그러나 개신교인 대부분(90%)은 개인 생활에 종교가 중요하다고 보며, 교회 참석을 중시하는 사람도 절반(49%)에 달해 종교 단체 구속에 대한 거부감이 가장 적다. 불교인과 비종교인은 종교의 중요성을 상대적으로 낮게 평가하고, 종교 단체 구속에도 거부감이 크다는 점에서 개신교인과 대조를 이루었다. 그 중간에 천주교인이 있다.

종교를 믿는다고 해서 모두가 열성적인 신앙인은 아니다. 종교인의 종교적 참여 정도를 전반적으로 파악하기 위해서는 종교인들이 자신의 신앙에 얼마나 충실한지, 신앙의 강도는 어떤지 측정했다. 그 결과 지난 30년간 개신교인의 종교적 참여는 더 강화되고 천주교인은 그 중간쯤, 불교인은 도리어 비종교인에 접근하고 있다. 매 조사마다 개신교인은 절반 가량이 스스로 자신의 '신앙심이 깊다'고 평가했지만 불교인과 천주교인은 1984년 이후 그 비율이 10%포인트 이상 줄었다. 특히 개신교인의 종교 의례 참석률이나 십일조 이행률(68%)은 역대 최고치에 달한 반면, 불교인의 의례 참석이나 시주는 연례 행사에 가깝다.

마지막으로 개인의 신앙 생활 중 신앙 내용에 해당되는 종교적 경험을 살펴봤다. 종교 경험은 개인의 신앙 생활에서 대단히 중요하다. 그것을 전제로 하지 않고는 신앙 자체가 성립될 수 없다. 개인 신앙은 지식에 기초하기보다는 내적 경험에 기초를 둔 내적 확신에서 비롯되기 때문이다. 여기서는 한국 사회에서 발생 빈도가 높은 '절대자나 신의 계시를 받은 경험', '극락/천국에 갈 것이라는 계시', '마귀/악마의 유혹을 받고 있다는 느낌', '벌을 받고 있다는 느낌', '종교의 힘으로 병이 나은 경험', '다시 태어난 것 같은 느낌' 등 여섯 가지를 뽑아 종교적 체험을 묻는 문항으로 제시했다.

그 결과 30년 전에 비해서는 대부분 약화된 것으로 나타났지만, 최근 10년간만 보면 종교인의 종교적 체험 전반은 크게 증가하고 있다. 이는 종교인 내면의 종교성이 강화되고 있음을 의미한다. 이번 조사에서 상대적으로 높은 체험률을 보인 '벌을 받고 있다는 느낌'(24%)이나 '마귀/악마의 유혹'(22%)은 개인 삶에 있어서 종교적 축복의 의미를 포함하고 있는 것이 아니라 종교적 고난의 체험, 즉 종교적 죄의식에 연관되어 있는 종교 경험들이다. 또한 최근 10년간 '극락/천국 계시'(19%) 체험률만 개신교인, 불교인, 천주교인 모두에서 증가한 점은 어려운 현실의 고통에서 벗어나고자 하는 사회적 욕구가 투영된 것으로 이해할 수 있다.

이상을 볼 때 한국 종교인의 생활에서 종교가 차지하는 비중은 대폭 줄었다. 종교의 외적 형식인 종교 의례나 기원/기도 빈도 등 종교적 참여율도 개신교인을 제외하고는 하락하고 있다. 이 같은 종교인의 외적 종교성 하락에도 불구하고 10년 전보다 종교인 내면의 종교 경험은 대체로 증가한 것으로 나타났다. 개신교인의 내외적인 종교성 증가는 최근 개신교의 신앙 특성(개신교적 정체성)이 많이 강조되고 있기 때문으로 해석되며, 천주교의 외적 종교성 감소는 전례 참석 중심으로의 변화와 관련이 있어 보인다.

3) 종교 의식 구조 (종교관과 가치관)

(1) 한국인의 종교관

한국인의 실제 종교 의식을 파악하기 위해서는 응답자의 평소 가치관이나 다양한 주제에 대한 견해를 추가로 물어 본인이 밝힌 종교 이외 다른 여러 종교적 성향도 함께 볼 필요가 있다. 이를 위해 종교적 의식과 성향을 중심으로 종교관을, 그리고 종교와 관련된 가치관을 밝혀보고자 했다. 먼저 종교관을 구성하는 중요 요소인 종교적 성향과 종교적 실재들에 대한 인식, 종교와 밀접관 관련이 있는 생사관(生死觀), 즉 인생의 의미와 허무, 행복감 등 삶에 대한 태도와 죽음을 맞이하는 자세와 장례식 등 죽음에 대한 인식을 물었다. 이어서 현대 종교의 추세라 할 수 있는 종교의 사사화(私事化, privatization), 종교의 관용성과 배타성을 측정해 한국에서의 다

(多)종교 사회 종교 공존 가능성을 가늠해봤다.

한국인의 종교적 성향은 1984년 이후 2004년까지 대체로 감소했으나, 이후 10년간 답보 상태다. 개신교인에서는 기독교적 성향이 가장 두드러졌고, 2004년 이후 불교적 성향(즉 윤회설, 해탈설 긍정률)이 크게 늘어 불교인과 거의 비슷한 수준에 이르고 있다. 유교적 성향은 불교인, 특히 고령층에서 강하게 나타났다.

여러 종교에 등장하는 다섯 가지 초자연적 개념(절대자/신, 극락/천국, 죽은 다음 영혼, 기적, 귀신/악마)의 존재를 믿는 사람은 개신교인 중에 가장 많았고(모든 개념에 대해 70% 이상), 그 다음은 천주교인(60% 이상), 불교인(대체로 50% 내외), 비종교인(대체로 30% 미만) 순으로 나타났다. 지난 30년간 '절대자/신'의 존재를 믿는 사람은 지속적으로 감소했지만(1984년 51%; 2014년 39%), '극락/천국'에 대한 믿음은 꾸준히 40% 내외, '죽은 다음의 영혼'에 대한 믿음은 50% 내외, '기적'의 존재를 믿는 사람은 60% 내외로 유지됐다. '귀신/악마'의 존재를 믿는 사람은 한때 늘었다가 2000년 이후 다시 감소세다(1984년 37%, 1997년 51%, 2014년 41%). 지난 30년간 '절대자/신' 존재 긍정률 하락은 서구적인 신 중심의 신앙 형태 약화에서 비롯된 것으로, 최근 10년간 불교인의 '극락/천국' 긍정률 증가는 생활의 고달픔에서 생기는 이상향에 대한 대망에서 나타난 것으로 이해할 수 있다.

다음은 이번 5차 조사에 새로 추가한 삶과 죽음에 대한 문제다. 이는 최근 한국 사회가 고령화되면서 관심이 집중되는 주제다. 삶의 문제로는 인생의 의미, 삶에서 허무감과 행복감을, 죽음의 문제로는 평소 죽음을 생각하는 빈도, 죽음 맞이 준비, 죽음을 마무리하는 장례식에 대해 물었다. 한국인의 절반은 '가끔' 인생이 무의미하다고 생각하지만, 대부분은 스스로 '행복하다'고 평가했다. 죽음에 대해서도 마찬가지로 절반 정도가 '가끔' 생각하며, 대부분은 '잘 사는 것만큼 죽음을 잘 맞이하는 것도 중요하다'고 여기지만 죽음 준비 교육에는 1/3 정도만 참여 의향을 밝혔다. 선호하는 장례식은 대체로 자신이 믿는 종교 형식을, 비종교인은 전통적인 유교식을 가장 많이 꼽았다.

종교의 사사화와 관련한 질문 결과, 한국인 열 명 중 여덟 명은 '종교 단체에 얽매이기보다 본인이 옳다고 생각하는 종교적 믿음을 실천하면 된다'고 생각하며, '종교보다 개인적 성찰과 수련에 관심이 많다'는 응답은 35%, '기/마음 수련 참여 경험이 있다'는 응답은 20%에 이른다. 종교인과 비종교인 모두 종교 단체 중심이 아닌 개인 중심의 신앙 생활에 관심이 적지 않고, 그 실천 가능성에 대해서도 낙관적이어서 우리 사회에서도 종교의 사사화 경향이 상당히 확산되고 있음을 알 수 있다.

종교의 관용성 관련 질문에서는 '서로 다른 종교 교리도 결국은 통한다'거나 '비종교인이라도 선하다면 구원 가능하다'는 견해에 대한 동의율이 역대 조사에서 모두 70%를 상회했다. 그러나 개신교인에서는 지난 30년간 부정률이 증가했다. 이는 개신교인과 비개신교인 간 경계선이 분명해지고 있음을 보여주는 것으로, 향후 개신교를 중심으로 한 종교 간 갈등 심화를 예고하는 것으로도 이해된다. 사회 일반에서는 개신교를 가장 배타적이라고 평가하지만 정작 개신교인 자신들은 그렇게 생각하지 않고 있는 듯하다.

(2) 한국인의 가치관

한 사람의 가치관에는 종교 의식만 있는 것도 아니고 또 종교적 이유만으로 행동하는 것도 아니다. 그리고 개인의 특정한 가치관이 현실에서 실천되는 것은 다른 의식 구조와 긴밀한 연계 속에서 이루어진다. 종교적 실천 행위는 종교적 성향이나 태도만이 아니라 다른 여러 세속적 가치관들이 함께 작용한 결과다. 따라서 종교와 관련된 다양한 주제에 대한 견해를 추가로 물어 본인이 밝힌 종교 의식 이외의 가치들이 종교와 어느 정도 관계를 맺고 있는지를 살펴볼 필요가 있다. 여기서는 종교와 관련된 가치관을 살펴보기 위해 인간 본성에 대한 태도, 일상 생활의 기본적 가치관과 생활 만족도 등을 측정한 다음, 전통적인 가치관이 우리 생활에 얼마나 영향을 주며 각 종교와 어떤 관계를 맺고 있는지, 그리고 최근 논쟁이 되고 있는 이혼, 낙태, 동성애에 대한 인식 등과 종교와의 관계를 살펴보고자 했다.

먼저 인간의 선악(善惡) 본성에 대한 네 가지 견해 중에서 성선설(39%) 동의율은 1984년 조사 이래 최저치를 기록한 반면, 선악 공존설(37%)은 지속적으로 증가했다. 이는 사회 구성원 간의 신뢰 상실이나 삶의 각박함과도 긴밀한 관련이 있으며, 2008년 세계 금융 위기 이후의 저성장 사회 분위기를 반영하는 것으로도 이해할 수 있다.

다음으로 일상 생활 가치관, 즉 살아가는 데 중요한 요건에서는 '가치, 신념, 종교' 등 종교적/정신적 가치의 비중이 감소하고 '좋은 친구들, 여가/휴식, 직업, 돈' 등 세속적 가치를 중시하는 경향이 나타났다. 정도의 차이는 있지만 종교인이나 비종교인 모두 생활에서 중요한 것으로 '건강'과 '가정생활'을 가장 많이 꼽았다.

여러 측면의 생활 만족도에서는 '사람들과의 관계' 만족도가 가장 높았고 '살림살이 형편' 만족도가 가장 낮았는데 이는 1989년 이후 비슷한 양상이다. 전반적인 개인생활 만족도에서 종교별로나 종교인과 비종교인 간 유의미한 차이는 없었으나, 대체로 고령층의 만족도가 낮아 연령별 차이를 보였다. 이상적인 자녀 수에 대해서는 '2명'이 55%로 가장 많았고 '2명 이상'이 전체의 88%를 차지했으나, 2013년 기준 우리나라의 합계출산율은 1.2명에 불과해 원하는 바를 크게 밑돌았다.

◎ 표 4. 종교별 현재 생활 만족도 (단위: 점, 0-10점 척도, 100점 환산 평균)

	살림살이 형편		타인들과의 관계		결혼생활/이성관계		요즘 건강 상태		직업/하는 일		전반적인 개인생활	
	'84	'14	'84	'14	'84	'14	'84	'14	'84	'14	'84	'14
불교인	52	62	63	70	59	65	64	63	55	63	57	64
개신교인	56	61	66	69	67	66	68	68	63	65	64	67
천주교인	55	60	65	69	63	63	60	66	62	62	60	64
비종교인	53	61	65	68	63	65	68	68	59	63	60	65

전래의 사고 방식을 따르는 비율은 항목에 따라 차이는 있으나, 30년 전에 비해 대체로 감소했다. 2014년 현재 한국인의 절반(52%)은 '선조의 묏자리가 좋으면 자손이 잘 된다'고 생각하며 37%는 '집안 항렬 돌림자에 따르겠다', '궁합이 나쁘면 결혼하지 않는 것이 좋다'고 봤다. 종교별 차이보다 연령별 차이가 더 두드러졌다. 다만 1990년대 '묏자리와 자손 번영'에 대한 부정률이 급증한 것은 조상 숭배 의식 변화와 함께 매장(埋葬)의 현실적인 어려움이 반영된 결과로 보인다.

이혼, 낙태, 동성애는 인류 역사에 계속 존재해 왔으나 전통적인 결혼관, 가족관, 애정관(愛情觀)에서 금기시되거나 부정적으로 다뤄져 온 개념들이다. 우리 사회에서 비교적 흔한 이혼과 낙태에 대해서는 60% 이상이 '그럴 수 있다'는 입장이지만, '동성애도 사랑의 한 형태'라는 데는 24%만 동의했다. 한국 천주교는 낙태를 금지하고 있으나, 한국 천주교인의 낙태 용인율이 타 종교인에 비해 특별히 더 낮지는 않았다. 동성애에 대해서는 종교보다 연령별, 보수-진보 이념 성향별 시각 차가 더 컸다.

4) 종교와 종교 단체

현실에서 종교를 표상하는 것은 종교 단체다. 일상에서 '종교'와 '종교 단체'는 구분 없이 사용되는 경우가 많기 때문에 종교에 대한 평가에서도 추상적인 종교인지 현실의 종교 단체인지 혼란이 있을 수 있다. 추상적인 종교는 주로 종교 진리나 이상적인 종교를 의미하지만, 현실의 종교는 생존을 걱정하며 조직을 운영해야 하는 종교 단체를 일컫는다. 여기서는 현실의 종교, 즉 종교 단체를 평가하고자 크게 네 가지 주제를 다루었다. 첫째, 종교 일반에 대한 사회적 평가와 종교를 실행하는 신도와 성직자의 행위에 대한 평가, 둘째는 종교 단체 자체와 그 활동에 관한 평가, 셋째는 종교 단체의 물적 기반인 헌납금에 대한 인식, 그리고 마지막으로는 일반 대중이 주요 종교 단체에 바라는 바를 알아봤다.

먼저 종교에 대한 평가에서는 종교의 사회적 영향력, 종교의 사회 기여도, 그리고 종교가 아니면서 종교 행세를 하는 사이비 종교에 대한 인식을 파악했다. 그 다음으로는 종교 단체의 구성원인 종교인의 종교적 덕목 실천 정도와 종교 단체를 이끌어 가는 성직자의 자질과 품위, 그리고 신도들에 대한 성직자의 태도는 얼마나 권위적이라고 보는지 물었다.

'우리 사회에서 종교의 영향력이 증가하고 있다'는 의견은 1980년대 70%에서 2000년대 들어 50% 내외로 줄긴 했지만, 한국인의 63%는 '종교가 사회에 도움을 준다'고 평가했다. 종교의 사회적 기여에 대해서는 개신교인(87%)이 가장 긍정적이었고 천주교인(79%)이나 불교인(67%)의 긍정률도 비교적 높았지만, 비종교인은 48%에 그쳐 종교인과 비종교인 간 인식 차가 컸다. 사이비 종교의 수에 대해서는 1990년대 이후 지금까지 '많다'는 응답이 90%를 웃돌아 우리 사회의 고질적 문제로 각인돼 있는 듯하다.

일반인(비종교인과 종교인 모두 포함)과 종교인이 종교적 덕목, 즉 '사랑과 자비를 얼마나 잘 지키는가' 물은 결과, '지킨다'는 응답이 일반인에 대해서는 34%, 종교인에 대해서는 45%로 나타나 종교인이 좀 더 잘 실천하는 것으로 평가됐다. 그러나 1984년 일반인 56%, 종교인 67%였던 것에 비하면 긍정률이 상당히 줄었다. 이에 대해서는 전반적으로 종교인, 특히 개신교인의 긍정률이 가장 높았고 비종교인은 종교적 믿음과는 무관하게 사회 전반적인 실천 정도를 낮게 봤다.

주변에 '품위나 자격이 없는 성직자가 많다'는 의견은 1984년 65%에서 2000년 이후 90%에 육박해 사이비 종교와 함께 자격 미달 성직자 문제도 우리 사회에 만연함을 알 수 있었다. 종교인들에게 현재 다니고 있는 종교 기관의 성직자가 신도를 지도하는 방법에 대해 물은 결과, 34%가 '권위적'이라고 답해 10년 전 40%에서 소폭 줄었다. 성직자의 탈권위적 경향은 기독교, 특히 천주교에서 좀 더 강하게 나타났다.

다음은 현실의 종교를 표상하는 종교 단체를 종합적으로 평가했다. 먼저 종교 단체 일반에 대한 평가로 종교의 본래의 뜻, 인생 문제에 해답 제시, 교세 확장, 종교적 규율 강조에 대한 인식을 물었다. 이는 대체로 종교 단체 본래의 역할에 관한 지표들이다. 그 다음으로는 최근 우리 사회에서 문제가 되고 있는 종교의 현실 참여, 학교에서의 신앙 교육, 종교 시설의 개방, 종교 기관의 사적 상속 등 종교의 사회 활동에 대해 질문했다.

조사 결과, 현재 한국인의 68%는 '종교 단체가 참진리를 추구하기보다 교세 확장에 더 관심이 있다'고 인식하며 63%는 '종교 단체가 종교 본래의 뜻을 잃어버리고 있다'고 생각하고 55%는 '종교 단체가 진정한 삶의 의미를 찾으려는 사람에게 답을 주지 못한다'는 데 동의했다. 비종교인뿐 아니라 종교인 중에서도 절반 이상은 종교 단체에 부정적 입장이었다.

최근 일부 종교 단체는 사회, 문화, 정치 분야로 활동 범위를 넓히고 있으나 한국인 열 명 중 여섯 명은 '종교 단체는 종교 자체에만 전념하는 것이 좋다'고 답했으며, 이러한 의견은 10년 전보다 더 강화됐다. 종단 설립 학교의 신앙 교육에 대해서는 불교인(55%)이나 비종교인(47%)보다 기독교인, 즉 개신교인(79%)과 천주교인(67%)이 더 좋게 봤다. 종교 시설 개방에 대해서는 76%가 긍정적이었지만, 종교 기관의 사적 상속에는 87%가 '해서는 안 된다'고 답했다.

이상의 결과를 종합하면, 종교 단체의 역할에 대한 평가는 전반적으로 부정적이다. 그런 가운데 개신교인에서만은 최근 10년간 종교 단체에 대한 부정적 인식이 감소해, 개신교는 자체 종교 의식(정체성)을 강화하면서 자기 혁신을 시도하며 나름의 대처를 하고 있는 듯하다. 이에 비해 불교에서는 변화가 거의 없으며, 천주교는 종교적 활동에만 적극적인 것으로 보인다.

종교적 헌납에 대해서는 부정적 시각이 우세하다. 지난 30년간 '종교 단체가 시주/헌금을 지나치게 강조한다'는 의견이 60%를 넘었다. 비종교인이나 불교인, 천주교인은 큰 변화 없는 가운데 개신교인에서는 종교적 헌납 강요가 지나치다는 응답이 1984년 67%에서 2014년 46%로 크게 감소한 점이 두드러졌다. 불교인 대다수는 '시주와 믿음의 진정성', '시주 금액과 복 받음' 관계에 큰 의미를 두지 않았으며, 기독교인 역시 '헌금과 복 받음' 관계에 부정적 견해가 우세했다. 그러나 같은 기독교 범주에 속했어도 개신교인이 천주교인보다 '헌금과 복 받음' 관계를 더 믿으며 실제 십일조 이행률도 개신교인이 더 높았다.

한편, 헌금을 자선이나 포교/전도/선교 중 어느 쪽에 사용하는 것이 종교의 본뜻에 더 잘 따르는 것이라고 보는지 물은 결과 61%가 '자선'을, 14%는 '포교/전도/선교'를 우선해야 한다고 답했고 25%는 양자에 비슷하게 사용해야 한다고 봤다. 지난 30년간 '자선 우선'은 20%포인트 가량 줄었고, '포교 우선'이나 '양자에 비슷하게'라는 응답은 점진적으로 증가 추세다. '지난 1년간 종교 단체에 내는 헌금을 제외하고 자선적 기부를 한 적이 있는지' 물은 결과 36%가 있다고 답한 가운데, 종교인(49%)의 기부 경험률이 비종교인(24%)보다 높았다.

앞서 살펴본 내용을 종합하면, 한국 사회에서 종교 단체나 그 활동에 대한 부정적 여론이 더 강해지고 있음을 알 수 있다. 이를 좀 더 구체적으로 알기 위해 주요 종교에 대한 건의 사항을 자유 응답 방식으로 받아보았다. 먼저 불교에 대해서는 '헌납금 부담/강요'(5%), 그리고 10년 전에 비해 '성직자의 자질 향상'(5%) 지적이 늘었으며 그 다음으로 '봉사/이웃사랑 실천'(3%), '종파 간 화합'(3%), '종교 이외 다른 부분 개입 자제'(3%) 등이 있었다. 개신교에 대해서는 '지나친 전도 활동'(9%) 지적이 과거에 비해 늘었고 뒤이어 '헌납금 부담/강요'(6%), '타 종교 비방 자제'(4%), '지나친 교세 확장/권력 남용'(4%) 순이었으며, 천주교에 대해서는 '종교 이외 다른 부분 개입 자제'(5%)가 가장 많이 지적됐다.

제3절 종교 문화 변화의 종교사적 의미

1) 종교 지형의 변화와 의미

먼저 종교 인구 변동을 살펴보면, 한국의 종교 인구는 1960년대 이후 산업화, 도시화 과정을 거쳐 1980년대 민주화에 이르기까지 급성장했다. 대체로 이 시기의 성장은 개신교가 주도했다. 그 이후 종교 인구는 증감을 반복하고 있다. 2004년도 조사에서는 1997년에 비해 종교 인구 비율이 크게 증가했으나 2014년 이번 조사에서는 다시 소폭 감소했다. 10년 전 종교 인구 증가에 크게 기여했던 고학력층과 2030 젊은 세대들이 이번 조사에서는 대거 이탈한 것으로 나타났다. 이들을 중심으로 종교 무관심층이 늘었고, 종교인들까지도 종교적 가치보다는 세속적인 가치를 우선시하는 경향을 보인다. 게다가 종교 인구는 점점 더 고령화되어 가고 있다. 말하자면 인구의 급격한 고령화로 인해 젊은 층은 줄고 노인층이 크게 늘고 있으며, 종교에 대한 사회적 관심이 크게 줄어 종교 신참자를 찾기가 쉽지 않다는 말이다. 또 현대사회 종교의 추세로서 종교의 사사화 경향이 확산돼 내부 신앙자의 이탈을 걱정해야 할 지경이다. 이런 상황들을 고려한다면 앞으로 종교계는 성장은 고사하고 현상유지조차 쉽지 않아 보인다. 이번에 나타난 종교 인구 감소는 우리 사회 구조적인 문제와 관련되어 있는 것으로 이해되기 때문이다.

현재 한국의 종교 지형은 불교 인구 비율이 줄고 개신교나 천주교는 답보 상태다. 이번 조사에 의하면, 불교인의 감소가 바로 전체 종교계 종교 인구 감소로 이어졌다. 종교인 감소분의 다수는 앞서 언급한 대로 시대 변화에 민감한 고학력층과 젊은 이들이다. 양자를 결합해 보면, 지난 조사에서 불교의 성장을 주도했던 이들이 불교에 적응하지 못하고 다시 이탈한 것으로 이해할 수 있다. 역으로 보면 지난 10년 동안 불교가 집안 단속에 철저하지 못한 것이다. 불교 이외 종교들은 집안 단속에 열심인데 반해 불교는 그러한 노력을 충분히 기울이지 않았던 탓으로 볼 수 있다. 이같은 종교의 내부 집안 단속 매진으로 나타난 결과가 바로 종교 구성원의 양극화 현상, 즉 종교의 주변성원들은 탈락하고 핵심성원들은 결속하는 양상이다. 주변성원 탈락 사례로는 불교에서 고학력층과 2030 세대 이탈을, 핵심성원 결속 사례로는 개신교의 십일조 이행률이 1984년 조사 이래 최고치에 달한 점을 들 수 있다.

또한 최근 10년 사이 종교인의 종교 생활에서 종교적 참여와 같은 외적 종교성은 눈에 띄게 감소하고 있으나 종교 경험과 같은 내적 종교성은 증가하고 있다. 종교의 사회적 기여와 관련해서는, 종교가 개인들에게 조금이라도 도움이 된다고 보는 부분은 증가한 반면 종교의 사회적 역할에 대한 부정적 평가가 대폭 늘었다. 이는 한국인들의 신앙이 제도 종교 중심의 신앙 생활에서 개인 중심의 신앙 생활로 이동하고 있음을 의미한다.

한국인의 20%는 '기/마음 수련' 등 영성적 종교를 경험한 것으로 나타났고 '종교보다 개인적 성찰과 수련에 관심이 있다'고 답한 사람도 35%에 이른다. 여기에는 종교인도 상당수 포함돼 종교계에서도 사사화 경향이나 종교적 얽매임에서 탈출하려는 경향이 있음을 보여준다. 또한 한국 종교의 관용성은 서서히 감소하고 있으며, 종교 시장에서 각자도생(各自圖生)의 형국을 이루고 있다. 각 종교들은 자신의 종교 정체성을 더욱 강화하는 쪽으로 나아가고 있다. 이번 조사에서도 각 종교인들은 여러 곳에서, 특히 종교 단체의 사회 활동에 대한 평가에서 자기 종교의 이해 관계를 의식한 호교론적 응답 경향을 강하게 보였다.

마지막으로 지적할 것은 종교 조사에서 세대 변수가 중요한 키로 등장해 한국의 종교 인구와 종교 여론을 지배하고 있다는 점이다. 종교 여론 변화는 특히 베이비부머 세대인 50대가 주도하는 것으로 보인다. 민감한 주제에 대한 평가는 대부분 50대를 중심으로 위아래 세대가 다른 경향을 보이는 경우가 많다. 또한 고령화 시대를 맞아 종교 인구의 고령화 역시 자연스러운 일이나 그로 인해 종교 여론 전반이 보수화(정교분리 의식 강화)되고, 종교인의 외적 종교성은 약화되는 반면 내적 종교성은 더 강해지는 데도 많은 영향을 미치고 있는 듯하다.

2) 개별 종교들의 변화와 의미

첫째, 불교는 10년 전 조사에서 한국 종교의 성장을 주도한 종교였지만 이번 조사에서는 불교 인구 비율만 감소해 불교가 종교 인구 증감을 결정하는 중요 변수로 등장했다. 불교 인구 비율의 감소는 앞서도 언급했지만 불교계가 스스로 선택해서 찾아온 신앙 대중들의 요구를 수용하지 못한 데 큰 원인이 있는 것으로 보인다. 말하자면 불교 내부의 구조적인 문제에서 비롯된 것으로 이해할 수 있다. 이번 조사에서 불교인의 '종교적 의식'이나 종교적 참여', 그리고 '종교적 체험'은 비종교인 수준에 가깝고 불교인이 시주를 하거나 절에 가는 것 역시 거의 연례 행사나 다름없다. 호감 종교로서는 불교가 여전히 1위지만, 10년 전에 비해서는 호감도가 크게 낮아졌다. 이처럼 불교는 현대 사회에서 전통만 강조하다 보니 종교적 합리성과 효율성이 크게 뒤지는, 즉 내부 구조적 문제를 안고 있다. 또한 2004년 불교 인구의 급격한 증가는 기 수련, 명상 등 영성적 종교 체험자 상당수가 불교 인구로 잡혔을 가능성도 적지 않다. 그러나 최근 들어서는 영성 관련 단체들이 스스로 종교와 관계없는, 종교 단체가 아님을 강조하고 있다. 때문에 영성 종교를 경험한 다수가 이번 조사에서는 불교인이라고 응답하지 않았을 수도 있다. 최근 10년간 사찰에서 진행되는 템플 스테이 참여자는 많이 늘었지만, 이번 조사에서 불교 인구 비율은 오히려 감소한 것이다. 2014년 불교에 대한 개선/건의 사항으로는 '성직자의 자질 향상'과 '헌납금 부담/강요'가 가장 많이 지적됐다. 참고로 1984년에는 '종파 간 분쟁'과 '종교다운 모습'이, 2004년에는 '사회봉사/이웃사랑'과 '헌납금 부담/강요'가 가장 많았다.

둘째, 개신교는 1984년 조사 이후 신앙적 정열과 자신의 정체성을 줄곧 강조해 왔다. 그 결과 현재 개신교인의 신앙 의식이나 종교적 참여는 아주 열성적이며, 신앙 생활 만족도도 가장 높다. 많은 신앙 관련 문항에서 종교인과 비종교인 간 경계선이 그어지는 것이 아니라 개신교인과 비개신교인 간의 경계선이 뚜렷해지고 있다. 개신교인은 자기 정체성이 강하고 신앙에 매우 열성적이다. 신앙 정열이 뜨거운 만큼 전통 문화와 빈번히 갈등을 겪는 특이성은 이번 조사에서만 나타난 현상이 아니다. 개신교는 한국 종교계의 성장을 주도해 1960년대 이후 산업화 과정에서 급속히 팽창했다. 그러나 1987년 민주화 이후 성장 속도가 크게 둔화됐고, 2004년에 이어 2014년 조사에서도 정체 상태에 있는 것으로 나타났다. 그럼에도 30년간 최대 성장 종교는 개신교다. 이번 조사에서 개신교의 가장 두드러진 점은 서구 기독교 풍조를 벗어나려는 탈근대 문화 조류와 세속적 기업과 다를 바 없다는 사회적 비난에 적절히 대처하는 종교적 저력이다. 부정적 이미지를 탈피하기 위한 사회 윤리 운동이라든가 종교성 회복 운동 등의 자정 노력이 이번 조사에 크게 반영된 것이 아닌가 한다. 열성 신도 중심의 철저한 조직 관리와 종교적 합리성, 효율성을 중시함으로써 개신교에 대한 사회 문화적 역풍에 대응하고 있는 것으로 보인다. 개신교에 대한 개선/건의 사항으로는 1984년 '지나친 헌금 강요'와 '심한 전도 활동'이, 이번 조사에서는 '지나친 전도 활동'과 '종파 분쟁 지양'이 가장 많이 지적됐다.

셋째, 천주교는 1984년 조사 이후 종교 인구 비율이 지속적으로 성장해 오다가 2004년 처음으로 감소했고 이번 조사에서는 정체로 나타났다. 천주교로 개종하는 종교 인구 이동 현상은 계속되고 있지만, 신앙 냉담자 또한 적지 않다. 신앙 의식이나 종교적 참여 면에서 천주교인은 열성적인 개신교인과 비종교인에 가까운 불교인 중간 지점에 위치한다. 2004년 조사에서는 종교적 정열 약화, 종교 의례 참여 감소, 성직자에 대한 부정적 평가 등의 증가 현상이 있었으나, 이번 조사에서는 전체적으로 '종교적 참여'와 같은 외적 종교성이 약간 증가한 것 이외 특이 사항은 별로 없다. 한편, 천주교는 최근 10년 동안 종교의 본래 영역에 많은 힘을 기울이고 성직자의 권위적 행태에서도 긍정적인 평가를 받았다. 과거와는 달리 전도에도 상당히 적극적이다. 천주교에 대한 개선/건의 사항으로는 2004년 '사회봉사/이웃사랑'과 '지나친 교세 확장'이, 2014년에는 '종교 이외 다른 부분 개입 자제'와 '헌납금 부담/강요' 등이 가장 많이 응답됐다.

넷째, 앞서 언급한 3대 종교 이외 천도교, 증산교 등 자생 종교를 비롯한 기타 종교를 믿는 사람은 1984년 조사 이후 지속적으로 줄어 이제는 그 비율을 모두 합해도 0.1%가 안 된다. 그러나 실제로 기타 종교 인구가 그만큼 줄었는지는 의심스러운 면이 있다. 신도들의 자기 정체성 부족과 사회의 부정적 인식 때문에 자기 확인 방법에 의한 종교 인구 조사에서는 잘 드러나지 않았을 수도 있기 때문이다. 이 점에 대해서는 별도의 연구가 필요하리라 본다.

제4절 맺는 말: 한국 종교의 종교사적 과제

개항 이후 최근까지 한국 종교의 현장은 너무 뜨거운 신앙 정열로 채워져 지성보다는 감성을, 합리보다는 비합리가 통용되는 사회 문화의 장이었다. 1960년대 이후 종교의 양적 성장을 가능하게 한 성장축복(成長祝福)의 종교 시대, 1970년대 중반 이후 개발 독재로 빚어진 사회적 갈등 해결을 위해 종교의 사회 참여를 부르짖던 현실참여(現實參與)의 종교 시대를 거쳐, 1987년 민주화 이후 종교 내부 문제를 해결하는 개혁(改革)의 종교 시대가 열렸다. 성역화(聖域化)된 종교권력을 비판하고 종교 재정의 투명성을 요구하는 등 내부에서 자성(自省)의 목소리가 표출되기 시작했고, 이는 2000년대 들어서도 계속 이어졌다. 현재 종교계는 안팎으로 더욱 거세진 종교에 대한 부정적 여론에 대처해야 하는 수성(守成)의 종교 시대를 맞이하고 있다.

　이번 조사에 나타난 종교 인구 비율 감소는 1990년대 나타났던 현상과는 그 성격이 다르다. 과거 종교 인구 비율 감소는 종교계에 적극 참여했던 민주화 운동 인사들이 자기 임무를 다하고 이탈한 것이 주요 원인이었지만, 이번은 주로 종교 내적 요인에 기인하는 듯하다. 다시 말해 이전의 감소가 종교의 사회적 역할 축소에서 비롯된 종교 외적 문제였다면, 현재의 감소는 종교 내부의 합리성과 효율성 문제다. 다른 시각에서 보면 신앙 대중을 두고 서로 경쟁할 수밖에 없는 종교 시장의 문제가 된다. 종교 인구가 감소하는 가운데 이처럼 종교 시장의 논리가 강화될 경우, 어느 종교든 살아남는 것에 관심을 두지 않을 수 없다. 특히 민주화 시대 신앙 대중은 종교 외적인 요인에 의해 자신의 종교를 선택하는 것이 아니라 자신의 '삶의 방식과 신앙 취향'에 따라 자신의 종교를 선택한다. 여기에 대응해 종교는 자기 정체성을 강화하고 내부의 종교적 합리성과 효율성을 제고할 수밖에 없다는 것이다. 그러한 현상들이 이번 조사에서 분명하게 보인다. 종교 인구의 전반적 감소는 향후 종교 시장의 논리 심화에 속도를 더할 것으로 보인다. 그러면 각 종교들은 자기 정체성을 한층 강화하면서 외집단과는 더욱 거리를 두게 될 것이고, 그 여파로 종교 간 갈등이나 국가의 종교 중립성 문제가 더 거세게 제기될 가능성이 많다.

　이번 조사를 통해 보면, 종교와 종교 활동에 대한 부정적 여론이 더 강해졌고 종교 인구는 2030 세대를 중심으로 감소하고 있으며, 종교에는 축복 의식이 투영되기보다 고난 의식이 강조되고 있다. 종교적 참여는 점차 줄어들고 있지만 개인의 종교성은 도리어 증가하고 있다. 종교적 생활은 종교적 가치보다는 세속적 가치에 의존하며, 종교의 사회적 활동에 대해서는 대체로 부정적이다. 현재 한국의 종교는 신앙 대중의 종교적 요구에 따라가기가 바쁜 상황이다. 그야말로 수성하기도 어려운 종교 시대라고 할 수 있다. 종교에 대한 부정적 여론을 극복하고 향후 한국 종교의 미래 전망을 확보하기 위해, 그리고 시민 사회의 당당한 구성원이 되기 위해 한국 종교가 극복해야 할 몇 가지 과제들이 보인다.

먼저 탈근대의 영성적 종교들에 적극적으로 대처할 방안을 모색해야 한다. 기 수련, 마음 수련, 명상, 요가 등의 영성적 종교들은 일종의 탈근대 패션(fashion)이다. 이들은 세속의 이해와 결합하여 웰빙(well-being)이나 힐링(healing)처럼 새로운 형태의 융합 종교들을 만들어 낸다. 제도 종교 역시 이런 시대적 패션을 받아들여 템플스테이와 같은 유사 영성 개발 프로그램을 운영하며 참여를 독려하고 있다. 그러나 영성적 종교들은 제도 종교의 종교성을 강화하는 도구가 아니라는 점을 염두에 두어야 한다. 이들은 모두 개인적이고 탈조직적이며, 나아가 종교를 개인화하고 무(無)윤리적인 것으로 만들 수 있기 때문에 제도화된 종교를 해체시키는 재앙이 될 수도 있다는 것이다. 한국의 종교들은 이에 적극 대처할 필요가 있다.

다음으로 세속 사회에 대한 대안적 삶의 방식을 모색하는 데 종교가 더 많이 노력해야 한다. 한국 사회는 1997년 IMF 사태와 2008년 세계 금융 위기를 순차적으로 겪으며 크게 달라졌다. 고성장 사회에서 저성장 사회로 바뀌었고 앞으로도 당분간 저성장이 지속될 것이라는 전망[48]이 지배적이다. 그럼에도 우리 사회는 여전히 개발과 성장 신화에 집착하고 있다. 이제 모두가 저성장 사회에 적합한 방식으로 전환해야 할 시점이다. 저성장 사회 삶의 방식은 서로 나누고 더불어 살아가는 것이다. 그와 같은 대안적 삶의 방식에 종교가 관심을 더 가질 필요가 있다. 시장만능주의 사회에서 한국의 종교들이 대안적 삶을 모색하고 그것을 실천하는 시범적 터전이 되기를 기대해 본다.

끝으로 한국의 종교들은 시민의 삶을 고려한 '시민의 공공성' 확보에 주력해야 한다. 종교 인구가 줄고 종교 시장의 논리가 강화되면 종교들은 자기를 지키기 위해 서로 비난하는 반(反)종교적인 경쟁을 할 수밖에 없다. 이러한 이전투구(泥田鬪狗)에서 벗어나고 사회의 신뢰성을 확보하기 위해 종교는 스스로 시민적 공공성을 강화할 필요가 있다. 현대 사회에서는 이미 공(公)과 사(私)의 영역이 분명하지 않은 회색 지대가 점차 늘어나고 있다[49]. 이제 한국 사회도 사적 영역의 종교(宗敎)와 공

---

48 KDI의 〈미래비전 2040〉에 따르면 한국의 경제성장률 전망치는 2010년대 4.1%, 2020년대 2.8%, 2030년대는 1.7%로 추정되었다. 하지만 **최근의 실제 경제성장률은 2~3%**에 머물고 있다. 2020년대와 2030년대의 경제성장률 전망치는 KDI의 예측보다 낮을 듯하다. 실제 한국경제는 2011년 이후 전분기 대비 0%대의 경기부진이 지속되며 저성장 고착화가 우려되고 있다.

49 현대사회에서는 공사(公私)와 성속(聖俗)의 이분법이 해체되고 인간의 삶의 현장에서 종교와 세속의 융합이 촉진되고 있다. 예컨대, 공사가 융합된 시민사회가 등장하는가 하면 성속이 융합된 종교들이 여기저기에서 돌출하고 있는 것을 말한다.

적 영역의 세속(政治)을 엄격히 구분[50]하는 교조적 정교분리를 청산해야 할 시기가 된 것 같다. 한국의 종교들이 앞으로도 계속 사적(私的)인 자기 신앙만 고집한다면 시민의 삶과는 더욱 멀어질 뿐 아니라, 시민 사회의 구성원으로 자리하기도 어려울 것이다. 이러한 시대적 흐름을 외면하거나 거부해서는 더 이상 현대 사회와 소통할 수 없다. 현재 사회에서 비난받고 있는 한국의 종교가 자신의 본령(本領)인 '시민공동체'의 일원으로 당당해지기 위해서도 '시민적 공공성' 확보는 피할 수 없는 일이다.

---

50 종교와 세속을 엄격히 구분할 때 생기는 정치적 효과는 종교를 세속과 완전히 결별시켜 성역화하고, 시민의 삶에 무관심하게 된다. 이는 종교 집단과 정치 권력 간의 창조적 긴장을 조성하는 것이 아니라 양자의 기득권만을 서로 보장해 주는 결과를 낳을 수도 있다.

제4부

자료편

교차집계표 목차

응답자 특성표 – 전체 / 144
응답자 특성표 – 종교인 vs. 비종교인 / 145
응답자 특성표 – 불교인/개신교인/천주교인 / 146

표 1. 생활 의식 – 이상적인 자녀 수 / 147
표 2. 생활 의식 – 집안 항렬대로 작명 / 148
표 3. 생활 의식 – 결혼과 궁합 / 149
표 4. 생활 의식 – 선조의 묏자리와 자손의 번영 / 150
표 5. 생활 의식 – 이혼 / 151
표 6. 생활 의식 – 낙태 / 152
표 7. 생활 의식 – 동성애 / 153
표 8. 죽음 맞이 중요성 / 154
표 9. 죽음 준비(웰 다잉) 교육 참여 의향 / 155
표 10. 생활 의식 – 인간의 본성(선과 악) / 156
표 11. 생활 의식 – 살아가는 데 중요한 것 / 157
표 12-1. 종교적 성향 – 남편과 아내의 역할 구분 / 159
표 12-2. 종교적 성향 – 자식은 부모의 뜻에 순종 / 160
표 12-3. 종교적 성향 – 창조설 / 161
표 12-4. 종교적 성향 – 절대자의 심판설 / 162
표 12-5. 종교적 성향 – 윤회설 / 163
표 12-6. 종교적 성향 – 해탈설 / 164
표 12-7. 종교적 성향 – 기/마음 수련 참여 경험 / 165
표 12-8. 종교적 성향 – 종교보다 개인 성찰에 관심 / 166
표 13. 종교의 사회적 영향력 변화 / 167
표 14. 종교의 사회적 기여 / 168
표 15. 생활 속 종교 비중 / 169
표 16. 종교를 믿는 이유(일반적 견해) / 170
표 17-1. 종교적 성향 – 종교의 교리 차이 / 171
표 17-2. 종교 의례 참석의 중요성 / 172
표 17-3. 비종교인의 구원 가능성 / 173
표 17-4. 종교와 개인 삶의 질 / 174
표 17-5. 종교 단체 얽매임 기피 / 175
표 18-1. 종교적 덕목의 실천 – 일반인 평가 / 176

표 18-2. 종교적 덕목의 실천 – 종교인 평가 / 177
표 19. 종교 단체의 바람직한 참여 범위 – 종교/사회/문화/정치 / 178
표 20. 종교 기관의 사적 상속 / 179
표 21. 종교 단체의 헌금 우선 용도 – 포교 vs. 자선 / 180
표 22. 종교 시설의 개방 / 181
표 23. 종교 단체 설립 학교의 신앙 교육 / 182
표 24. 성직자의 품위와 자격 / 183
표 25. 사이비 종교의 수 / 184
표 26-1. 종교 단체를 벗어난 개인의 종교적 믿음 실천 / 185
표 26-2. 종교 단체 – 종교 본래의 뜻 상실 / 186
표 26-3. 종교 단체 – 참진리 추구보다 교세 확장에 관심 / 187
표 26-4. 종교 단체 – 인생 문제 해답 제시 / 188
표 26-5. 종교 단체 – 비신도에 대한 태도 / 189
표 26-6. 종교 단체 – 종교적 규율 강조 / 190
표 26-7. 종교 단체 – 헌납금 강요 / 191
표 27-1. 현재 종교 여부 – 종교인 vs. 비종교인 / 192
표 27-2. 현재 믿고 있는 종교 / 193
표 28. 종교인의 신앙 시기 / 194
표 29. 종교인의 신앙 기간 / 195
표 30. 종교인의 신앙 계기 / 196
표 31-1. 종교인의 개종 경험 / 197
표 31-2. 종교인의 개종 경험 – 개종 전 종교 / 198
표 32. 종교인의 신앙 이유 / 199
표 33. 종교인의 종교 의례 참여 빈도 / 200
표 34. 종교인의 성직자 권위적 태도 평가 / 202
표 35. 종교인의 기도/기원 빈도 / 203
표 36. 종교인의 경전 읽는 빈도 / 204
표 37-1. 종교인의 종교적 체험 – 절대자나 신의 계시 / 205
표 37-2. 종교인의 종교적 체험 – 극락/천국에 갈 것이라는 계시 / 206
표 37-3. 종교인의 종교적 체험 – 마귀/악마의 유혹을 받고 있다는 느낌 / 207
표 37-4. 종교인의 종교적 체험 – 벌을 받고 있다는 느낌 / 208
표 37-5. 종교인의 종교적 체험 – 종교의 힘으로 병이 나은 경험 / 209
표 37-6. 종교인의 종교적 체험 – 다시 태어난 것 같은 느낌 / 210
표 38. 종교인의 신앙심 자기 평가 / 211
표 39. 불교인의 시주 빈도 / 212

표 40. 불교인의 시주에 대한 견해 – 시주와 진정한 신자 / 213
표 41. 불교인의 시주에 대한 견해 – 시주와 복 받음 / 214
표 42. 기독교인의 십일조 여부 / 215
표 43. 기독교인의 과거 십일조 경험 / 216
표 44. 기독교인의 십일조에 대한 견해 – 십일조와 진정한 신자 / 217
표 45. 기독교인의 십일조에 대한 견해 – 헌금과 복 받음 / 218
표 46-1. 비종교인의 과거 신앙 경험 / 219
표 46-2. 비종교인의 과거 신앙 경험 종교 / 220
표 47. 비종교인의 과거 신앙 기간 / 221
표 48. 비종교인이 종교를 믿지 않는 이유 / 222
표 49. 비종교인의 호감 종교 / 223
표 50-1. 종교적 실재에 대한 믿음 – 절대자/신 / 224
표 50-2. 종교적 실재에 대한 믿음 – 극락/천국 / 225
표 50-3. 종교적 실재에 대한 믿음 – 죽은 다음의 영혼 / 226
표 50-4. 종교적 실재에 대한 믿음 – 기적 / 227
표 50-5. 종교적 실재에 대한 믿음 – 귀신/악마 / 228
표 51. 선호하는 장례식 – 종교 형식 / 229
표 53-1. 가족 종교 – 부친 / 230
표 53-2. 가족 종교 – 모친 / 231
표 53-3. 가족 종교 – 배우자 / 232
표 54-1. 불교에 대한 개선/건의 사항 / 233
표 54-2. 개신교에 대한 개선/건의 사항 / 234
표 54-3. 천주교에 대한 개선/건의 사항 / 235
표 55. 행복감 / 236
표 56. 인생의 의미 / 237
표 57. 허무감 생각 빈도 / 238
표 58. 죽음 생각 빈도 / 239
표 59-1. 생활 만족도 – 살림살이 형편 / 240
표 59-2. 생활 만족도 – 다른 사람들과의 관계 / 241
표 59-3. 생활 만족도 – 결혼생활/이성관계 / 242
표 59-4. 생활 만족도 – 요즘 건강 상태 / 243
표 59-5. 생활 만족도 – 직업/하는 일 / 244
표 59-6. 생활 만족도 – 전반적인 개인생활 / 245
표 60. 종교 단체 이외 자선적 기부 경험 / 246

응답자 특성표 - 전체

		사례수(명)	(%)
전체		1,500	100
종교별	불교인	334	22
	개신교인	318	21
	천주교인	98	7
	기타 종교인	4	0
	종교 없음(비종교인)	746	50
종교유무별	종교인	754	50
	비종교인	746	50
성별	남성	743	50
	여성	757	50
연령별	19~29세	266	18
	30대	291	19
	40대	326	22
	50대	295	20
	60세 이상	322	21
성/연령별	남성 19~29세	140	9
	30대	148	10
	40대	166	11
	50대	149	10
	60세 이상	141	9
	여성 19~29세	126	8
	30대	142	9
	40대	160	11
	50대	147	10
	60세 이상	181	12
혼인상태별	미혼	336	22
	기혼/이혼/사별	1,164	78
직업별	농/임/어업	27	2
	자영업	199	13
	블루칼라	368	25
	화이트칼라	375	25
	가정주부	345	23
	학생	109	7
	무직/은퇴/기타	79	5
최종학력별	중졸 이하	257	17
	고졸	615	41
	대재 이상	628	42
지역별	서울	309	21
	인천/경기	440	29
	강원	46	3
	대전/세종/충청	155	10
	광주/전라	154	10
	대구/경북	156	10
	부산/울산/경남	239	16
지역크기별	대도시	673	45
	중소도시	649	43
	읍/면	177	12
생활수준별	상/중상	133	9
	중	876	58
	중하	396	26
	하	95	6
이념성향별	보수적	478	32
	중도적	709	47
	진보적	313	21

응답자 특성표 - 종교인 vs. 비종교인

		사례수(명)	(%)
	전체	1,500	100
종교별	불교인	334	22
	개신교인	318	21
	천주교인	98	7
	기타 종교인	4	0
	종교 없음(비종교인)	746	50
종교유무별	종교인	754	50
	비종교인	746	50
성별	남성	743	50
	여성	757	50
연령별	19~29세	266	18
	30대	291	19
	40대	326	22
	50대	295	20
	60세 이상	322	21
성/연령별	남성 19~29세	140	9
	30대	148	10
	40대	166	11
	50대	149	10
	60세 이상	141	9
	여성 19~29세	126	8
	30대	142	9
	40대	160	11
	50대	147	10
	60세 이상	181	12
혼인상태별	미혼	336	22
	기혼/이혼/사별	1,164	78
직업별	농/임/어업	27	2
	자영업	199	13
	블루칼라	368	25
	화이트칼라	375	25
	가정주부	345	23
	학생	109	7
	무직/은퇴/기타	79	5
최종학력별	중졸 이하	257	17
	고졸	615	41
	대재 이상	628	42
지역별	서울	309	21
	인천/경기	440	29
	강원	46	3
	대전/세종/충청	155	10
	광주/전라	154	10
	대구/경북	156	10
	부산/울산/경남	239	16
지역크기별	대도시	673	45
	중소도시	649	43
	읍/면	177	12
생활수준별	상/중상	133	9
	중	876	58
	중하	396	26
	하	95	6
이념성향별	보수적	478	32
	중도적	709	47
	진보적	313	21

응답자 특성표 - 불교인/개신교인/천주교인

		불교인		개신교인		천주교인	
		사례수(명)	(%)	사례수(명)	(%)	사례수(명)	(%)
	전체	334	100	318	100	98	100
성별	남성	150	45	134	42	39	40
	여성	184	55	184	58	59	60
연령별	19~29세	27	8	48	15	7	7
	30대	32	10	57	18	19	20
	40대	67	20	66	21	31	32
	50대	94	28	68	21	16	16
	60세 이상	114	34	79	25	25	26
성/연령별	남성 19~29세	13	4	22	7	4	5
	30대	17	5	27	8	8	8
	40대	32	10	33	10	10	11
	50대	45	14	25	8	5	5
	60세 이상	42	13	27	9	11	12
	여성 19~29세	14	4	26	8	3	3
	30대	15	4	30	10	11	12
	40대	35	11	33	10	20	21
	50대	49	15	43	13	10	11
	60세 이상	71	21	52	16	14	14
혼인상태별	미혼	37	11	61	19	16	17
	기혼/이혼/사별	297	89	257	81	81	83
직업별	농/임/어업	11	3	5	2	2	2
	자영업	54	16	37	12	17	17
	블루칼라	78	23	83	26	20	20
	화이트칼라	57	17	72	23	34	35
	가정주부	103	31	86	27	18	19
	학생	10	3	18	6	5	5
	무직/은퇴/기타	22	7	16	5	3	3
최종학력별	중졸 이하	91	27	59	18	12	12
	고졸	160	48	136	43	37	37
	대재 이상	83	25	123	39	50	51
지역별	서울	43	13	73	23	24	24
	인천/경기	78	23	119	37	31	31
	강원	8	2	9	3	3	3
	대전/세종/충청	31	9	27	9	15	15
	광주/전라	22	7	48	15	9	9
	대구/경북	50	15	20	6	14	14
	부산/울산/경남	101	30	21	7	2	2
지역크기별	대도시	131	39	136	43	44	45
	중소도시	145	43	141	45	43	44
	읍/면	58	17	40	13	11	11
생활수준별	상/중상	23	7	40	13	10	10
	중	193	58	179	56	58	60
	중하	94	28	79	25	25	26
	하	24	7	20	6	5	5
이념성향별	보수적	145	44	101	32	30	31
	중도적	142	42	164	52	46	47
	진보적	47	14	52	17	22	23

표 1. 생활 의식 - 이상적인 자녀 수

문) 귀하는 자녀를 몇 명 갖는 것이 좋다고 생각하십니까?

		사례수(명)	0명 (%)	1명 (%)	2명 (%)	3명 (%)	4명 (%)	5명 (%)	6명 이상 (%)	평균(명)
	전체	1,500	3	9	55	24	6	2	1	2.3
종교별	불교인	334	2	6	50	31	6	3	1	2.5
	개신교인	318	3	7	54	25	9	1	1	2.4
	천주교인	98	2	7	61	23	6	1	1	2.3
	기타 종교인	4	21		26	54				2.1
	종교 없음(비종교인)	746	3	12	56	21	5	1	1	2.2
종교유무별	종교인	754	3	6	53	27	7	2	1	2.4
	비종교인	746	3	12	56	21	5	1	1	2.2
성별	남성	743	3	10	55	24	5	1	1	2.3
	여성	757	2	9	54	24	8	2	1	2.3
연령별	19~29세	266	5	21	56	13	4			1.9
	30대	291	3	14	62	17	2	1	0	2.0
	40대	326	3	7	61	25	3	1	1	2.3
	50대	295	3	5	53	30	6	2	1	2.4
	60세 이상	322	0		42	34	16	4	2	2.8
성/연령별	남성 19~29세	140	4	23	54	14	4			1.9
	30대	148	4	13	64	16	3	1		2.0
	40대	166	3	7	59	25	3	1	2	2.3
	50대	149	4	2	54	33	3	3	1	2.4
	60세 이상	141	1	2	45	32	14	4	4	2.8
	여성 19~29세	126	7	19	59	12	4			1.9
	30대	142	2	16	60	18	2	1	1	2.1
	40대	160	2	6	62	25	2	0	1	2.3
	50대	147	2	8	53	26	9	1	1	2.4
	60세 이상	181			1	41	35	18	5	2.8
혼인상태별	미혼	336	7	19	58	13	3	0		1.9
	기혼/이혼/사별	1,164	2	7	54	27	7	2	1	2.4
직업별	농/임/어업	27		3	57	14	19	7		2.7
	자영업	199	3	7	48	29	7	3	3	2.5
	블루칼라	368	6	9	54	23	6	1	2	2.2
	화이트칼라	375	2	12	64	19	2	1	0	2.1
	가정주부	345		8	51	29	9	2	0	2.5
	학생	109	6	20	54	17	4			1.9
	무직/은퇴/기타	79	1	3	50	31	10	5		2.6
최종학력별	중졸 이하	257	2	5	42	27	18	4	2	2.7
	고졸	615	2	7	56	27	5	1	1	2.4
	대재 이상	628	4	14	59	20	3	1	0	2.1
지역별	서울	309	2	9	60	22	5	1	0	2.2
	인천/경기	440	4	10	57	21	5	1	1	2.2
	강원	46	2	8	56	26	5		2	2.3
	대전/세종/충청	155	2	10	47	28	10	1	1	2.4
	광주/전라	154	3	5	49	28	9	5	1	2.5
	대구/경북	156	3	13	48	26	7	2	1	2.3
	부산/울산/경남	239	2	9	56	25	6	2	0	2.3
지역크기별	대도시	673	3	9	57	23	6	1	1	2.3
	중소도시	649	3	11	54	23	6	2	1	2.3
	읍/면	177	1	6	48	34	8	3	1	2.5
생활수준별	상/중상	133	1	9	52	28	6	2	1	2.4
	중	876	3	10	57	23	5	2	1	2.3
	중하	396	2	9	55	24	7	2	1	2.3
	하	95	9	7	39	31	14	1		2.4
이념성향별	보수적	478	2	7	51	28	8	2	1	2.4
	중도적	709	3	9	56	23	6	2	1	2.3
	진보적	313	4	14	57	20	4	1	1	2.1

표 2. 생활 의식 - 집안 항렬대로 작명

문) 귀하의 친척이 아들을 낳는다면 그 아들의 이름은 집안 항렬의 돌림자에 따라 짓는 것이 좋다고 생각하십니까, 아니면 그럴 필요 없다고 생각하십니까?

		사례수(명)	돌림자에 따라 짓는 것이 좋다 (%)	그럴 필요 없다 (%)
	전체	1,500	37	63
종교별	불교인	334	43	57
	개신교인	318	39	61
	천주교인	98	38	62
	기타 종교인	4	30	70
	종교 없음(비종교인)	746	34	66
종교유무별	종교인	754	41	59
	비종교인	746	34	66
성별	남성	743	41	59
	여성	757	33	67
연령별	19~29세	266	21	79
	30대	291	30	70
	40대	326	35	65
	50대	295	44	56
	60세 이상	322	53	47
성/연령별	남성 19~29세	140	25	75
	30대	148	32	68
	40대	166	37	63
	50대	149	53	47
	60세 이상	141	60	40
	여성 19~29세	126	17	83
	30대	142	28	72
	40대	160	32	68
	50대	147	35	65
	60세 이상	181	48	52
혼인상태별	미혼	336	19	81
	기혼/이혼/사별	1,164	42	58
직업별	농/임/어업	27	42	58
	자영업	199	35	65
	블루칼라	368	39	61
	화이트칼라	375	33	67
	가정주부	345	44	56
	학생	109	18	82
	무직/은퇴/기타	79	51	49
최종학력별	중졸 이하	257	54	46
	고졸	615	40	60
	대재 이상	628	28	72
지역별	서울	309	38	62
	인천/경기	440	47	53
	강원	46	28	72
	대전/세종/충청	155	29	71
	광주/전라	154	27	73
	대구/경북	156	35	65
	부산/울산/경남	239	34	66
지역크기별	대도시	673	37	63
	중소도시	649	38	62
	읍/면	177	38	62
생활수준별	상/중상	133	37	63
	중	876	36	64
	중하	396	39	61
	하	95	45	55
이념성향별	보수적	478	50	50
	중도적	709	33	67
	진보적	313	27	73

표 3. 생활 의식 - 결혼과 궁합

문) 귀하의 친척이 선을 봤는데 궁합이 아주 나쁘다면 결혼하지 않는 것이 좋다고 생각하십니까, 상관없다고 생각하십니까?

		사례수(명)	결혼하지 않는 것이 좋다 (%)	상관없다 (%)
	전체	1,500	37	63
종교별	불교인	334	52	48
	개신교인	318	28	72
	천주교인	98	32	68
	기타 종교인	4	30	70
	종교 없음(비종교인)	746	34	66
종교유무별	종교인	754	40	60
	비종교인	746	34	66
성별	남성	743	33	67
	여성	757	40	60
연령별	19~29세	266	19	81
	30대	291	32	68
	40대	326	37	63
	50대	295	42	58
	60세 이상	322	50	50
성/연령별	남성 19~29세	140	17	83
	30대	148	30	70
	40대	166	36	64
	50대	149	39	61
	60세 이상	141	45	55
	여성 19~29세	126	21	79
	30대	142	34	66
	40대	160	39	61
	50대	147	45	55
	60세 이상	181	54	46
혼인상태별	미혼	336	22	78
	기혼/이혼/사별	1,164	41	59
직업별	농/임/어업	27	57	43
	자영업	199	37	63
	블루칼라	368	34	66
	화이트칼라	375	30	70
	가정주부	345	47	53
	학생	109	19	81
	무직/은퇴/기타	79	49	51
최종학력별	중졸 이하	257	54	46
	고졸	615	38	62
	대재 이상	628	29	71
지역별	서울	309	36	64
	인천/경기	440	34	66
	강원	46	32	68
	대전/세종/충청	155	29	71
	광주/전라	154	41	59
	대구/경북	156	38	62
	부산/울산/경남	239	45	55
지역크기별	대도시	673	38	62
	중소도시	649	35	65
	읍/면	177	39	61
생활수준별	상/중상	133	37	63
	중	876	33	67
	중하	396	43	57
	하	95	40	60
이념성향별	보수적	478	45	55
	중도적	709	34	66
	진보적	313	29	71

표 4. 생활 의식 - 선조의 묏자리와 자손의 번영

문) '명당에 선조의 묏자리를 쓰면 자손이 잘 된다'는 말이 있습니다.
　　귀하는 이 말에 대해 그렇다고 생각하십니까, 그렇지 않다고 생각하십니까?

		사례수(명)	그렇다 (%)	그렇지 않다 (%)
	전체	1,500	52	48
종교별	불교인	334	71	29
	개신교인	318	35	65
	천주교인	98	45	55
	기타 종교인	4	46	54
	종교 없음(비종교인)	746	51	49
종교유무별	종교인	754	52	48
	비종교인	746	51	49
성별	남성	743	51	49
	여성	757	53	47
연령별	19~29세	266	38	62
	30대	291	47	53
	40대	326	50	50
	50대	295	59	41
	60세 이상	322	63	37
성/연령별	남성 19~29세	140	36	64
	30대	148	46	54
	40대	166	51	49
	50대	149	57	43
	60세 이상	141	64	36
	여성 19~29세	126	39	61
	30대	142	48	52
	40대	160	50	50
	50대	147	61	39
	60세 이상	181	62	38
혼인상태별	미혼	336	37	63
	기혼/이혼/사별	1,164	56	44
직업별	농/임/어업	27	57	43
	자영업	199	55	45
	블루칼라	368	53	47
	화이트칼라	375	48	52
	가정주부	345	59	41
	학생	109	28	72
	무직/은퇴/기타	79	60	40
최종학력별	중졸 이하	257	62	38
	고졸	615	57	43
	대재 이상	628	43	57
지역별	서울	309	51	49
	인천/경기	440	53	47
	강원	46	47	53
	대전/세종/충청	155	45	55
	광주/전라	154	47	53
	대구/경북	156	49	51
	부산/울산/경남	239	61	39
지역크기별	대도시	673	50	50
	중소도시	649	52	48
	읍/면	177	56	44
생활수준별	상/중상	133	46	54
	중	876	52	48
	중하	396	54	46
	하	95	49	51
이념성향별	보수적	478	62	38
	중도적	709	48	52
	진보적	313	44	56

표 5. 생활 의식 - 이혼

문) 경우에 따라서는 이혼할 수도 있다고 생각하십니까, 그렇지 않다고 생각하십니까?

		사례수(명)	경우에 따라서는 이혼할 수도 있다 (%)	그렇지 않다 (%)
	전체	1,500	75	25
종교별	불교인	334	73	27
	개신교인	318	68	32
	천주교인	98	73	27
	기타 종교인	4	100	
	종교 없음(비종교인)	746	79	21
종교유무별	종교인	754	71	29
	비종교인	746	79	21
성별	남성	743	70	30
	여성	757	80	20
연령별	19~29세	266	86	14
	30대	291	80	20
	40대	326	80	20
	50대	295	71	29
	60세 이상	322	61	39
성/연령별	남성 19~29세	140	80	20
	30대	148	75	25
	40대	166	74	26
	50대	149	67	33
	60세 이상	141	57	43
	여성 19~29세	126	93	7
	30대	142	86	14
	40대	160	86	14
	50대	147	76	24
	60세 이상	181	64	36
혼인상태별	미혼	336	82	18
	기혼/이혼/사별	1,164	73	27
직업별	농/임/어업	27	82	18
	자영업	199	78	22
	블루칼라	368	71	29
	화이트칼라	375	75	25
	가정주부	345	76	24
	학생	109	88	12
	무직/은퇴/기타	79	62	38
최종학력별	중졸 이하	257	65	35
	고졸	615	74	26
	대재 이상	628	81	19
지역별	서울	309	77	23
	인천/경기	440	71	29
	강원	46	79	21
	대전/세종/충청	155	73	27
	광주/전라	154	76	24
	대구/경북	156	73	27
	부산/울산/경남	239	82	18
지역크기별	대도시	673	76	24
	중소도시	649	74	26
	읍/면	177	74	26
생활수준별	상/중상	133	68	32
	중	876	78	22
	중하	396	73	27
	하	95	69	31
이념성향별	보수적	478	68	32
	중도적	709	77	23
	진보적	313	82	18

표 6. 생활 의식 - 낙태

문) 원치 않는 임신을 한 경우에는 낙태를 할 수도 있다고 생각하십니까, 그렇지 않다고 생각하십니까?

		사례수(명)	원치 않는 임신을 한 경우에는 낙태를 할 수도 있다 (%)	그렇지 않다 (%)
	전체	1,500	60	40
종교별	불교인	334	62	38
	개신교인	318	51	49
	천주교인	98	58	42
	기타 종교인	4	51	49
	종교 없음(비종교인)	746	63	37
종교유무별	종교인	754	57	43
	비종교인	746	63	37
성별	남성	743	55	45
	여성	757	65	35
연령별	19~29세	266	66	34
	30대	291	62	38
	40대	326	64	36
	50대	295	60	40
	60세 이상	322	50	50
성/연령별	남성 19~29세	140	61	39
	30대	148	52	48
	40대	166	60	40
	50대	149	55	45
	60세 이상	141	46	54
	여성 19~29세	126	71	29
	30대	142	73	27
	40대	160	68	32
	50대	147	64	36
	60세 이상	181	52	48
혼인상태별	미혼	336	60	40
	기혼/이혼/사별	1,164	60	40
직업별	농/임/어업	27	60	40
	자영업	199	64	36
	블루칼라	368	55	45
	화이트칼라	375	62	38
	가정주부	345	63	37
	학생	109	70	30
	무직/은퇴/기타	79	41	59
최종학력별	중졸 이하	257	51	49
	고졸	615	59	41
	대재 이상	628	65	35
지역별	서울	309	63	37
	인천/경기	440	57	43
	강원	46	60	40
	대전/세종/충청	155	61	39
	광주/전라	154	58	42
	대구/경북	156	62	38
	부산/울산/경남	239	61	39
지역크기별	대도시	673	61	39
	중소도시	649	59	41
	읍/면	177	58	42
생활수준별	상/중상	133	60	40
	중	876	60	40
	중하	396	61	39
	하	95	54	46
이념성향별	보수적	478	52	48
	중도적	709	60	40
	진보적	313	71	29

표 7. 생활 의식 - 동성애

문) '남자끼리 또는 여자끼리의 동성애도 사랑의 한 형태'라고 생각하십니까, 그렇지 않다고 생각하십니까?

		사례수(명)	동성애도 사랑의 한 형태다 (%)	그렇지 않다 (%)
	전체	1,500	24	76
종교별	불교인	334	16	84
	개신교인	318	17	83
	천주교인	98	28	72
	기타 종교인	4		100
	종교 없음(비종교인)	746	30	70
종교유무별	종교인	754	18	82
	비종교인	746	30	70
성별	남성	743	20	80
	여성	757	27	73
연령별	19~29세	266	44	56
	30대	291	33	67
	40대	326	23	77
	50대	295	13	87
	60세 이상	322	10	90
성/연령별	남성 19~29세	140	32	68
	30대	148	30	70
	40대	166	21	79
	50대	149	12	88
	60세 이상	141	7	93
	여성 19~29세	126	57	43
	30대	142	37	63
	40대	160	26	74
	50대	147	14	86
	60세 이상	181	12	88
혼인상태별	미혼	336	40	60
	기혼/이혼/사별	1,164	19	81
직업별	농/임/어업	27	19	81
	자영업	199	19	81
	블루칼라	368	20	80
	화이트칼라	375	28	72
	가정주부	345	22	78
	학생	109	49	51
	무직/은퇴/기타	79	10	90
최종학력별	중졸 이하	257	7	93
	고졸	615	21	79
	대재 이상	628	34	66
지역별	서울	309	22	78
	인천/경기	440	30	70
	강원	46	27	73
	대전/세종/충청	155	20	80
	광주/전라	154	21	79
	대구/경북	156	17	83
	부산/울산/경남	239	23	77
지역크기별	대도시	673	22	78
	중소도시	649	25	75
	읍/면	177	28	72
생활수준별	상/중상	133	29	71
	중	876	26	74
	중하	396	20	80
	하	95	16	84
이념성향별	보수적	478	13	87
	중도적	709	23	77
	진보적	313	43	57

표 8. 죽음 맞이 중요성

문) 귀하는 '잘 사는 것만큼이나 죽음을 잘 맞이하는 것도 중요하다'는 말에 대해 그렇다고 생각하십니까, 그렇지 않다고 생각하십니까?

		사례수(명)	그렇다 (%)	그렇지 않다 (%)
	전체	1,500	89	11
종교별	불교인	334	87	13
	개신교인	318	90	10
	천주교인	98	90	10
	기타 종교인	4	46	54
	종교 없음(비종교인)	746	89	11
종교유무별	종교인	754	88	12
	비종교인	746	89	11
성별	남성	743	88	12
	여성	757	89	11
연령별	19~29세	266	86	14
	30대	291	89	11
	40대	326	88	12
	50대	295	88	12
	60세 이상	322	92	8
성/연령별	남성 19~29세	140	84	16
	30대	148	89	11
	40대	166	88	12
	50대	149	86	14
	60세 이상	141	91	9
	여성 19~29세	126	88	12
	30대	142	88	12
	40대	160	88	12
	50대	147	91	9
	60세 이상	181	92	8
혼인상태별	미혼	336	86	14
	기혼/이혼/사별	1,164	89	11
직업별	농/임/어업	27	93	7
	자영업	199	93	7
	블루칼라	368	88	12
	화이트칼라	375	88	12
	가정주부	345	89	11
	학생	109	85	15
	무직/은퇴/기타	79	87	13
최종학력별	중졸 이하	257	90	10
	고졸	615	88	12
	대재 이상	628	88	12
지역별	서울	309	84	16
	인천/경기	440	89	11
	강원	46	88	12
	대전/세종/충청	155	93	7
	광주/전라	154	97	3
	대구/경북	156	91	9
	부산/울산/경남	239	83	17
지역크기별	대도시	673	86	14
	중소도시	649	89	11
	읍/면	177	93	7
생활수준별	상/중상	133	89	11
	중	876	89	11
	중하	396	88	12
	하	95	86	14
이념성향별	보수적	478	90	10
	중도적	709	88	12
	진보적	313	88	12

표 9. 죽음 준비(웰 다잉) 교육 참여 의향

문) 혹시 기회가 되면 귀하는 '죽음 준비 또는 웰 다잉 교육'에 참여하실 의향이 있습니까?

		사례수(명)	참여 의향 있다 (%)	그럴 의향은 없다 (%)
	전체	1,500	35	65
종교별	불교인	334	39	61
	개신교인	318	38	62
	천주교인	98	50	50
	기타 종교인	4		100
	종교 없음(비종교인)	746	30	70
종교유무별	종교인	754	40	60
	비종교인	746	30	70
성별	남성	743	34	66
	여성	757	37	63
연령별	19~29세	266	25	75
	30대	291	31	69
	40대	326	33	67
	50대	295	39	61
	60세 이상	322	46	54
성/연령별	남성 19~29세	140	21	79
	30대	148	30	70
	40대	166	31	69
	50대	149	40	60
	60세 이상	141	46	54
	여성 19~29세	126	30	70
	30대	142	32	68
	40대	160	36	64
	50대	147	37	63
	60세 이상	181	45	55
혼인상태별	미혼	336	27	73
	기혼/이혼/사별	1,164	37	63
직업별	농/임/어업	27	39	61
	자영업	199	40	60
	블루칼라	368	33	67
	화이트칼라	375	34	66
	가정주부	345	39	61
	학생	109	22	78
	무직/은퇴/기타	79	37	63
최종학력별	중졸 이하	257	41	59
	고졸	615	34	66
	대재 이상	628	33	67
지역별	서울	309	37	63
	인천/경기	440	36	64
	강원	46	27	73
	대전/세종/충청	155	32	68
	광주/전라	154	36	64
	대구/경북	156	34	66
	부산/울산/경남	239	34	66
지역크기별	대도시	673	31	69
	중소도시	649	34	66
	읍/면	177	54	46
생활수준별	상/중상	133	35	65
	중	876	35	65
	중하	396	35	65
	하	95	36	64
이념성향별	보수적	478	37	63
	중도적	709	33	67
	진보적	313	36	64

표 10. 생활 의식 - 인간의 본성(선과 악)

문) 인간의 본성은 태어날 때부터 '선하다' 또는 '악하다'는 말이 있습니다.
귀하의 경험으로 보면, 다음 네 가지 견해 중에서 무엇이 귀하의 생각에 가장 가깝습니까?

		사례수(명)	태어날 때부터 선하다 (%)	태어날 때부터 악하다 (%)	태어날 때부터 선과 악이 동시에 있다 (%)	태어날 때부터 선하지도 악하지도 않다 (%)
	전체	1,500	39	4	37	20
종교별	불교인	334	47	2	30	21
	개신교인	318	36	11	37	17
	천주교인	98	38	2	42	18
	기타 종교인	4			100	
	종교 없음(비종교인)	746	37	3	39	21
종교유무별	종교인	754	41	6	35	19
	비종교인	746	37	3	39	21
성별	남성	743	38	5	37	20
	여성	757	40	4	37	20
연령별	19~29세	266	29	3	44	23
	30대	291	35	5	40	20
	40대	326	34	5	43	18
	50대	295	43	5	34	18
	60세 이상	322	51	4	26	19
성/연령별	남성 19~29세	140	29	4	44	22
	30대	148	32	5	40	23
	40대	166	36	6	39	19
	50대	149	45	5	35	15
	60세 이상	141	48	5	28	19
	여성 19~29세	126	30	2	44	25
	30대	142	38	5	40	17
	40대	160	31	5	46	18
	50대	147	42	5	33	20
	60세 이상	181	54	3	24	19
혼인상태별	미혼	336	32	4	44	20
	기혼/이혼/사별	1,164	41	5	35	20
직업별	농/임/어업	27	82		14	4
	자영업	199	44	4	34	19
	블루칼라	368	39	6	38	17
	화이트칼라	375	33	6	44	17
	가정주부	345	39	3	35	23
	학생	109	31	4	39	26
	무직/은퇴/기타	79	45	1	27	27
최종학력별	중졸 이하	257	48	2	31	19
	고졸	615	42	4	35	19
	대재 이상	628	32	5	42	21
지역별	서울	309	34	4	42	20
	인천/경기	440	38	6	36	21
	강원	46	26	9	36	29
	대전/세종/충청	155	47	4	32	17
	광주/전라	154	42	8	41	10
	대구/경북	156	49	1	29	21
	부산/울산/경남	239	36	2	40	23
지역크기별	대도시	673	34	4	41	21
	중소도시	649	42	5	35	18
	읍/면	177	46	4	31	19
생활수준별	상/중상	133	37	10	33	20
	중	876	37	3	40	19
	중하	396	41	5	33	21
	하	95	45	4	33	18
이념성향별	보수적	478	41	4	33	22
	중도적	709	40	4	38	17
	진보적	313	32	5	40	22

표 11. 생활 의식 - 살아가는 데 중요한 것

문) 다음에 제시한 여러 항목 중 살아가는 데 특히 중요하다고 생각하시는 것을 두 가지만 골라 체크해 주십시오. (2개 복수응답)

		사례수(명)	좋은 친구들 (%)	여가/ 휴식 시간 (%)	가정생활이 즐거운 것 (%)	직업이 좋은 것 (%)	돈이 많은 것 (%)	종교를 갖는 것 (%)
	전체	1,500	22	12	37	14	25	5
종교별	불교인	334	22	9	36	13	29	1
	개신교인	318	20	10	36	10	23	18
	천주교인	98	18	14	43	5	16	9
	기타 종교인	4				24	24	
	종교 없음(비종교인)	746	23	15	38	17	26	0
종교유무별	종교인	754	20	10	37	11	25	10
	비종교인	746	23	15	38	17	26	0
성별	남성	743	24	13	36	18	24	4
	여성	757	19	12	38	10	27	6
연령별	19~29세	266	36	19	23	24	28	3
	30대	291	18	16	44	16	28	3
	40대	326	20	10	41	13	30	6
	50대	295	23	10	40	12	23	7
	60세 이상	322	12	9	37	8	19	6
성/연령별	남성 19~29세	140	36	17	26	27	28	3
	30대	148	23	17	41	21	21	1
	40대	166	18	12	45	16	30	4
	50대	149	31	12	36	17	21	4
	60세 이상	141	11	6	33	10	17	5
	여성 19~29세	126	36	22	21	21	28	4
	30대	142	12	15	47	10	34	4
	40대	160	23	7	37	9	29	7
	50대	147	15	7	43	6	25	11
	60세 이상	181	14	11	40	6	21	6
혼인상태별	미혼	336	36	19	24	21	24	4
	기혼/이혼/사별	1,164	17	10	41	12	26	5
직업별	농/임/어업	27	14	4	49	7	13	
	자영업	199	20	10	39	12	23	5
	블루칼라	368	22	10	38	17	26	5
	화이트칼라	375	24	16	38	19	23	6
	가정주부	345	17	10	38	7	31	5
	학생	109	43	22	22	20	25	4
	무직/은퇴/기타	79	11	11	39	10	18	6
최종학력별	중졸 이하	257	16	7	38	6	22	5
	고졸	615	21	13	38	12	27	6
	대재 이상	628	25	14	36	19	25	4
지역별	서울	309	19	12	33	11	25	4
	인천/경기	440	23	15	39	18	27	9
	강원	46	23	12	44	4	14	6
	대전/세종/충청	155	23	10	48	3	9	3
	광주/전라	154	22	7	35	8	23	9
	대구/경북	156	25	7	42	12	29	1
	부산/울산/경남	239	19	17	31	25	34	1
지역크기별	대도시	673	22	11	35	16	27	4
	중소도시	649	21	14	39	14	24	6
	읍/면	177	22	11	38	6	25	7
생활수준별	상/중상	133	22	17	34	14	21	6
	중	876	22	12	39	14	26	5
	중하	396	22	14	35	13	27	4
	하	95	14	6	36	19	19	6
이념성향별	보수적	478	21	12	37	13	23	5
	중도적	709	22	12	40	13	27	5
	진보적	313	22	15	31	19	26	6

(계속)

표 11. 생활 의식 - 살아가는 데 중요한 것

문) 다음에 제시한 여러 항목 중 살아가는 데 특히 중요하다고 생각하시는 것을 두 가지만 골라 체크해 주십시오.
(2개 복수응답)

		사례수(명)	건강한 것 (%)	남을 돕는 것 (%)	존경을 받는 것 (%)	마음이 평안한 것 (%)	신념을 갖고 생활하는 것 (%)
	전체	1,500	53	2	4	18	6
종교별	불교인	334	61	2	4	19	3
	개신교인	318	49	4	5	18	5
	천주교인	98	50	2	1	25	18
	기타 종교인	4	76			76	
	종교 없음(비종교인)	746	52	2	4	17	5
종교유무별	종교인	754	54	3	4	20	6
	비종교인	746	52	2	4	17	5
성별	남성	743	50	2	5	16	6
	여성	757	56	2	3	20	5
연령별	19~29세	266	37	1	3	16	6
	30대	291	43	3	5	18	7
	40대	326	53	3	2	15	8
	50대	295	56	2	4	18	4
	60세 이상	322	73	3	6	23	3
성/연령별	남성 19~29세	140	36	1	4	13	6
	30대	148	39	3	8	13	9
	40대	166	47	2	1	16	6
	50대	149	52	1	3	15	6
	60세 이상	141	75	4	9	25	3
	여성 19~29세	126	39	2	2	19	6
	30대	142	46	2	2	23	4
	40대	160	58	3	2	15	10
	50대	147	61	2	5	22	2
	60세 이상	181	71	2	3	22	3
혼인상태별	미혼	336	40	2	3	17	7
	기혼/이혼/사별	1,164	57	3	4	19	5
직업별	농/임/어업	27	72	3	3	35	
	자영업	199	59	4	6	16	6
	블루칼라	368	53	3	3	17	6
	화이트칼라	375	44	2	4	17	7
	가정주부	345	61	2	3	21	5
	학생	109	35	1	2	15	7
	무직/은퇴/기타	79	67	3	7	23	4
최종학력별	중졸 이하	257	69	4	6	24	3
	고졸	615	55	2	3	18	5
	대재 이상	628	45	2	4	17	7
지역별	서울	309	56	3	5	24	9
	인천/경기	440	41	2	6	15	4
	강원	46	54	5		24	9
	대전/세종/충청	155	66	4	2	22	8
	광주/전라	154	62	1	3	22	5
	대구/경북	156	52	1	3	24	5
	부산/울산/경남	239	57	3	2	8	4
지역크기별	대도시	673	54	2	3	19	6
	중소도시	649	50	3	5	18	5
	읍/면	177	64	2	2	17	5
생활수준별	상/중상	133	49	1	10	19	7
	중	876	52	2	4	18	5
	중하	396	54	4	3	18	5
	하	95	67	1	3	17	10
이념성향별	보수적	478	54	2	5	22	6
	중도적	709	55	2	2	16	5
	진보적	313	48	2	6	18	7

(이어서)

표 12-1. 종교적 성향 - 남편과 아내의 역할 구분

문) 귀하는 다음과 같은 말에 대해 어떻게 생각하십니까? 귀하의 경험이나 느낌을 바탕으로 '그렇다', '아니다'로 응답해 주십시오.
- 남편과 아내가 해야 할 일은 구별되어야 한다

		사례수(명)	그렇다 (%)	아니다 (%)	모르겠다 (%)
	전체	1,500	43	54	3
종교별	불교인	334	53	45	3
	개신교인	318	39	59	2
	천주교인	98	36	63	1
	기타 종교인	4		70	30
	종교 없음(비종교인)	746	41	55	3
종교유무별	종교인	754	44	53	3
	비종교인	746	41	55	3
성별	남성	743	45	52	3
	여성	757	40	57	3
연령별	19~29세	266	26	69	4
	30대	291	35	62	3
	40대	326	41	56	3
	50대	295	46	51	3
	60세 이상	322	63	36	1
성/연령별	남성 19~29세	140	31	65	4
	30대	148	37	61	2
	40대	166	52	45	3
	50대	149	49	47	4
	60세 이상	141	58	41	1
	여성 19~29세	126	21	74	5
	30대	142	33	63	4
	40대	160	29	67	4
	50대	147	43	54	3
	60세 이상	181	66	33	1
혼인상태별	미혼	336	26	70	4
	기혼/이혼/사별	1,164	48	50	3
직업별	농/임/어업	27	59	41	
	자영업	199	49	50	2
	블루칼라	368	43	55	3
	화이트칼라	375	39	56	4
	가정주부	345	47	50	3
	학생	109	24	72	5
	무직/은퇴/기타	79	45	55	
최종학력별	중졸 이하	257	61	38	1
	고졸	615	45	53	3
	대재 이상	628	34	62	4
지역별	서울	309	36	60	4
	인천/경기	440	45	53	2
	강원	46	44	56	
	대전/세종/충청	155	37	61	2
	광주/전라	154	36	57	7
	대구/경북	156	43	54	3
	부산/울산/경남	239	54	43	3
지역크기별	대도시	673	40	55	5
	중소도시	649	42	57	1
	읍/면	177	53	44	2
생활수준별	상/중상	133	36	60	4
	중	876	42	54	3
	중하	396	45	53	2
	하	95	47	53	
이념성향별	보수적	478	49	49	2
	중도적	709	42	55	4
	진보적	313	37	61	2

표 12-2. 종교적 성향 - 자식은 부모의 뜻에 순종

문) 귀하는 다음과 같은 말에 대해 어떻게 생각하십니까? 귀하의 경험이나 느낌을 바탕으로 '그렇다', '아니다'로 응답해 주십시오.
- 자식은 자기 생각보다 부모의 뜻에 따라야 한다

		사례수(명)	그렇다 (%)	아니다 (%)	모르겠다 (%)
	전체	1,500	32	64	3
종교별	불교인	334	39	59	2
	개신교인	318	36	62	3
	천주교인	98	31	67	2
	기타 종교인	4	21	79	
	종교 없음(비종교인)	746	28	67	4
종교유무별	종교인	754	36	61	2
	비종교인	746	28	67	4
성별	남성	743	31	66	3
	여성	757	34	62	4
연령별	19~29세	266	20	75	5
	30대	291	24	73	3
	40대	326	30	66	4
	50대	295	36	60	3
	60세 이상	322	49	50	2
성/연령별	남성 19~29세	140	19	79	3
	30대	148	24	73	3
	40대	166	25	71	5
	50대	149	40	57	3
	60세 이상	141	48	52	1
	여성 19~29세	126	22	71	7
	30대	142	24	73	3
	40대	160	35	62	3
	50대	147	33	64	3
	60세 이상	181	49	48	3
혼인상태별	미혼	336	20	75	5
	기혼/이혼/사별	1,164	36	61	3
직업별	농/임/어업	27	39	57	4
	자영업	199	35	62	3
	블루칼라	368	35	62	3
	화이트칼라	375	26	71	4
	가정주부	345	40	56	4
	학생	109	15	82	3
	무직/은퇴/기타	79	36	64	
최종학력별	중졸 이하	257	49	48	2
	고졸	615	37	60	3
	대재 이상	628	21	75	4
지역별	서울	309	29	68	3
	인천/경기	440	32	64	3
	강원	46	19	79	2
	대전/세종/충청	155	27	70	4
	광주/전라	154	36	60	4
	대구/경북	156	32	65	3
	부산/울산/경남	239	40	56	4
지역크기별	대도시	673	30	66	4
	중소도시	649	35	63	3
	읍/면	177	32	64	5
생활수준별	상/중상	133	27	69	4
	중	876	31	66	3
	중하	396	35	62	3
	하	95	42	56	2
이념성향별	보수적	478	38	59	2
	중도적	709	33	63	4
	진보적	313	23	74	3

표 12-3. 종교적 성향 - 창조설

문) 귀하는 다음과 같은 말에 대해 어떻게 생각하십니까? 귀하의 경험이나 느낌을 바탕으로 '그렇다', '아니다'로 응답해 주십시오.
- 이 세상은 그냥 만들어진 것이 아니라 초자연적인 힘을 가진 누가 만들었다

		사례수(명)	그렇다 (%)	아니다 (%)	모르겠다 (%)
	전체	1,500	34	52	15
종교별	불교인	334	34	51	15
	개신교인	318	59	33	9
	천주교인	98	45	42	13
	기타 종교인	4	24	46	30
	종교 없음(비종교인)	746	21	61	17
종교유무별	종교인	754	46	42	12
	비종교인	746	21	61	17
성별	남성	743	28	56	15
	여성	757	39	47	14
연령별	19~29세	266	25	61	14
	30대	291	31	55	14
	40대	326	33	49	18
	50대	295	35	52	14
	60세 이상	322	42	44	14
성/연령별	남성 19~29세	140	23	65	12
	30대	148	29	56	15
	40대	166	27	54	19
	50대	149	27	58	15
	60세 이상	141	35	49	16
	여성 19~29세	126	28	57	15
	30대	142	33	54	14
	40대	160	40	43	17
	50대	147	42	45	12
	60세 이상	181	47	40	13
혼인상태별	미혼	336	26	60	15
	기혼/이혼/사별	1,164	36	49	15
직업별	농/임/어업	27	21	56	23
	자영업	199	29	55	16
	블루칼라	368	35	51	14
	화이트칼라	375	27	55	18
	가정주부	345	45	42	12
	학생	109	25	64	12
	무직/은퇴/기타	79	35	54	10
최종학력별	중졸 이하	257	41	46	14
	고졸	615	35	51	14
	대재 이상	628	29	54	17
지역별	서울	309	30	55	15
	인천/경기	440	37	43	19
	강원	46	24	53	22
	대전/세종/충청	155	22	64	14
	광주/전라	154	42	47	11
	대구/경북	156	29	53	18
	부산/울산/경남	239	38	56	7
지역크기별	대도시	673	34	53	14
	중소도시	649	33	53	14
	읍/면	177	36	41	23
생활수준별	상/중상	133	33	52	15
	중	876	33	51	16
	중하	396	36	51	14
	하	95	33	62	5
이념성향별	보수적	478	33	54	13
	중도적	709	34	48	17
	진보적	313	32	56	11

표 12-4. 종교적 성향 - 절대자의 심판설

문) 귀하는 다음과 같은 말에 대해 어떻게 생각하십니까? 귀하의 경험이나 느낌을 바탕으로 '그렇다', '아니다'로 응답해 주십시오.
- 앞으로 이 세상의 종말이 오면 모든 사람은 절대자의 심판을 받게 되어 있다

		사례수(명)	그렇다 (%)	아니다 (%)	모르겠다 (%)
	전체	1,500	25	60	16
종교별	불교인	334	16	65	20
	개신교인	318	61	31	8
	천주교인	98	38	45	17
	기타 종교인	4	24	26	51
	종교 없음(비종교인)	746	12	71	17
종교유무별	종교인	754	38	48	14
	비종교인	746	12	71	17
성별	남성	743	22	63	15
	여성	757	28	56	16
연령별	19~29세	266	19	67	14
	30대	291	21	67	12
	40대	326	23	57	20
	50대	295	26	58	16
	60세 이상	322	34	51	15
성/연령별	남성 19~29세	140	18	72	10
	30대	148	21	68	12
	40대	166	19	63	18
	50대	149	22	60	18
	60세 이상	141	30	53	17
	여성 19~29세	126	20	62	18
	30대	142	22	66	12
	40대	160	28	50	22
	50대	147	30	56	13
	60세 이상	181	37	49	13
혼인상태별	미혼	336	18	67	15
	기혼/이혼/사별	1,164	27	57	16
직업별	농/임/어업	27	14	62	24
	자영업	199	21	60	18
	블루칼라	368	31	55	15
	화이트칼라	375	18	62	20
	가정주부	345	30	57	13
	학생	109	21	69	11
	무직/은퇴/기타	79	28	63	9
최종학력별	중졸 이하	257	31	55	14
	고졸	615	27	59	14
	대재 이상	628	20	62	18
지역별	서울	309	24	63	13
	인천/경기	440	29	49	22
	강원	46	17	55	27
	대전/세종/충청	155	15	71	14
	광주/전라	154	37	50	13
	대구/경북	156	22	59	19
	부산/울산/경남	239	20	74	5
지역크기별	대도시	673	26	61	13
	중소도시	649	24	60	16
	읍/면	177	24	54	23
생활수준별	상/중상	133	23	61	17
	중	876	24	60	16
	중하	396	28	56	15
	하	95	17	71	12
이념성향별	보수적	478	25	58	17
	중도적	709	26	58	16
	진보적	313	23	65	12

표 12-5. 종교적 성향 - 윤회설

문) 귀하는 다음과 같은 말에 대해 어떻게 생각하십니까? 귀하의 경험이나 느낌을 바탕으로 '그렇다', '아니다'로 응답해 주십시오.
- 사람이 죽으면 어떤 형태로든지 이 세상에 다시 태어난다

		사례수(명)	그렇다 (%)	아니다 (%)	모르겠다 (%)
	전체	1,500	28	53	19
종교별	불교인	334	38	44	18
	개신교인	318	34	54	11
	천주교인	98	29	54	16
	기타 종교인	4	26	24	51
	종교 없음(비종교인)	746	21	57	22
종교유무별	종교인	754	35	50	15
	비종교인	746	21	57	22
성별	남성	743	27	56	17
	여성	757	29	51	20
연령별	19~29세	266	27	51	21
	30대	291	28	52	20
	40대	326	27	53	20
	50대	295	28	58	14
	60세 이상	322	30	52	18
성/연령별	남성 19~29세	140	24	55	20
	30대	148	28	57	15
	40대	166	28	52	20
	50대	149	26	59	14
	60세 이상	141	28	56	16
	여성 19~29세	126	30	47	23
	30대	142	27	48	25
	40대	160	25	55	20
	50대	147	30	56	14
	60세 이상	181	31	49	20
혼인상태별	미혼	336	24	55	21
	기혼/이혼/사별	1,164	29	53	18
직업별	농/임/어업	27	28	61	11
	자영업	199	28	53	19
	블루칼라	368	28	56	16
	화이트칼라	375	28	49	23
	가정주부	345	30	50	19
	학생	109	22	62	16
	무직/은퇴/기타	79	24	60	16
최종학력별	중졸 이하	257	30	54	16
	고졸	615	28	56	16
	대재 이상	628	27	51	23
지역별	서울	309	27	59	13
	인천/경기	440	34	40	26
	강원	46	10	55	35
	대전/세종/충청	155	17	67	16
	광주/전라	154	34	49	18
	대구/경북	156	32	47	21
	부산/울산/경남	239	21	67	11
지역크기별	대도시	673	27	57	16
	중소도시	649	30	50	20
	읍/면	177	24	51	25
생활수준별	상/중상	133	31	47	22
	중	876	27	52	21
	중하	396	30	55	15
	하	95	24	61	15
이념성향별	보수적	478	31	51	18
	중도적	709	27	55	19
	진보적	313	27	53	20

표 12-6. 종교적 성향 - 해탈설

문) 귀하는 다음과 같은 말에 대해 어떻게 생각하십니까? 귀하의 경험이나 느낌을 바탕으로 '그렇다', '아니다'로 응답해 주십시오.
- 누구나 진리를 깨달으면 완전한 인간이 될 수 있다

		사례수(명)	그렇다 (%)	아니다 (%)	모르겠다 (%)
	전체	1,500	35	51	14
종교별	불교인	334	42	46	12
	개신교인	318	43	47	10
	천주교인	98	36	53	11
	기타 종교인	4		70	30
	종교 없음(비종교인)	746	27	55	17
종교유무별	종교인	754	42	48	11
	비종교인	746	27	55	17
성별	남성	743	33	54	13
	여성	757	36	49	15
연령별	19~29세	266	29	52	19
	30대	291	28	58	14
	40대	326	35	51	13
	50대	295	39	49	12
	60세 이상	322	40	48	12
성/연령별	남성 19~29세	140	27	56	17
	30대	148	26	61	12
	40대	166	36	53	12
	50대	149	37	48	15
	60세 이상	141	37	52	12
	여성 19~29세	126	31	48	22
	30대	142	30	54	17
	40대	160	35	49	16
	50대	147	41	49	10
	60세 이상	181	43	45	11
혼인상태별	미혼	336	29	55	16
	기혼/이혼/사별	1,164	36	50	13
직업별	농/임/어업	27	37	57	6
	자영업	199	34	50	15
	블루칼라	368	35	53	12
	화이트칼라	375	33	50	16
	가정주부	345	39	48	13
	학생	109	27	57	16
	무직/은퇴/기타	79	30	57	12
최종학력별	중졸 이하	257	41	48	10
	고졸	615	35	52	12
	대재 이상	628	31	52	17
지역별	서울	309	35	56	10
	인천/경기	440	36	43	21
	강원	46	33	46	21
	대전/세종/충청	155	26	64	11
	광주/전라	154	31	54	15
	대구/경북	156	33	48	19
	부산/울산/경남	239	41	55	4
지역크기별	대도시	673	33	54	13
	중소도시	649	35	50	15
	읍/면	177	37	47	17
생활수준별	상/중상	133	30	51	19
	중	876	36	51	14
	중하	396	33	53	14
	하	95	36	54	10
이념성향별	보수적	478	35	51	13
	중도적	709	36	51	13
	진보적	313	30	52	19

표 12-7. 종교적 성향 - 기/마음 수련 참여 경험

문) 귀하는 다음과 같은 말에 대해 어떻게 생각하십니까? 귀하의 경험이나 느낌을 바탕으로 '그렇다', '아니다'로 응답해 주십시오.
- 나는 기 수련이나 마음 수련 등의 행사에 참여한 적이 있다

		사례수(명)	그렇다 (%)	아니다 (%)	모르겠다 (%)
	전체	1,500	20	76	4
종교별	불교인	334	25	71	4
	개신교인	318	33	65	2
	천주교인	98	23	73	3
	기타 종교인	4	26	24	51
	종교 없음(비종교인)	746	12	83	5
종교유무별	종교인	754	28	68	4
	비종교인	746	12	83	5
성별	남성	743	18	77	4
	여성	757	21	74	5
연령별	19~29세	266	14	81	5
	30대	291	17	81	3
	40대	326	21	73	7
	50대	295	21	75	3
	60세 이상	322	26	70	4
성/연령별	남성 19~29세	140	16	80	4
	30대	148	14	82	3
	40대	166	23	72	6
	50대	149	20	76	4
	60세 이상	141	19	77	3
	여성 19~29세	126	11	82	6
	30대	142	19	79	2
	40대	160	19	74	7
	50대	147	23	74	3
	60세 이상	181	31	64	5
혼인상태별	미혼	336	14	82	4
	기혼/이혼/사별	1,164	22	74	5
직업별	농/임/어업	27	16	84	
	자영업	199	22	75	3
	블루칼라	368	18	78	5
	화이트칼라	375	20	76	4
	가정주부	345	24	70	6
	학생	109	14	83	4
	무직/은퇴/기타	79	16	81	3
최종학력별	중졸 이하	257	23	73	3
	고졸	615	21	75	4
	대재 이상	628	18	77	5
지역별	서울	309	25	72	3
	인천/경기	440	21	71	9
	강원	46	16	81	3
	대전/세종/충청	155	15	80	4
	광주/전라	154	8	91	1
	대구/경북	156	28	69	3
	부산/울산/경남	239	19	80	1
지역크기별	대도시	673	21	75	4
	중소도시	649	19	76	5
	읍/면	177	19	77	4
생활수준별	상/중상	133	27	67	6
	중	876	20	76	4
	중하	396	19	77	5
	하	95	19	78	3
이념성향별	보수적	478	21	74	5
	중도적	709	20	76	4
	진보적	313	19	77	4

표 12-8. 종교적 성향 - 종교보다 개인 성찰에 관심

문) 귀하는 다음과 같은 말에 대해 어떻게 생각하십니까? 귀하의 경험이나 느낌을 바탕으로 '그렇다', '아니다'로 응답해 주십시오.
- 나는 종교보다 개인적인 성찰과 수련에 관심이 많다

		사례수(명)	그렇다 (%)	아니다 (%)	모르겠다 (%)
전체		1,500	35	58	7
종교별	불교인	334	33	58	9
	개신교인	318	25	70	5
	천주교인	98	29	68	4
	기타 종교인	4		70	30
	종교 없음(비종교인)	746	40	52	8
종교유무별	종교인	754	29	64	7
	비종교인	746	40	52	8
성별	남성	743	38	55	7
	여성	757	31	61	7
연령별	19~29세	266	34	54	12
	30대	291	33	61	6
	40대	326	37	56	7
	50대	295	36	57	7
	60세 이상	322	32	63	5
성/연령별	남성 19~29세	140	39	51	10
	30대	148	32	62	6
	40대	166	43	50	7
	50대	149	37	56	7
	60세 이상	141	37	59	4
	여성 19~29세	126	29	57	14
	30대	142	33	60	7
	40대	160	31	63	6
	50대	147	36	57	6
	60세 이상	181	28	65	6
혼인상태별	미혼	336	34	56	10
	기혼/이혼/사별	1,164	35	59	6
직업별	농/임/어업	27	31	64	5
	자영업	199	35	59	6
	블루칼라	368	34	60	6
	화이트칼라	375	39	52	9
	가정주부	345	30	62	8
	학생	109	30	62	9
	무직/은퇴/기타	79	41	55	4
최종학력별	중졸 이하	257	28	65	6
	고졸	615	35	59	6
	대재 이상	628	36	55	9
지역별	서울	309	33	59	8
	인천/경기	440	33	55	11
	강원	46	48	50	2
	대전/세종/충청	155	38	55	7
	광주/전라	154	30	64	6
	대구/경북	156	41	54	5
	부산/울산/경남	239	32	66	2
지역크기별	대도시	673	36	57	6
	중소도시	649	31	61	7
	읍/면	177	39	51	9
생활수준별	상/중상	133	40	50	10
	중	876	34	59	7
	중하	396	33	60	7
	하	95	38	57	5
이념성향별	보수적	478	38	56	7
	중도적	709	31	63	6
	진보적	313	38	52	10

표 13. 종교의 사회적 영향력 변화

문) 과거에 비해 요즘 우리 사회에서 종교의 영향력이 증가하고 있다고 보십니까, 감소하고 있다고 보십니까?

		사례수(명)	증가하고 있다 (%)	감소하고 있다 (%)	과거와 비슷하다 (%)
	전체	1,500	47	19	34
종교별	불교인	334	50	13	37
	개신교인	318	59	20	21
	천주교인	98	48	19	33
	기타 종교인	4	100		
	종교 없음(비종교인)	746	40	22	38
종교유무별	종교인	754	54	17	29
	비종교인	746	40	22	38
성별	남성	743	45	21	33
	여성	757	49	17	34
연령별	19~29세	266	39	25	35
	30대	291	44	19	36
	40대	326	50	18	32
	50대	295	49	19	32
	60세 이상	322	51	16	34
성/연령별	남성 19~29세	140	38	29	33
	30대	148	39	23	38
	40대	166	50	19	31
	50대	149	49	19	33
	60세 이상	141	50	19	31
	여성 19~29세	126	41	21	37
	30대	142	49	16	35
	40대	160	50	17	33
	50대	147	50	19	31
	60세 이상	181	51	13	36
혼인상태별	미혼	336	37	27	36
	기혼/이혼/사별	1,164	50	17	33
직업별	농/임/어업	27	58	10	32
	자영업	199	48	17	34
	블루칼라	368	47	20	33
	화이트칼라	375	46	22	33
	가정주부	345	51	15	33
	학생	109	35	25	39
	무직/은퇴/기타	79	44	22	34
최종학력별	중졸 이하	257	45	16	39
	고졸	615	51	17	33
	대재 이상	628	44	23	33
지역별	서울	309	48	17	35
	인천/경기	440	49	22	28
	강원	46	48	34	18
	대전/세종/충청	155	60	16	24
	광주/전라	154	46	23	31
	대구/경북	156	41	17	42
	부산/울산/경남	239	37	16	47
지역크기별	대도시	673	44	18	38
	중소도시	649	50	20	30
	읍/면	177	49	22	28
생활수준별	상/중상	133	42	28	30
	중	876	46	19	35
	중하	396	48	18	34
	하	95	55	14	31
이념성향별	보수적	478	49	16	35
	중도적	709	45	20	35
	진보적	313	48	22	29

표 14. 종교의 사회적 기여

문) 요즘 종교는 우리 사회에 얼마나 도움을 준다고, 혹은 도움을 주지 않는다고 생각하십니까?

		사례수(명)	① 매우 도움을 준다 (%)	② 어느 정도 도움을 준다 (%)	①+② (%)	③ 별로 도움을 주지 않는다 (%)	④ 전혀 도움을 주지 않는다 (%)	③+④ (%)
	전체	1,500	6	57	63	32	6	37
종교별	불교인	334	2	65	67	29	4	33
	개신교인	318	17	70	87	12	1	13
	천주교인	98	8	71	79	17	4	21
	기타 종교인	4		100	100			
	종교 없음(비종교인)	746	2	45	48	43	9	52
종교유무별	종교인	754	9	68	77	20	3	23
	비종교인	746	2	45	48	43	9	52
성별	남성	743	5	54	59	33	8	41
	여성	757	7	60	66	30	4	34
연령별	19~29세	266	2	53	55	37	7	45
	30대	291	5	60	65	27	8	35
	40대	326	7	56	63	31	6	37
	50대	295	7	53	60	34	6	40
	60세 이상	322	7	61	67	29	3	33
성/연령별	남성 19~29세	140	1	53	55	39	7	45
	30대	148	6	54	60	30	11	40
	40대	166	6	55	62	32	7	38
	50대	149	6	54	60	31	9	40
	60세 이상	141	5	54	59	34	7	41
	여성 19~29세	126	3	53	57	36	8	43
	30대	142	4	67	72	24	4	28
	40대	160	8	57	65	31	4	35
	50대	147	8	53	61	36	3	39
	60세 이상	181	8	66	74	25	1	26
혼인상태별	미혼	336	4	53	57	34	9	43
	기혼/이혼/사별	1,164	6	58	64	31	5	36
직업별	농/임/어업	27	4	55	59	37	4	41
	자영업	199	5	55	60	32	7	40
	블루칼라	368	5	57	62	30	8	38
	화이트칼라	375	7	58	64	28	7	36
	가정주부	345	7	59	66	32	2	34
	학생	109	4	54	58	38	5	42
	무직/은퇴/기타	79	6	50	56	36	8	44
최종학력별	중졸 이하	257	6	59	65	32	4	35
	고졸	615	7	54	61	33	6	39
	대재 이상	628	5	58	63	30	6	37
지역별	서울	309	5	60	65	30	5	35
	인천/경기	440	8	57	66	26	9	34
	강원	46	12	57	68	29	2	32
	대전/세종/충청	155	6	49	56	38	6	44
	광주/전라	154	6	61	68	27	6	32
	대구/경북	156	3	57	60	37	3	40
	부산/울산/경남	239	2	53	56	40	4	44
지역크기별	대도시	673	5	58	64	30	6	36
	중소도시	649	7	57	64	31	6	36
	읍/면	177	3	51	55	39	6	45
생활수준별	상/중상	133	13	52	65	31	5	35
	중	876	5	58	64	31	5	36
	중하	396	4	56	60	33	7	40
	하	95	8	54	62	29	9	38
이념성향별	보수적	478	8	53	61	32	7	39
	중도적	709	5	59	65	31	4	35
	진보적	313	3	58	61	31	7	39

표 15. 생활 속 종교 비중

문) 귀하의 개인 생활에는 종교가 얼마나 중요합니까, 중요하지 않습니까?

		사례수(명)	① 매우 중요하다 (%)	② 어느 정도 중요하다 (%)	①+② (%)	③ 별로 중요하지 않다 (%)	④ 전혀 중요하지 않다 (%)	③+④ (%)
	전체	1,500	9	43	52	40	8	48
종교별	불교인	334	4	55	59	38	3	41
	개신교인	318	32	58	90	9	1	10
	천주교인	98	18	64	81	17	2	19
	기타 종교인	4		100	100			
	종교 없음(비종교인)	746	1	29	30	57	13	70
종교유무별	종교인	754	17	58	75	23	2	25
	비종교인	746	1	29	30	57	13	70
성별	남성	743	8	38	45	45	10	55
	여성	757	11	49	60	35	5	40
연령별	19~29세	266	4	35	39	46	14	61
	30대	291	8	38	46	43	11	54
	40대	326	9	44	53	42	5	47
	50대	295	13	43	56	38	6	44
	60세 이상	322	12	54	66	31	3	34
성/연령별	남성 19~29세	140	4	32	36	50	14	64
	30대	148	9	33	42	42	16	58
	40대	166	6	38	45	47	8	55
	50대	149	8	42	50	43	7	50
	60세 이상	141	11	43	53	41	6	47
	여성 19~29세	126	5	38	43	42	15	57
	30대	142	7	43	50	44	6	50
	40대	160	11	50	61	36	3	39
	50대	147	18	44	62	33	5	38
	60세 이상	181	13	62	75	24	1	25
혼인상태별	미혼	336	7	35	42	44	15	58
	기혼/이혼/사별	1,164	10	46	56	39	6	44
직업별	농/임/어업	27	10	45	55	34	11	45
	자영업	199	10	43	53	40	7	47
	블루칼라	368	10	40	50	42	8	50
	화이트칼라	375	10	36	46	43	11	54
	가정주부	345	9	55	65	34	2	35
	학생	109	5	38	43	44	13	57
	무직/은퇴/기타	79	9	44	52	37	10	48
최종학력별	중졸 이하	257	10	53	62	32	5	38
	고졸	615	10	46	55	38	7	45
	대재 이상	628	9	37	46	45	10	54
지역별	서울	309	7	51	57	37	6	43
	인천/경기	440	10	41	51	39	10	49
	강원	46	13	41	54	39	7	46
	대전/세종/충청	155	11	38	49	38	13	51
	광주/전라	154	20	35	55	37	8	45
	대구/경북	156	9	44	53	43	4	47
	부산/울산/경남	239	3	46	49	46	5	51
지역크기별	대도시	673	8	47	54	38	8	46
	중소도시	649	10	40	49	42	8	51
	읍/면	177	14	42	56	38	6	44
생활수준별	상/중상	133	15	39	54	36	9	46
	중	876	8	44	53	41	6	47
	중하	396	8	44	52	39	8	48
	하	95	16	33	49	34	16	51
이념성향별	보수적	478	10	40	51	42	7	49
	중도적	709	9	48	57	36	7	43
	진보적	313	8	37	45	45	11	55

표 16. 종교를 믿는 이유(일반적 견해)

문) 귀하는 사람들이 종교를 믿는 가장 큰 이유가 무엇이라고 생각하십니까?

		사례수(명)	복을 받기 위해서 (%)	죽은 다음의 영원한 삶을 위해서 (%)	마음의 평안을 얻기 위해서 (%)	삶의 의미를 찾기 위해서 (%)	기타 (%)	모름/응답거절 (%)
	전체	1,500	15	14	60	10	1	1
종교별	불교인	334	11	10	67	10	0	1
	개신교인	318	12	28	49	10	1	0
	천주교인	98	10	16	58	16		
	기타 종교인	4		24	51	26		
	종교 없음(비종교인)	746	19	9	62	9	1	1
종교유무별	종교인	754	11	18	58	11	0	1
	비종교인	746	19	9	62	9	1	1
성별	남성	743	16	11	59	12	1	1
	여성	757	14	15	61	9	0	1
연령별	19~29세	266	17	13	58	11	0	1
	30대	291	15	15	59	10	0	0
	40대	326	15	11	62	10	1	1
	50대	295	16	14	58	10	1	1
	60세 이상	322	12	15	62	9		2
성/연령별	남성 19~29세	140	19	10	56	13	1	2
	30대	148	17	14	55	14	1	
	40대	166	17	10	61	11	1	1
	50대	149	15	11	62	9	2	1
	60세 이상	141	12	13	60	12		3
	여성 19~29세	126	15	15	60	8		1
	30대	142	14	15	64	6		1
	40대	160	13	12	63	9	1	1
	50대	147	17	18	54	11	1	
	60세 이상	181	12	17	64	7		1
혼인상태별	미혼	336	15	14	59	12	1	1
	기혼/이혼/사별	1,164	15	13	60	10	1	1
직업별	농/임/어업	27		7	89	4		
	자영업	199	16	14	59	9	2	
	블루칼라	368	13	16	58	11	1	1
	화이트칼라	375	15	11	60	13	0	1
	가정주부	345	17	15	60	7		1
	학생	109	21	12	55	11		1
	무직/은퇴/기타	79	14	7	65	9	1	4
최종학력별	중졸 이하	257	11	13	64	11	1	1
	고졸	615	15	16	60	7	1	1
	대재 이상	628	16	12	58	12	0	1
지역별	서울	309	21	14	55	9		1
	인천/경기	440	17	21	49	10	1	1
	강원	46	5	2	82	9		2
	대전/세종/충청	155	14	10	64	10	1	0
	광주/전라	154	11	11	64	10	2	1
	대구/경북	156	5	9	72	13	1	
	부산/울산/경남	239	15	8	69	9		
지역크기별	대도시	673	18	13	59	10	0	1
	중소도시	649	13	15	60	11	1	1
	읍/면	177	12	10	65	10	0	3
생활수준별	상/중상	133	13	10	67	9		1
	중	876	15	15	59	9	0	1
	중하	396	15	11	61	11	1	1
	하	95	13	15	53	16	3	1
이념성향별	보수적	478	16	11	60	12		1
	중도적	709	12	15	62	10	0	1
	진보적	313	21	14	55	8	2	0

표 17-1. 종교적 성향 - 종교의 교리 차이

문) 귀하는 다음과 같은 말에 대해 어떻게 생각하십니까? 귀하의 경험이나 느낌을 바탕으로 '그렇다', '아니다'로 응답해 주십시오.
- 여러 종교의 교리는 얼핏 생각하면 서로 달라 보이지만 결국은 같거나 비슷한 진리를 말하고 있다

		사례수(명)	그렇다 (%)	아니다 (%)	모르겠다 (%)
	전체	1,500	70	24	6
종교별	불교인	334	79	18	3
	개신교인	318	49	46	5
	천주교인	98	79	18	4
	기타 종교인	4	51	49	
	종교 없음(비종교인)	746	74	18	7
종교유무별	종교인	754	66	30	4
	비종교인	746	74	18	7
성별	남성	743	72	22	6
	여성	757	68	26	6
연령별	19~29세	266	68	23	8
	30대	291	71	24	5
	40대	326	72	23	5
	50대	295	70	25	6
	60세 이상	322	70	25	5
성/연령별	남성 19~29세	140	72	21	8
	30대	148	74	23	3
	40대	166	74	21	4
	50대	149	73	22	5
	60세 이상	141	69	23	8
	여성 19~29세	126	65	27	9
	30대	142	68	24	7
	40대	160	70	25	5
	50대	147	67	27	6
	60세 이상	181	70	27	2
혼인상태별	미혼	336	67	27	7
	기혼/이혼/사별	1,164	71	23	5
직업별	농/임/어업	27	82	15	3
	자영업	199	81	17	3
	블루칼라	368	65	29	7
	화이트칼라	375	70	23	7
	가정주부	345	71	24	5
	학생	109	68	27	5
	무직/은퇴/기타	79	68	26	6
최종학력별	중졸 이하	257	72	24	4
	고졸	615	68	27	6
	대재 이상	628	72	22	6
지역별	서울	309	67	25	7
	인천/경기	440	71	23	6
	강원	46	67	23	10
	대전/세종/충청	155	72	20	8
	광주/전라	154	58	34	8
	대구/경북	156	78	17	4
	부산/울산/경남	239	74	25	1
지역크기별	대도시	673	68	26	6
	중소도시	649	71	24	5
	읍/면	177	74	18	8
생활수준별	상/중상	133	65	29	6
	중	876	70	24	6
	중하	396	74	21	4
	하	95	67	25	8
이념성향별	보수적	478	73	22	5
	중도적	709	69	26	5
	진보적	313	70	23	7

표 17-2. 종교 의례 참석의 중요성

문) 귀하는 다음과 같은 말에 대해 어떻게 생각하십니까? 귀하의 경험이나 느낌을 바탕으로 '그렇다', '아니다'로 응답해 주십시오.
- 종교를 아무리 열심히 믿어도 교회나 절에 나가지 않으면 소용이 없다

		사례수(명)	그렇다 (%)	아니다 (%)	모르겠다 (%)
	전체	1,500	27	65	8
종교별	불교인	334	19	74	6
	개신교인	318	49	46	5
	천주교인	98	32	64	4
	기타 종교인	4	49	51	
	종교 없음(비종교인)	746	20	69	10
종교유무별	종교인	754	33	61	6
	비종교인	746	20	69	10
성별	남성	743	24	68	8
	여성	757	30	62	8
연령별	19~29세	266	22	65	13
	30대	291	23	70	7
	40대	326	27	67	6
	50대	295	31	63	6
	60세 이상	322	31	61	8
성/연령별	남성 19~29세	140	24	62	13
	30대	148	18	77	5
	40대	166	21	72	7
	50대	149	27	66	6
	60세 이상	141	28	62	10
	여성 19~29세	126	19	68	12
	30대	142	28	62	10
	40대	160	33	62	5
	50대	147	34	60	6
	60세 이상	181	33	61	6
혼인상태별	미혼	336	24	66	10
	기혼/이혼/사별	1,164	28	65	7
직업별	농/임/어업	27	23	73	3
	자영업	199	25	69	6
	블루칼라	368	33	59	8
	화이트칼라	375	21	70	8
	가정주부	345	31	62	7
	학생	109	21	69	10
	무직/은퇴/기타	79	20	68	12
최종학력별	중졸 이하	257	33	60	7
	고졸	615	31	62	7
	대재 이상	628	21	71	9
지역별	서울	309	24	69	7
	인천/경기	440	32	58	11
	강원	46	23	68	10
	대전/세종/충청	155	16	77	7
	광주/전라	154	33	56	11
	대구/경북	156	20	72	8
	부산/울산/경남	239	30	68	1
지역크기별	대도시	673	24	68	8
	중소도시	649	28	65	7
	읍/면	177	32	57	11
생활수준별	상/중상	133	26	63	11
	중	876	26	67	8
	중하	396	31	62	7
	하	95	25	66	9
이념성향별	보수적	478	26	68	6
	중도적	709	30	61	9
	진보적	313	22	71	8

표 17-3. 비종교인의 구원 가능성

문) 귀하는 다음과 같은 말에 대해 어떻게 생각하십니까? 귀하의 경험이나 느낌을 바탕으로 '그렇다', '아니다'로 응답해 주십시오.
- 아무리 선한 사람이라도 종교를 믿지 않으면 극락이나 천국에 갈 수 없다

		사례수(명)	그렇다 (%)	아니다 (%)	모르겠다 (%)
전체		1,500	20	67	13
종교별	불교인	334	16	75	10
	개신교인	318	54	36	10
	천주교인	98	25	67	9
	기타 종교인	4	24	76	
	종교 없음(비종교인)	746	7	76	17
종교유무별	종교인	754	33	57	10
	비종교인	746	7	76	17
성별	남성	743	18	69	13
	여성	757	23	64	13
연령별	19~29세	266	13	71	16
	30대	291	17	68	14
	40대	326	19	68	12
	50대	295	23	65	12
	60세 이상	322	27	61	11
성/연령별	남성 19~29세	140	14	70	16
	30대	148	20	68	12
	40대	166	18	71	11
	50대	149	17	68	15
	60세 이상	141	20	67	13
	여성 19~29세	126	11	72	17
	30대	142	14	69	17
	40대	160	21	66	13
	50대	147	30	61	9
	60세 이상	181	33	57	10
혼인상태별	미혼	336	15	72	13
	기혼/이혼/사별	1,164	22	65	13
직업별	농/임/어업	27	14	79	6
	자영업	199	21	66	13
	블루칼라	368	22	66	12
	화이트칼라	375	15	71	14
	가정주부	345	26	60	14
	학생	109	14	74	12
	무직/은퇴/기타	79	18	69	13
최종학력별	중졸 이하	257	28	62	9
	고졸	615	22	64	14
	대재 이상	628	15	71	14
지역별	서울	309	16	74	10
	인천/경기	440	23	58	19
	강원	46	13	67	20
	대전/세종/충청	155	14	79	7
	광주/전라	154	28	55	17
	대구/경북	156	18	69	13
	부산/울산/경남	239	23	71	6
지역크기별	대도시	673	20	68	12
	중소도시	649	21	66	13
	읍/면	177	19	62	19
생활수준별	상/중상	133	25	62	13
	중	876	20	67	13
	중하	396	19	67	14
	하	95	20	66	14
이념성향별	보수적	478	20	68	12
	중도적	709	23	63	15
	진보적	313	15	73	12

표 17-4. 종교와 개인 삶의 질

문) 귀하는 다음과 같은 말에 대해 어떻게 생각하십니까? 귀하의 경험이나 느낌을 바탕으로 '그렇다', '아니다'로 응답해 주십시오.
- 종교를 믿는 것은 개인 삶의 질 향상에 도움을 준다

		사례수(명)	그렇다 (%)	아니다 (%)	모르겠다 (%)
	전체	1,500	59	29	12
종교별	불교인	334	67	28	5
	개신교인	318	84	12	4
	천주교인	98	73	22	5
	기타 종교인	4	70	30	
	종교 없음(비종교인)	746	43	38	20
종교유무별	종교인	754	75	21	4
	비종교인	746	43	38	20
성별	남성	743	54	33	13
	여성	757	64	25	11
연령별	19~29세	266	49	31	20
	30대	291	52	30	18
	40대	326	58	31	11
	50대	295	57	34	8
	60세 이상	322	75	20	5
성/연령별	남성 19~29세	140	45	34	21
	30대	148	50	32	18
	40대	166	52	35	14
	50대	149	56	37	7
	60세 이상	141	67	26	7
	여성 19~29세	126	53	28	19
	30대	142	54	28	18
	40대	160	64	28	8
	50대	147	59	31	10
	60세 이상	181	81	15	4
혼인상태별	미혼	336	48	32	20
	기혼/이혼/사별	1,164	62	28	10
직업별	농/임/어업	27	75	21	3
	자영업	199	62	29	10
	블루칼라	368	55	31	13
	화이트칼라	375	49	33	18
	가정주부	345	70	23	8
	학생	109	58	31	11
	무직/은퇴/기타	79	63	27	10
최종학력별	중졸 이하	257	70	26	4
	고졸	615	57	30	13
	대재 이상	628	55	30	15
지역별	서울	309	55	33	12
	인천/경기	440	57	23	19
	강원	46	64	18	19
	대전/세종/충청	155	64	25	11
	광주/전라	154	67	25	8
	대구/경북	156	62	30	7
	부산/울산/경남	239	54	42	4
지역크기별	대도시	673	58	31	11
	중소도시	649	58	29	13
	읍/면	177	65	21	14
생활수준별	상/중상	133	61	26	13
	중	876	59	28	12
	중하	396	58	30	12
	하	95	54	36	11
이념성향별	보수적	478	60	29	11
	중도적	709	61	29	11
	진보적	313	52	31	17

표 17-5. 종교 단체 얽매임 기피

문) 귀하는 다음과 같은 말에 대해 어떻게 생각하십니까? 귀하의 경험이나 느낌을 바탕으로 '그렇다', '아니다'로 응답해 주십시오.
- 종교를 믿는 것은 좋다고 생각하지만 종교 단체에 얽매이는 것은 싫다

		사례수(명)	그렇다 (%)	아니다 (%)	모르겠다 (%)
	전체	1,500	67	28	5
종교별	불교인	334	67	31	2
	개신교인	318	52	44	4
	천주교인	98	65	33	2
	기타 종교인	4	24	76	
	종교 없음(비종교인)	746	75	19	6
종교유무별	종교인	754	60	37	3
	비종교인	746	75	19	6
성별	남성	743	68	28	5
	여성	757	67	28	5
연령별	19~29세	266	72	21	7
	30대	291	71	24	5
	40대	326	67	28	5
	50대	295	63	33	4
	60세 이상	322	64	33	3
성/연령별	남성 19~29세	140	73	19	7
	30대	148	72	24	4
	40대	166	64	30	6
	50대	149	65	32	3
	60세 이상	141	64	33	3
	여성 19~29세	126	70	23	7
	30대	142	69	25	6
	40대	160	71	26	3
	50대	147	61	34	5
	60세 이상	181	64	34	2
혼인상태별	미혼	336	70	23	6
	기혼/이혼/사별	1,164	67	29	4
직업별	농/임/어업	27	56	36	7
	자영업	199	70	27	3
	블루칼라	368	64	31	5
	화이트칼라	375	70	25	6
	가정주부	345	65	30	4
	학생	109	71	25	4
	무직/은퇴/기타	79	74	25	1
최종학력별	중졸 이하	257	63	34	3
	고졸	615	66	29	5
	대재 이상	628	71	24	5
지역별	서울	309	62	34	4
	인천/경기	440	65	28	7
	강원	46	73	17	10
	대전/세종/충청	155	74	20	6
	광주/전라	154	70	27	3
	대구/경북	156	70	26	4
	부산/울산/경남	239	70	29	1
지역크기별	대도시	673	67	29	4
	중소도시	649	66	30	5
	읍/면	177	73	20	7
생활수준별	상/중상	133	68	25	6
	중	876	67	29	4
	중하	396	68	27	5
	하	95	64	32	4
이념성향별	보수적	478	67	30	3
	중도적	709	65	29	6
	진보적	313	72	22	6

표 18-1. 종교적 덕목의 실천 - 일반인 평가

문) 흔히 '이웃과 타인을 사랑하라, 자비를 베풀라'고 하는데요,
귀하께서 보시기에 요즘 사람들은 이 말을 얼마나 잘 지키고 있다고 생각하십니까?

		사례수(명)	① 매우 잘 지키고 있다 (%)	② 어느 정도 지키는 편이다 (%)	①+② (%)	③ 별로 지키지 않는 편이다 (%)	④ 전혀 지키지 않는다 (%)	③+④ (%)
	전체	1,500	1	33	34	57	9	66
종교별	불교인	334	1	31	32	59	9	68
	개신교인	318	2	45	47	45	8	53
	천주교인	98	3	36	39	53	8	61
	기타 종교인	4		21	21	79		79
	종교 없음(비종교인)	746	0	28	29	62	10	71
종교유무별	종교인	754	2	38	39	52	8	61
	비종교인	746	0	28	29	62	10	71
성별	남성	743	1	32	33	58	9	67
	여성	757	1	34	35	56	9	65
연령별	19~29세	266	1	38	38	53	9	62
	30대	291	1	31	33	57	11	67
	40대	326	1	30	31	60	9	69
	50대	295	1	31	32	60	8	68
	60세 이상	322	1	35	36	55	9	64
성/연령별	남성 19~29세	140	1	38	40	52	8	60
	30대	148	2	33	34	55	10	66
	40대	166	1	31	32	60	8	68
	50대	149		31	31	61	9	69
	60세 이상	141	1	28	28	61	11	72
	여성 19~29세	126		37	37	54	9	63
	30대	142	1	30	31	58	11	69
	40대	160	1	29	30	60	10	70
	50대	147	3	31	34	59	7	66
	60세 이상	181	1	41	42	51	8	58
혼인상태별	미혼	336	1	33	34	55	11	66
	기혼/이혼/사별	1,164	1	33	34	58	9	66
직업별	농/임/어업	27		24	24	72	4	76
	자영업	199	0	32	32	61	6	68
	블루칼라	368	2	32	34	56	10	66
	화이트칼라	375	1	33	34	57	9	66
	가정주부	345	2	34	35	56	9	65
	학생	109		44	44	48	8	56
	무직/은퇴/기타	79	1	19	21	64	15	79
최종학력별	중졸 이하	257	1	35	36	56	8	64
	고졸	615	1	30	31	60	9	69
	대재 이상	628	1	35	36	55	9	64
지역별	서울	309	0	36	36	51	13	64
	인천/경기	440	2	39	42	50	8	58
	강원	46	1	34	35	52	13	65
	대전/세종/충청	155	1	30	32	66	3	68
	광주/전라	154	1	27	27	66	6	73
	대구/경북	156		29	29	66	5	71
	부산/울산/경남	239	0	25	25	62	13	75
지역크기별	대도시	673	1	35	36	54	10	64
	중소도시	649	1	31	32	60	8	68
	읍/면	177	3	30	33	57	9	67
생활수준별	상/중상	133	6	34	39	52	9	61
	중	876	0	36	36	56	8	64
	중하	396	1	27	28	61	11	72
	하	95	2	29	31	55	13	69
이념성향별	보수적	478	1	32	33	58	9	67
	중도적	709	1	33	34	57	9	66
	진보적	313	1	34	35	57	8	65

표 18-2. 종교적 덕목의 실천 - 종교인 평가

문) 흔히 '이웃과 타인을 사랑하라, 자비를 베풀라'고 하는데요,
그럼, 종교를 믿는 사람들(신자)은 이 말을 얼마나 잘 지키고 있다고 생각하십니까?

		사례수(명)	① 매우 잘 지키고 있다 (%)	② 어느 정도 지키는 편이다 (%)	①+② (%)	③ 별로 지키지 않는 편이다 (%)	④ 전혀 지키지 않는다 (%)	③+④ (%)
	전체	1,500	3	42	45	49	6	55
종교별	불교인	334	2	39	41	54	5	59
	개신교인	318	8	65	74	25	2	26
	천주교인	98	3	57	60	36	4	40
	기타 종교인	4		46	46	54		54
	종교 없음(비종교인)	746	1	32	33	59	8	67
종교유무별	종교인	754	5	52	57	39	3	43
	비종교인	746	1	32	33	59	8	67
성별	남성	743	3	39	43	51	7	57
	여성	757	3	45	48	47	5	52
연령별	19~29세	266	4	40	43	52	5	57
	30대	291	2	41	43	51	6	57
	40대	326	3	42	45	49	6	55
	50대	295	4	40	44	50	6	56
	60세 이상	322	3	48	52	44	4	48
성/연령별	남성 19~29세	140	4	39	43	53	4	57
	30대	148	3	40	43	51	6	57
	40대	166	4	38	41	50	8	59
	50대	149	5	38	43	50	7	57
	60세 이상	141	1	43	44	50	7	56
	여성 19~29세	126	3	41	44	51	6	56
	30대	142	1	41	42	51	6	58
	40대	160	2	46	48	48	4	52
	50대	147	3	42	45	50	5	55
	60세 이상	181	5	52	58	40	2	42
혼인상태별	미혼	336	3	38	41	52	7	59
	기혼/이혼/사별	1,164	3	43	47	48	5	53
직업별	농/임/어업	27		35	35	58	7	65
	자영업	199	4	37	40	55	5	60
	블루칼라	368	4	39	43	51	6	57
	화이트칼라	375	2	42	44	50	6	56
	가정주부	345	3	50	53	44	3	47
	학생	109	4	47	51	42	7	49
	무직/은퇴/기타	79	5	32	37	55	8	63
최종학력별	중졸 이하	257	5	43	48	47	4	52
	고졸	615	2	43	45	49	6	55
	대재 이상	628	3	41	44	50	6	56
지역별	서울	309	3	48	51	43	6	49
	인천/경기	440	4	48	52	42	6	48
	강원	46		42	42	52	6	58
	대전/세종/충청	155	2	33	36	62	3	64
	광주/전라	154	4	37	40	55	5	60
	대구/경북	156	3	42	45	50	5	55
	부산/울산/경남	239	2	34	36	58	6	64
지역크기별	대도시	673	5	47	51	43	5	49
	중소도시	649	2	40	42	52	5	58
	읍/면	177	2	32	34	59	7	66
생활수준별	상/중상	133	6	49	54	40	6	46
	중	876	3	43	45	50	5	55
	중하	396	2	42	44	50	6	56
	하	95	6	30	36	52	12	64
이념성향별	보수적	478	3	42	45	48	7	55
	중도적	709	3	44	47	49	5	53
	진보적	313	2	40	42	52	6	58

표 19. 종교 단체의 바람직한 참여 범위 - 종교/사회/문화/정치

문) 귀하는 종교 단체들이 종교 자체에만 전념하는 것이 좋다고 생각하십니까,
아니면 사회, 문화, 정치 분야 활동까지 하는 것이 좋다고 생각하십니까?

		사례수(명)	종교 자체에만 전념하는 것이 좋다 (%)	사회/문화 분야 활동은 좋으나 정치 분야 활동은 반대 (%)	정치 분야 활동은 좋으나, 사회/문화 분야 활동은 반대 (%)	사회/문화/정치 분야 활동 모두 하는 것이 좋다 (%)
	전체	1,500	58	28	5	9
종교별	불교인	334	54	31	5	10
	개신교인	318	51	31	5	14
	천주교인	98	54	30	5	11
	기타 종교인	4	79	21		
	종교 없음(비종교인)	746	63	25	6	7
종교유무별	종교인	754	53	31	5	12
	비종교인	746	63	25	6	7
성별	남성	743	59	27	6	8
	여성	757	57	29	4	10
연령별	19~29세	266	54	27	6	12
	30대	291	56	29	6	9
	40대	326	59	26	6	9
	50대	295	60	26	5	9
	60세 이상	322	59	30	3	9
성/연령별	남성 19~29세	140	55	25	8	12
	30대	148	58	27	7	7
	40대	166	56	30	6	8
	50대	149	66	24	5	5
	60세 이상	141	60	26	5	8
	여성 19~29세	126	54	30	4	12
	30대	142	53	31	5	10
	40대	160	62	21	7	9
	50대	147	55	28	4	13
	60세 이상	181	57	32	1	9
혼인상태별	미혼	336	53	27	8	12
	기혼/이혼/사별	1,164	59	28	5	8
직업별	농/임/어업	27	67	27	3	3
	자영업	199	51	31	6	12
	블루칼라	368	57	29	5	9
	화이트칼라	375	57	29	5	9
	가정주부	345	62	26	5	7
	학생	109	56	29	3	12
	무직/은퇴/기타	79	64	16	10	11
최종학력별	중졸 이하	257	58	26	5	10
	고졸	615	61	26	6	8
	대재 이상	628	55	30	5	10
지역별	서울	309	60	28	6	6
	인천/경기	440	60	28	4	8
	강원	46	40	37	8	14
	대전/세종/충청	155	64	21	4	10
	광주/전라	154	52	27	4	16
	대구/경북	156	50	34	7	9
	부산/울산/경남	239	57	26	8	9
지역크기별	대도시	673	60	28	6	6
	중소도시	649	57	26	4	12
	읍/면	177	54	31	7	8
생활수준별	상/중상	133	47	28	10	16
	중	876	56	31	4	9
	중하	396	62	24	5	9
	하	95	69	15	7	9
이념성향별	보수적	478	61	27	4	8
	중도적	709	56	29	6	10
	진보적	313	58	26	5	11

표 20. 종교 기관의 사적 상속

문) 요즘 우리 사회에서 성당, 교회, 절 등의 종교 기관을 사적으로 상속하는 경우가 있습니다.
귀하는 종교 기관이 사적 상속을 해도 된다고 보십니까, 해서는 안 된다고 보십니까?

		사례수(명)	해도 된다 (%)	해서는 안 된다 (%)
	전체	1,500	13	87
종교별	불교인	334	12	88
	개신교인	318	19	81
	천주교인	98	11	89
	기타 종교인	4	26	74
	종교 없음(비종교인)	746	11	89
종교유무별	종교인	754	15	85
	비종교인	746	11	89
성별	남성	743	12	88
	여성	757	13	87
연령별	19~29세	266	14	86
	30대	291	9	91
	40대	326	9	91
	50대	295	13	87
	60세 이상	322	19	81
성/연령별	남성 19~29세	140	16	84
	30대	148	8	92
	40대	166	12	88
	50대	149	11	89
	60세 이상	141	15	85
	여성 19~29세	126	12	88
	30대	142	9	91
	40대	160	7	93
	50대	147	14	86
	60세 이상	181	22	78
혼인상태별	미혼	336	15	85
	기혼/이혼/사별	1,164	12	88
직업별	농/임/어업	27	14	86
	자영업	199	13	87
	블루칼라	368	12	88
	화이트칼라	375	9	91
	가정주부	345	16	84
	학생	109	19	81
	무직/은퇴/기타	79	12	88
최종학력별	중졸 이하	257	19	81
	고졸	615	12	88
	대재 이상	628	11	89
지역별	서울	309	10	90
	인천/경기	440	14	86
	강원	46	18	82
	대전/세종/충청	155	14	86
	광주/전라	154	8	92
	대구/경북	156	14	86
	부산/울산/경남	239	14	86
지역크기별	대도시	673	13	87
	중소도시	649	11	89
	읍/면	177	15	85
생활수준별	상/중상	133	19	81
	중	876	10	90
	중하	396	15	85
	하	95	16	84
이념성향별	보수적	478	13	87
	중도적	709	13	87
	진보적	313	11	89

표 21. 종교 단체의 헌금 우선 용도 - 포교 vs. 자선

문) 귀하는 종교 단체들이 자동차를 구입해서 포교나 전도, 선교를 더 많이 하는 것과 자동차를 살 돈으로 가난한 이웃을 돕는 것 중 어느 것이 종교의 본뜻에 더 잘 따르는 것이라고 생각하십니까?

		사례수(명)	포교/전도/선교를 더 많이 하는 것 (%)	가난한 이웃을 돕는 것 (%)	비슷하다 (%)
	전체	1,500	14	61	25
종교별	불교인	334	11	62	27
	개신교인	318	26	48	26
	천주교인	98	13	66	21
	기타 종교인	4	26	44	30
	종교 없음(비종교인)	746	11	65	24
종교유무별	종교인	754	17	57	26
	비종교인	746	11	65	24
성별	남성	743	13	61	25
	여성	757	15	60	25
연령별	19~29세	266	13	64	23
	30대	291	14	62	24
	40대	326	16	62	22
	50대	295	13	60	27
	60세 이상	322	14	57	29
성/연령별	남성 19~29세	140	12	68	20
	30대	148	15	61	24
	40대	166	16	61	22
	50대	149	10	61	29
	60세 이상	141	12	56	31
	여성 19~29세	126	14	59	26
	30대	142	13	63	24
	40대	160	15	63	23
	50대	147	16	59	24
	60세 이상	181	15	57	28
혼인상태별	미혼	336	15	61	25
	기혼/이혼/사별	1,164	14	61	25
직업별	농/임/어업	27	14	59	27
	자영업	199	12	60	28
	블루칼라	368	18	58	24
	화이트칼라	375	11	65	24
	가정주부	345	16	60	24
	학생	109	14	60	26
	무직/은퇴/기타	79	9	62	29
최종학력별	중졸 이하	257	12	60	29
	고졸	615	15	60	25
	대재 이상	628	14	62	24
지역별	서울	309	13	58	28
	인천/경기	440	18	57	25
	강원	46	15	64	22
	대전/세종/충청	155	9	71	20
	광주/전라	154	16	66	17
	대구/경북	156	9	68	23
	부산/울산/경남	239	14	56	31
지역크기별	대도시	673	13	61	26
	중소도시	649	15	59	25
	읍/면	177	12	66	21
생활수준별	상/중상	133	16	56	28
	중	876	15	62	23
	중하	396	11	62	27
	하	95	12	54	34
이념성향별	보수적	478	14	61	25
	중도적	709	16	60	24
	진보적	313	10	62	28

표 22. 종교 시설의 개방

문) 귀하는 성당, 교회, 절과 같은 종교 시설을 수련회, 관광 장소, 예식 시설 등으로 비신도들에게 개방하는 것에 대해 좋게 보십니까, 혹은 좋지 않게 보십니까?

		사례수(명)	좋게 본다 (%)	좋지 않게 본다 (%)
	전체	1,500	76	24
종교별	불교인	334	78	22
	개신교인	318	85	15
	천주교인	98	79	21
	기타 종교인	4	51	49
	종교 없음(비종교인)	746	70	30
종교유무별	종교인	754	81	19
	비종교인	746	70	30
성별	남성	743	75	25
	여성	757	76	24
연령별	19~29세	266	73	27
	30대	291	75	25
	40대	326	73	27
	50대	295	79	21
	60세 이상	322	77	23
성/연령별	남성 19~29세	140	73	27
	30대	148	81	19
	40대	166	71	29
	50대	149	80	20
	60세 이상	141	72	28
	여성 19~29세	126	73	27
	30대	142	70	30
	40대	160	75	25
	50대	147	79	21
	60세 이상	181	81	19
혼인상태별	미혼	336	73	27
	기혼/이혼/사별	1,164	76	24
직업별	농/임/어업	27	87	13
	자영업	199	74	26
	블루칼라	368	76	24
	화이트칼라	375	74	26
	가정주부	345	77	23
	학생	109	71	29
	무직/은퇴/기타	79	79	21
최종학력별	중졸 이하	257	77	23
	고졸	615	77	23
	대재 이상	628	73	27
지역별	서울	309	78	22
	인천/경기	440	78	22
	강원	46	58	42
	대전/세종/충청	155	73	27
	광주/전라	154	79	21
	대구/경북	156	72	28
	부산/울산/경남	239	73	27
지역크기별	대도시	673	79	21
	중소도시	649	73	27
	읍/면	177	73	27
생활수준별	상/중상	133	80	20
	중	876	76	24
	중하	396	74	26
	하	95	75	25
이념성향별	보수적	478	74	26
	중도적	709	74	26
	진보적	313	80	20

표 23. 종교 단체 설립 학교의 신앙 교육

문) 종교 단체가 설립한 학교에서 신앙 교육을 하는 것에 대해서는 좋게 보십니까, 혹은 좋지 않게 보십니까?

		사례수(명)	좋게 본다 (%)	좋지 않게 본다 (%)
	전체	1,500	57	43
종교별	불교인	334	55	45
	개신교인	318	79	21
	천주교인	98	67	33
	기타 종교인	4	70	30
	종교 없음(비종교인)	746	47	53
종교유무별	종교인	754	67	33
	비종교인	746	47	53
성별	남성	743	52	48
	여성	757	61	39
연령별	19~29세	266	50	50
	30대	291	57	43
	40대	326	54	46
	50대	295	59	41
	60세 이상	322	63	37
성/연령별	남성 19~29세	140	51	49
	30대	148	53	47
	40대	166	44	56
	50대	149	53	47
	60세 이상	141	60	40
	여성 19~29세	126	50	50
	30대	142	61	39
	40대	160	64	36
	50대	147	64	36
	60세 이상	181	65	35
혼인상태별	미혼	336	52	48
	기혼/이혼/사별	1,164	58	42
직업별	농/임/어업	27	56	44
	자영업	199	57	43
	블루칼라	368	60	40
	화이트칼라	375	51	49
	가정주부	345	64	36
	학생	109	45	55
	무직/은퇴/기타	79	52	48
최종학력별	중졸 이하	257	54	46
	고졸	615	63	37
	대재 이상	628	52	48
지역별	서울	309	62	38
	인천/경기	440	61	39
	강원	46	36	64
	대전/세종/충청	155	48	52
	광주/전라	154	71	29
	대구/경북	156	47	53
	부산/울산/경남	239	49	51
지역크기별	대도시	673	59	41
	중소도시	649	56	44
	읍/면	177	52	48
생활수준별	상/중상	133	58	42
	중	876	57	43
	중하	396	55	45
	하	95	59	41
이념성향별	보수적	478	55	45
	중도적	709	58	42
	진보적	313	58	42

표 24. 성직자의 품위와 자격

문) 귀하는 요즘 우리 주변에 품위가 없거나 자격이 없는 성직자가 얼마나 많다고, 혹은 없다고 생각하십니까?

		사례수(명)	① 매우 많다 (%)	② 어느 정도 있다 (%)	①+② (%)	③ 별로 없다 (%)	④ 전혀 없다 (%)	③+④ (%)
	전체	1,500	22	65	87	12	1	13
종교별	불교인	334	20	68	88	12		12
	개신교인	318	19	66	85	14	0	15
	천주교인	98	22	66	89	11	1	11
	기타 종교인	4	30	70	100			
	종교 없음(비종교인)	746	23	64	87	12	1	13
종교유무별	종교인	754	20	67	87	13	0	13
	비종교인	746	23	64	87	12	1	13
성별	남성	743	23	65	88	11	1	12
	여성	757	20	66	86	13	0	14
연령별	19~29세	266	23	63	86	13	2	14
	30대	291	23	63	86	13	0	14
	40대	326	24	63	87	13	1	13
	50대	295	26	61	87	12	1	13
	60세 이상	322	14	75	89	11	0	11
성/연령별	남성 19~29세	140	22	63	85	13	2	15
	30대	148	27	61	88	12		12
	40대	166	21	66	87	12	1	13
	50대	149	25	64	89	10	1	11
	60세 이상	141	19	70	89	11	1	11
	여성 19~29세	126	23	63	86	13	1	14
	30대	142	19	66	85	14	1	15
	40대	160	26	60	86	13	1	14
	50대	147	26	58	85	15		15
	60세 이상	181	10	79	88	12		12
혼인상태별	미혼	336	25	60	85	13	1	15
	기혼/이혼/사별	1,164	21	67	87	12	1	13
직업별	농/임/어업	27	20	74	94	6		6
	자영업	199	21	66	87	12	0	13
	블루칼라	368	22	65	87	12	1	13
	화이트칼라	375	25	64	89	10	1	11
	가정주부	345	17	69	86	13	0	14
	학생	109	23	60	83	15	2	17
	무직/은퇴/기타	79	25	59	84	16		16
최종학력별	중졸 이하	257	16	71	87	13	0	13
	고졸	615	21	67	88	11	0	12
	대재 이상	628	25	61	86	13	1	14
지역별	서울	309	19	70	89	11		11
	인천/경기	440	23	67	89	9	2	11
	강원	46	22	63	84	16		16
	대전/세종/충청	155	35	56	90	10		10
	광주/전라	154	21	64	84	15	1	16
	대구/경북	156	26	63	89	11	1	11
	부산/울산/경남	239	12	67	79	21		21
지역크기별	대도시	673	22	65	87	13	0	13
	중소도시	649	20	67	87	11	1	13
	읍/면	177	26	62	88	12	1	12
생활수준별	상/중상	133	25	62	87	12	1	13
	중	876	20	67	87	12	1	13
	중하	396	23	65	88	11	1	12
	하	95	24	55	79	20	1	21
이념성향별	보수적	478	24	65	89	11		11
	중도적	709	19	65	84	15	1	16
	진보적	313	24	66	90	9	0	10

표 25. 사이비 종교의 수

문) 요즘 우리 주변에 진정한 의미에서 종교라고 할 수 없는 사이비 종교는 얼마나 많다고, 혹은 없다고 생각하십니까?

		사례수(명)	① 매우 많다 (%)	② 어느 정도 있다 (%)	①+② (%)	③ 별로 없다 (%)	④ 전혀 없다 (%)	③+④ (%)	모름/응답거절 (%)
	전체	1,500	33	61	93	6	1	7	0
종교별	불교인	334	30	62	92	7	1	8	
	개신교인	318	35	58	93	7	0	7	0
	천주교인	98	27	69	97	3	1	3	
	기타 종교인	4		100	100				
	종교 없음(비종교인)	746	33	60	93	6	1	7	
종교유무별	종교인	754	32	61	93	6	1	7	0
	비종교인	746	33	60	93	6	1	7	
성별	남성	743	33	60	93	6	1	7	
	여성	757	32	61	93	6	1	7	0
연령별	19~29세	266	29	62	91	7	1	9	
	30대	291	34	57	92	8	0	8	
	40대	326	34	59	93	5	1	7	0
	50대	295	35	61	96	3	0	4	
	60세 이상	322	29	64	93	7	1	7	
성/연령별	남성 19~29세	140	27	63	90	8	2	10	
	30대	148	35	55	91	9		9	
	40대	166	37	59	95	4	1	5	
	50대	149	30	66	96	4		4	
	60세 이상	141	33	59	92	7	1	8	
	여성 19~29세	126	32	61	93	7		7	
	30대	142	34	59	93	6	1	7	
	40대	160	32	58	91	7	1	9	1
	50대	147	40	57	97	3	1	3	
	60세 이상	181	26	67	94	6		6	
혼인상태별	미혼	336	30	61	91	9	1	9	
	기혼/이혼/사별	1,164	33	60	94	5	1	6	0
직업별	농/임/어업	27	45	51	96	4		4	
	자영업	199	33	61	95	5	1	5	
	블루칼라	368	34	59	94	6	1	6	0
	화이트칼라	375	32	60	92	7	1	8	
	가정주부	345	29	64	93	6	1	7	
	학생	109	24	69	94	5	1	6	
	무직/은퇴/기타	79	47	41	88	10	1	12	
최종학력별	중졸 이하	257	31	63	94	5	0	5	0
	고졸	615	34	60	93	6	0	7	
	대재 이상	628	32	60	92	7	1	8	
지역별	서울	309	26	69	95	5		5	
	인천/경기	440	31	58	89	9	2	11	0
	강원	46	42	57	98	2		2	
	대전/세종/충청	155	50	46	96	4		4	
	광주/전라	154	41	55	96	4		4	
	대구/경북	156	34	62	95	3	2	5	
	부산/울산/경남	239	25	67	92	8		8	
지역크기별	대도시	673	31	64	95	5	0	5	
	중소도시	649	32	59	91	8	1	9	
	읍/면	177	40	54	94	4	1	5	1
생활수준별	상/중상	133	29	63	92	7	2	8	
	중	876	32	61	93	7	1	7	0
	중하	396	35	59	94	5	1	6	
	하	95	34	60	94	6		6	
이념성향별	보수적	478	35	60	95	4	1	5	
	중도적	709	31	61	92	7	1	8	0
	진보적	313	32	60	93	7	0	7	

표 26-1. 종교 단체를 벗어난 개인의 종교적 믿음 실천

문) 요즘 종교 단체들에 대한 다음의 말들에 대해 얼마나 그렇다고, 혹은 그렇지 않다고 생각하시는지 응답해 주십시오.
- 개인은 종교 단체에 얽매이기보다는 본인이 옳다고 생각하는 종교적 믿음을 실천하면 된다

		사례수(명)	① 매우 그렇다 (%)	② 어느 정도 그렇다 (%)	①+② (%)	③ 별로 그렇지 않다 (%)	④ 전혀 그렇지 않다 (%)	③+④ (%)	모름/응답거절 (%)
	전체	1,500	21	62	83	13	2	15	2
종교별	불교인	334	21	64	85	13	1	14	1
	개신교인	318	17	56	73	20	6	26	1
	천주교인	98	21	64	84	15		15	1
	기타 종교인	4		76	76	24		24	
	종교 없음(비종교인)	746	23	63	86	10	1	11	3
종교유무별	종교인	754	19	61	80	16	3	19	1
	비종교인	746	23	63	86	10	1	11	3
성별	남성	743	23	62	84	12	1	13	2
	여성	757	19	62	81	14	3	17	1
연령별	19~29세	266	23	59	82	11	3	14	4
	30대	291	24	60	83	12	2	14	2
	40대	326	19	63	82	14	2	16	2
	50대	295	22	64	86	10	2	12	1
	60세 이상	322	17	63	81	17	2	19	0
성/연령별	남성 19~29세	140	25	58	83	10	2	12	5
	30대	148	23	63	86	11	1	12	3
	40대	166	24	61	84	12	2	14	2
	50대	149	23	65	88	11		11	2
	60세 이상	141	19	61	80	17	2	19	1
	여성 19~29세	126	22	59	81	13	4	17	2
	30대	142	24	56	81	14	3	17	2
	40대	160	15	65	79	15	3	19	2
	50대	147	22	63	85	10	4	14	1
	60세 이상	181	16	65	81	16	3	19	
혼인상태별	미혼	336	25	57	82	12	3	14	4
	기혼/이혼/사별	1,164	20	63	83	13	2	16	1
직업별	농/임/어업	27	38	51	89	8	3	11	
	자영업	199	24	63	87	10	3	13	
	블루칼라	368	21	59	80	16	3	18	2
	화이트칼라	375	25	60	85	11	1	13	2
	가정주부	345	16	65	81	15	2	17	2
	학생	109	22	61	84	7	5	12	4
	무직/은퇴/기타	79	14	69	82	14	2	16	1
최종학력별	중졸 이하	257	17	65	81	17	2	18	0
	고졸	615	18	63	82	14	2	17	2
	대재 이상	628	26	59	85	10	2	13	3
지역별	서울	309	15	64	79	18	2	20	1
	인천/경기	440	21	65	86	10	2	12	2
	강원	46	35	60	95	2	3	5	
	대전/세종/충청	155	21	64	85	11	2	12	3
	광주/전라	154	19	54	74	16	7	23	3
	대구/경북	156	32	57	88	10	1	10	1
	부산/울산/경남	239	20	60	80	16	3	18	1
지역크기별	대도시	673	20	60	80	16	2	18	2
	중소도시	649	21	64	85	11	2	13	2
	읍/면	177	27	59	86	10	3	13	2
생활수준별	상/중상	133	23	53	76	16	4	20	4
	중	876	22	63	84	12	2	14	2
	중하	396	20	63	82	14	2	16	2
	하	95	20	59	79	15	2	18	2
이념성향별	보수적	478	26	59	84	13	2	15	1
	중도적	709	16	63	79	15	3	18	3
	진보적	313	25	64	89	9	1	10	1

표 26-2. 종교 단체 - 종교 본래의 뜻 상실

문) 요즘 종교 단체들에 대한 다음의 말들에 대해 얼마나 그렇다고, 혹은 그렇지 않다고 생각하시는지 응답해 주십시오.
- 대부분의 종교 단체는 종교 본래의 뜻을 잃어버리고 있다

		사례수(명)	① 매우 그렇다 (%)	② 어느 정도 그렇다 (%)	①+② (%)	③ 별로 그렇지 않다 (%)	④ 전혀 그렇지 않다 (%)	③+④ (%)	모름/응답거절 (%)
	전체	1,500	13	50	64	29	4	33	4
종교별	불교인	334	13	50	62	32	4	36	2
	개신교인	318	10	42	52	40	6	46	2
	천주교인	98	11	43	54	39	5	44	2
	기타 종교인	4	30	46	76	24		24	
	종교 없음(비종교인)	746	15	55	71	22	3	24	5
종교유무별	종교인	754	11	46	57	36	5	41	2
	비종교인	746	15	55	71	22	3	24	5
성별	남성	743	14	51	65	27	4	32	3
	여성	757	13	50	62	31	3	34	4
연령별	19~29세	266	12	53	65	25	4	29	6
	30대	291	15	50	65	27	4	31	5
	40대	326	13	48	61	32	3	35	4
	50대	295	15	52	66	26	5	31	3
	60세 이상	322	12	51	62	33	4	37	1
성/연령별	남성 19~29세	140	10	58	68	25	3	28	4
	30대	148	19	47	66	25	5	30	4
	40대	166	12	52	64	28	3	31	5
	50대	149	15	51	66	25	6	30	3
	60세 이상	141	12	49	61	34	4	38	0
	여성 19~29세	126	14	48	62	26	4	30	8
	30대	142	11	52	63	30	2	32	5
	40대	160	14	44	58	35	3	39	3
	50대	147	14	52	66	28	4	32	2
	60세 이상	181	12	52	63	32	3	35	1
혼인상태별	미혼	336	14	51	65	25	4	29	6
	기혼/이혼/사별	1,164	13	50	63	30	4	34	3
직업별	농/임/어업	27	6	71	77	20	4	23	
	자영업	199	16	47	63	29	4	33	4
	블루칼라	368	11	54	64	28	4	32	4
	화이트칼라	375	15	52	67	26	3	29	3
	가정주부	345	13	47	60	33	4	37	4
	학생	109	13	48	61	30	5	35	4
	무직/은퇴/기타	79	13	51	64	32	2	35	1
최종학력별	중졸 이하	257	14	51	65	32	2	34	1
	고졸	615	12	49	61	30	5	35	4
	대재 이상	628	14	52	66	27	3	30	4
지역별	서울	309	11	50	61	29	4	33	5
	인천/경기	440	14	45	58	34	4	38	4
	강원	46	28	49	77	19	1	20	3
	대전/세종/충청	155	18	53	71	21	4	25	4
	광주/전라	154	8	49	58	31	9	39	3
	대구/경북	156	10	63	73	22	1	23	4
	부산/울산/경남	239	14	53	67	30	2	32	1
지역크기별	대도시	673	12	49	61	31	5	35	3
	중소도시	649	14	51	65	28	3	31	4
	읍/면	177	16	53	69	24	2	26	4
생활수준별	상/중상	133	15	44	59	28	6	34	7
	중	876	13	52	65	28	4	32	3
	중하	396	12	49	62	32	3	34	4
	하	95	15	54	69	26	3	29	2
이념성향별	보수적	478	14	48	61	31	4	36	3
	중도적	709	11	52	63	28	4	32	4
	진보적	313	18	50	68	27	2	30	3

표 26-3. 종교 단체 - 참진리 추구보다 교세 확장에 관심

문) 요즘 종교 단체들에 대한 다음의 말들에 대해 얼마나 그렇다고, 혹은 그렇지 않다고 생각하시는지 응답해 주십시오.
- 대부분의 종교 단체는 참진리를 추구하기보다는 교세 확장에 더 관심이 있다

		사례수(명)	① 매우 그렇다 (%)	② 어느 정도 그렇다 (%)	①+② (%)	③ 별로 그렇지 않다 (%)	④ 전혀 그렇지 않다 (%)	③+④ (%)	모름/ 응답거절 (%)
	전체	1,500	23	45	68	24	4	28	4
종교별	불교인	334	21	46	67	28	3	31	2
	개신교인	318	15	39	53	37	7	44	2
	천주교인	98	19	43	62	34	2	36	2
	기타 종교인	4	21	56	76	24		24	
	종교 없음(비종교인)	746	27	48	76	16	3	19	5
종교유무별	종교인	754	18	42	61	33	5	37	2
	비종교인	746	27	48	76	16	3	19	5
성별	남성	743	26	45	70	24	3	27	3
	여성	757	20	46	66	25	4	30	4
연령별	19~29세	266	25	43	68	22	5	27	6
	30대	291	26	43	69	24	2	27	4
	40대	326	22	45	67	25	3	28	5
	50대	295	21	48	69	26	3	29	2
	60세 이상	322	21	48	68	25	5	30	2
성/연령별	남성 19~29세	140	22	49	71	21	5	26	4
	30대	148	30	40	71	25	2	27	3
	40대	166	27	43	70	22	3	25	5
	50대	149	25	45	70	25	3	28	2
	60세 이상	141	23	47	69	25	4	29	2
	여성 19~29세	126	29	36	65	22	5	28	8
	30대	142	22	46	67	24	3	27	5
	40대	160	16	48	64	28	4	32	5
	50대	147	18	50	68	26	4	30	2
	60세 이상	181	19	49	68	26	5	31	1
혼인상태별	미혼	336	26	41	66	23	4	27	6
	기혼/이혼/사별	1,164	22	47	69	25	4	28	3
직업별	농/임/어업	27	32	55	86	10	3	14	
	자영업	199	17	54	71	25	2	27	2
	블루칼라	368	26	44	70	23	3	26	4
	화이트칼라	375	28	42	70	22	4	26	4
	가정주부	345	16	46	62	30	5	35	3
	학생	109	26	39	65	26	4	30	5
	무직/은퇴/기타	79	24	47	71	22	5	27	3
최종학력별	중졸 이하	257	20	48	68	25	5	30	2
	고졸	615	20	47	67	25	4	29	4
	대재 이상	628	27	42	69	23	3	26	4
지역별	서울	309	16	43	59	28	5	33	9
	인천/경기	440	22	44	66	27	4	32	2
	강원	46	37	39	77	15	3	18	5
	대전/세종/충청	155	37	43	80	13	3	16	4
	광주/전라	154	14	49	63	29	4	33	4
	대구/경북	156	20	54	74	23	0	24	2
	부산/울산/경남	239	29	45	74	21	4	26	
지역크기별	대도시	673	21	44	66	26	4	30	5
	중소도시	649	23	46	69	26	3	29	2
	읍/면	177	29	47	76	15	5	20	4
생활수준별	상/중상	133	19	45	64	28	5	33	3
	중	876	22	47	69	23	4	27	4
	중하	396	24	45	69	25	2	27	4
	하	95	32	34	66	27	5	32	2
이념성향별	보수적	478	23	44	68	26	4	30	3
	중도적	709	20	47	67	25	4	29	4
	진보적	313	28	44	73	22	2	24	4

표 26-4. 종교 단체 - 인생 문제 해답 제시

문) 요즘 종교 단체들에 대한 다음의 말들에 대해 얼마나 그렇다고, 혹은 그렇지 않다고 생각하시는지 응답해 주십시오.
- 요즘 종교 단체는 진정한 삶의 의미를 찾으려는 사람에게 답을 주지 못한다

		사례수(명)	① 매우 그렇다 (%)	② 어느 정도 그렇다 (%)	①+② (%)	③ 별로 그렇지 않다 (%)	④ 전혀 그렇지 않다 (%)	③+④ (%)	모름/응답거절 (%)
	전체	1,500	9	46	55	33	5	38	8
종교별	불교인	334	6	49	55	31	5	37	8
	개신교인	318	5	32	36	50	9	59	4
	천주교인	98	7	36	43	46	7	52	4
	기타 종교인	4		79	79	21		21	
	종교 없음(비종교인)	746	11	52	63	25	2	27	10
종교유무별	종교인	754	6	40	46	41	7	48	6
	비종교인	746	11	52	63	25	2	27	10
성별	남성	743	11	45	56	30	6	36	8
	여성	757	6	47	53	36	4	40	7
연령별	19~29세	266	7	44	51	33	4	37	12
	30대	291	11	48	58	31	4	35	7
	40대	326	10	47	56	31	5	36	7
	50대	295	9	46	55	34	5	40	6
	60세 이상	322	6	46	52	36	5	41	7
성/연령별	남성 19~29세	140	6	44	50	31	7	38	12
	30대	148	16	47	63	28	5	33	4
	40대	166	15	46	60	28	4	32	7
	50대	149	11	39	51	34	7	41	8
	60세 이상	141	7	48	55	30	6	36	9
	여성 19~29세	126	9	44	53	35	1	35	12
	30대	142	6	48	54	34	2	36	10
	40대	160	4	48	52	35	6	41	7
	50대	147	6	52	58	35	4	39	3
	60세 이상	181	6	44	50	40	5	45	6
혼인상태별	미혼	336	9	44	53	31	5	36	11
	기혼/이혼/사별	1,164	8	47	55	34	5	38	7
직업별	농/임/어업	27	7	38	46	42		42	12
	자영업	199	9	44	53	36	3	39	8
	블루칼라	368	10	47	56	31	5	36	8
	화이트칼라	375	11	47	58	29	5	34	8
	가정주부	345	5	47	53	37	5	42	6
	학생	109	6	41	47	35	5	40	12
	무직/은퇴/기타	79	9	47	56	31	7	38	6
최종학력별	중졸 이하	257	6	47	53	37	4	42	5
	고졸	615	9	45	54	33	5	38	8
	대재 이상	628	9	46	56	31	4	36	9
지역별	서울	309	5	38	44	38	4	42	15
	인천/경기	440	9	42	50	39	5	44	6
	강원	46	15	44	59	28	3	31	10
	대전/세종/충청	155	16	49	65	26	2	29	7
	광주/전라	154	4	48	52	29	9	39	9
	대구/경북	156	10	56	67	29	1	29	4
	부산/울산/경남	239	9	55	63	27	6	33	3
지역크기별	대도시	673	7	45	51	35	6	40	8
	중소도시	649	10	50	60	31	4	35	6
	읍/면	177	11	37	49	33	4	37	14
생활수준별	상/중상	133	12	37	49	33	8	41	10
	중	876	7	47	54	34	4	39	7
	중하	396	10	47	58	31	2	34	9
	하	95	9	46	56	27	11	38	6
이념성향별	보수적	478	10	44	54	32	6	38	8
	중도적	709	7	47	54	34	4	38	8
	진보적	313	10	47	57	31	5	36	7

표 26-5. 종교 단체 - 비신도에 대한 태도

문) 요즘 종교 단체들에 대한 다음의 말들에 대해 얼마나 그렇다고, 혹은 그렇지 않다고 생각하시는지 응답해 주십시오.
- 요즘 종교 단체는 비신도(종교를 믿지 않는 사람)를 따뜻하게 대하지 않는다

		사례수(명)	① 매우 그렇다 (%)	② 어느 정도 그렇다 (%)	①+② (%)	③ 별로 그렇지 않다 (%)	④ 전혀 그렇지 않다 (%)	③+④ (%)	모름/응답거절 (%)
	전체	1,500	7	34	41	43	10	53	6
종교별	불교인	334	8	34	42	41	12	53	5
	개신교인	318	3	24	27	48	22	70	3
	천주교인	98	10	31	40	45	10	56	4
	기타 종교인	4		51	51	49		49	
	종교 없음(비종교인)	746	8	38	46	42	5	47	7
종교유무별	종교인	754	6	29	36	45	16	60	4
	비종교인	746	8	38	46	42	5	47	7
성별	남성	743	8	33	41	44	10	53	6
	여성	757	7	34	41	43	11	54	5
연령별	19~29세	266	6	36	42	40	8	48	10
	30대	291	8	36	44	42	9	51	5
	40대	326	9	30	39	43	12	56	5
	50대	295	7	34	41	45	12	56	3
	60세 이상	322	6	34	40	45	11	56	4
성/연령별	남성 19~29세	140	4	38	42	41	8	49	9
	30대	148	10	33	43	44	9	53	5
	40대	166	8	33	41	39	12	52	8
	50대	149	9	29	38	49	10	59	3
	60세 이상	141	9	34	43	46	8	54	3
	여성 19~29세	126	8	34	42	40	7	47	11
	30대	142	5	39	44	41	9	50	6
	40대	160	11	27	37	47	12	60	3
	50대	147	6	38	43	40	13	53	4
	60세 이상	181	4	35	39	44	13	57	5
혼인상태별	미혼	336	6	35	41	40	8	49	10
	기혼/이혼/사별	1,164	8	33	41	44	11	55	4
직업별	농/임/어업	27	7	38	45	43	12	55	
	자영업	199	8	31	38	49	10	59	3
	블루칼라	368	9	32	41	43	10	53	6
	화이트칼라	375	8	34	42	40	10	50	7
	가정주부	345	6	36	42	43	12	54	4
	학생	109	5	34	39	44	8	52	9
	무직/은퇴/기타	79	3	37	41	46	10	57	3
최종학력별	중졸 이하	257	7	38	46	39	13	51	3
	고졸	615	6	33	39	46	10	56	5
	대재 이상	628	9	32	41	42	9	52	7
지역별	서울	309	4	28	32	51	9	59	9
	인천/경기	440	9	33	42	41	12	53	5
	강원	46	10	31	40	32	12	44	16
	대전/세종/충청	155	9	48	57	35	3	37	5
	광주/전라	154	5	29	33	45	16	61	5
	대구/경북	156	11	32	43	48	6	54	3
	부산/울산/경남	239	6	38	45	41	12	54	2
지역크기별	대도시	673	5	30	35	49	10	59	5
	중소도시	649	8	37	46	39	11	50	4
	읍/면	177	10	34	44	37	9	46	10
생활수준별	상/중상	133	4	24	29	49	15	64	7
	중	876	7	33	41	44	10	54	6
	중하	396	8	36	45	42	8	51	5
	하	95	6	41	47	35	15	49	4
이념성향별	보수적	478	10	33	43	40	12	52	5
	중도적	709	5	35	40	44	10	54	6
	진보적	313	8	32	40	46	8	55	6

표 26-6. 종교 단체 - 종교적 규율 강조

문) 요즘 종교 단체들에 대한 다음의 말들에 대해 얼마나 그렇다고, 혹은 그렇지 않다고 생각하시는지 응답해 주십시오.
- 종교 단체는 지켜야 하는 규율을 너무 엄격하게 강조한다

		사례수(명)	① 매우 그렇다 (%)	② 어느 정도 그렇다 (%)	①+② (%)	③ 별로 그렇지 않다 (%)	④ 전혀 그렇지 않다 (%)	③+④ (%)	모름/응답거절 (%)
	전체	1,500	6	36	42	42	8	49	8
종교별	불교인	334	6	31	37	48	9	56	7
	개신교인	318	5	34	39	45	11	56	5
	천주교인	98	7	36	43	45	8	54	3
	기타 종교인	4				76	24	100	
	종교 없음(비종교인)	746	7	40	46	37	5	42	11
종교유무별	종교인	754	6	33	38	46	10	56	5
	비종교인	746	7	40	46	37	5	42	11
성별	남성	743	7	37	44	40	8	48	8
	여성	757	6	35	41	44	7	50	9
연령별	19~29세	266	8	38	46	36	7	43	11
	30대	291	9	33	42	43	7	50	9
	40대	326	5	39	44	40	8	48	8
	50대	295	4	41	45	41	8	49	6
	60세 이상	322	6	30	36	49	7	56	7
성/연령별	남성 19~29세	140	6	41	46	36	8	44	9
	30대	148	10	36	45	40	7	46	9
	40대	166	8	34	42	41	9	49	9
	50대	149	4	44	48	37	10	46	5
	60세 이상	141	5	32	37	48	9	56	7
	여성 19~29세	126	10	35	46	36	5	41	14
	30대	142	8	30	38	46	7	53	9
	40대	160	2	44	46	39	8	48	6
	50대	147	3	38	41	45	7	52	7
	60세 이상	181	7	29	36	50	6	56	8
혼인상태별	미혼	336	7	39	46	35	6	42	12
	기혼/이혼/사별	1,164	6	35	41	44	8	52	7
직업별	농/임/어업	27	8	17	25	54	11	65	11
	자영업	199	4	37	41	46	5	51	7
	블루칼라	368	8	36	45	39	9	48	8
	화이트칼라	375	7	37	44	39	7	46	10
	가정주부	345	4	35	39	45	8	53	8
	학생	109	9	40	49	34	10	44	7
	무직/은퇴/기타	79	3	36	39	49	5	54	7
최종학력별	중졸 이하	257	6	34	41	46	4	50	9
	고졸	615	5	38	43	41	9	51	7
	대재 이상	628	8	35	43	41	7	48	9
지역별	서울	309	1	33	34	39	14	53	13
	인천/경기	440	7	34	41	45	6	51	8
	강원	46	9	31	40	32	9	40	19
	대전/세종/충청	155	9	47	56	31	1	32	12
	광주/전라	154	5	35	40	49	5	54	6
	대구/경북	156	10	39	49	42	3	45	6
	부산/울산/경남	239	6	37	44	45	10	54	2
지역크기별	대도시	673	4	39	43	41	9	50	7
	중소도시	649	7	36	42	44	6	50	8
	읍/면	177	12	27	39	41	7	48	13
생활수준별	상/중상	133	6	35	40	40	11	52	8
	중	876	6	35	41	43	8	51	9
	중하	396	7	39	46	40	6	46	8
	하	95	7	38	45	42	5	47	8
이념성향별	보수적	478	9	32	40	43	8	51	9
	중도적	709	5	40	45	40	7	47	8
	진보적	313	5	35	40	45	7	53	7

표 26-7. 종교 단체 - 헌납금 강요

문) 요즘 종교 단체들에 대한 다음의 말들에 대해 얼마나 그렇다고, 혹은 그렇지 않다고 생각하시는지 응답해 주십시오.
- 요즘 종교 단체는 시주/헌금을 지나치게 강조하는 경향이 있다

		사례수(명)	① 매우 그렇다 (%)	② 어느 정도 그렇다 (%)	①+② (%)	③ 별로 그렇지 않다 (%)	④ 전혀 그렇지 않다 (%)	③+④ (%)	모름/응답거절 (%)
	전체	1,500	16	49	64	27	4	31	5
종교별	불교인	334	12	50	63	30	3	33	4
	개신교인	318	6	41	46	42	9	51	2
	천주교인	98	12	47	59	35	3	38	4
	기타 종교인	4		46	46	54		54	
	종교 없음(비종교인)	746	22	51	73	18	2	20	7
종교유무별	종교인	754	10	46	55	36	5	42	3
	비종교인	746	22	51	73	18	2	20	7
성별	남성	743	17	48	66	25	4	30	5
	여성	757	14	49	63	29	3	32	5
연령별	19~29세	266	18	47	66	24	3	27	7
	30대	291	19	46	64	24	5	29	7
	40대	326	15	53	68	24	3	27	5
	50대	295	15	47	62	32	3	35	3
	60세 이상	322	12	49	61	31	4	35	4
성/연령별	남성 19~29세	140	17	48	65	24	5	29	6
	30대	148	19	50	69	19	5	24	7
	40대	166	18	53	71	23	2	26	4
	50대	149	18	45	63	31	4	34	3
	60세 이상	141	14	46	60	31	5	36	4
	여성 19~29세	126	20	46	66	25	1	26	8
	30대	142	18	41	59	30	4	34	7
	40대	160	13	53	66	25	3	29	6
	50대	147	11	50	61	32	3	36	3
	60세 이상	181	10	52	62	31	3	34	4
혼인상태별	미혼	336	18	46	65	23	4	27	8
	기혼/이혼/사별	1,164	15	49	64	28	3	32	4
직업별	농/임/어업	27	22	45	66	27	4	31	3
	자영업	199	17	51	67	27	3	30	3
	블루칼라	368	16	45	61	28	5	33	6
	화이트칼라	375	17	51	68	23	4	26	5
	가정주부	345	12	50	62	31	3	34	5
	학생	109	19	45	64	26	3	29	7
	무직/은퇴/기타	79	14	48	62	31	3	34	3
최종학력별	중졸 이하	257	14	51	65	28	3	30	5
	고졸	615	14	47	61	30	4	34	5
	대재 이상	628	18	50	67	25	3	28	5
지역별	서울	309	9	48	56	31	6	37	7
	인천/경기	440	15	48	63	29	4	33	4
	강원	46	17	46	63	21	5	26	11
	대전/세종/충청	155	23	49	72	16	1	17	11
	광주/전라	154	18	47	66	26	4	30	4
	대구/경북	156	20	54	74	22	2	23	3
	부산/울산/경남	239	15	50	65	31	2	34	2
지역크기별	대도시	673	13	49	62	29	4	33	5
	중소도시	649	16	49	65	26	4	29	5
	읍/면	177	23	44	67	24	3	27	5
생활수준별	상/중상	133	15	43	57	29	6	35	8
	중	876	13	50	63	28	4	32	5
	중하	396	19	49	69	24	3	27	4
	하	95	23	41	64	29	2	31	5
이념성향별	보수적	478	15	49	65	26	4	30	6
	중도적	709	14	47	61	31	3	34	5
	진보적	313	20	52	71	20	4	25	4

표 27-1. 현재 종교 여부 - 종교인 vs. 비종교인

문) 귀하는 현재 믿으시는 종교가 있습니까?

		사례수(명)	있다(종교인) (%)	없다(비종교인) (%)
	전체	1,500	50	50
성별	남성	743	44	56
	여성	757	57	43
연령별	19~29세	266	31	69
	30대	291	38	62
	40대	326	51	49
	50대	295	60	40
	60세 이상	322	68	32
성/연령별	남성 19~29세	140	28	72
	30대	148	35	65
	40대	166	46	54
	50대	149	52	48
	60세 이상	141	57	43
	여성 19~29세	126	34	66
	30대	142	40	60
	40대	160	55	45
	50대	147	69	31
	60세 이상	181	76	24
혼인상태별	미혼	336	34	66
	기혼/이혼/사별	1,164	55	45
직업별	농/임/어업	27	67	33
	자영업	199	55	45
	블루칼라	368	50	50
	화이트칼라	375	43	57
	가정주부	345	61	39
	학생	109	30	70
	무직/은퇴/기타	79	52	48
최종학력별	중졸 이하	257	63	37
	고졸	615	54	46
	대재 이상	628	41	59
지역별	서울	309	46	54
	인천/경기	440	52	48
	강원	46	45	55
	대전/세종/충청	155	47	53
	광주/전라	154	52	48
	대구/경북	156	55	45
	부산/울산/경남	239	52	48
지역크기별	대도시	673	47	53
	중소도시	649	51	49
	읍/면	177	62	38
생활수준별	상/중상	133	55	45
	중	876	50	50
	중하	396	50	50
	하	95	51	49
이념성향별	보수적	478	58	42
	중도적	709	50	50
	진보적	313	39	61

표 27-2. 현재 믿고 있는 종교

문) 귀하는 현재 믿으시는 종교가 있습니까? (있다면) 어느 종교를 믿으십니까?

		사례수(명)	불교 (%)	개신교 (%)	천주교 (%)	기타 (%)	종교 없음 (%)
전체		1,500	22	21	7	0	50
성별	남성	743	20	18	5	0	56
	여성	757	24	24	8	0	43
연령별	19~29세	266	10	18	3		69
	30대	291	11	20	7	0	62
	40대	326	21	20	9	0	49
	50대	295	32	23	5	0	40
	60세 이상	322	35	24	8	0	32
성/연령별	남성 19~29세	140	9	16	3		72
	30대	148	12	18	5		65
	40대	166	19	20	6	1	54
	50대	149	30	17	3	1	48
	60세 이상	141	30	19	8		43
	여성 19~29세	126	11	21	2		66
	30대	142	10	21	8	1	60
	40대	160	22	21	13		45
	50대	147	33	29	7		31
	60세 이상	181	39	29	8	1	24
혼인상태별	미혼	336	11	18	5	0	66
	기혼/이혼/사별	1,164	26	22	7	0	45
직업별	농/임/어업	27	40	20	7		33
	자영업	199	27	19	9	0	45
	블루칼라	368	21	23	5	1	50
	화이트칼라	375	15	19	9		57
	가정주부	345	30	25	5	0	39
	학생	109	9	16	4		70
	무직/은퇴/기타	79	28	21	3		48
최종학력별	중졸 이하	257	35	23	5	1	37
	고졸	615	26	22	6	0	46
	대재 이상	628	13	20	8	0	59
지역별	서울	309	14	24	8	0	54
	인천/경기	440	18	27	7		48
	강원	46	18	20	7		55
	대전/세종/충청	155	20	18	9	1	53
	광주/전라	154	14	31	6	1	48
	대구/경북	156	32	13	9		45
	부산/울산/경남	239	42	9	1	0	48
지역크기별	대도시	673	19	20	6	0	53
	중소도시	649	22	22	7	0	49
	읍/면	177	33	22	6		38
생활수준별	상/중상	133	18	30	7		45
	중	876	22	20	7	0	50
	중하	396	24	20	6		50
	하	95	25	21	5		49
이념성향별	보수적	478	30	21	6	0	42
	중도적	709	20	23	6	0	50
	진보적	313	15	17	7	0	61

표 28. 종교인의 신앙 시기

문) (종교를 믿는 사람에게) 귀하는 현재의 종교를 몇 살 때부터 믿게 되셨습니까?

		사례수(명)	9세 이하 (%)	10대 (%)	20대 (%)	30대 (%)	40대 (%)	50세 이상 (%)
종교인 전체		754	26	12	19	21	16	6
종교별	불교인	334	21	10	20	23	21	6
	개신교인	318	31	15	17	19	13	5
	천주교인	98	24	12	18	22	13	10
	기타 종교인	4			26	51		24
성별	남성	325	32	14	14	20	14	6
	여성	429	21	11	22	22	18	6
연령별	19~29세	82	60	29	10			
	30대	109	38	14	26	22		
	40대	165	21	15	18	29	17	
	50대	178	18	9	21	22	25	5
	60세 이상	219	16	5	16	23	23	17
성/연령별	남성 19~29세	39	65	30	5			
	30대	52	51	17	17	14		
	40대	76	20	15	16	37	13	
	50대	77	22	9	16	17	28	7
	60세 이상	81	24	7	14	19	19	17
	여성 19~29세	43	56	28	15			
	30대	57	27	11	34	28		
	40대	89	21	15	20	22	21	
	50대	102	14	8	26	25	24	3
	60세 이상	138	12	4	18	24	25	17
혼인상태별	미혼	115	55	25	13	6	1	
	기혼/이혼/사별	639	20	10	20	24	19	7
직업별	농/임/어업	18	27	5	11	19	28	10
	자영업	109	19	12	21	21	22	6
	블루칼라	182	24	14	20	24	15	4
	화이트칼라	163	39	12	18	19	11	2
	가정주부	209	14	8	22	24	22	10
	학생	32	61	34	5			
	무직/은퇴/기타	41	29	7	9	22	10	22
최종학력별	중졸 이하	162	18	6	15	20	24	18
	고졸	334	17	14	22	25	19	4
	대재 이상	257	42	14	17	17	9	1
지역별	서울	142	21	8	19	31	16	3
	인천/경기	228	23	15	18	15	24	6
	강원	21	14	12	40	20	8	6
	대전/세종/충청	73	32	8	18	18	14	9
	광주/전라	80	31	12	17	18	14	8
	대구/경북	85	33	12	18	21	7	10
	부산/울산/경남	126	25	14	17	25	15	5
지역크기별	대도시	314	26	12	18	25	14	5
	중소도시	331	27	12	18	18	18	7
	읍/면	109	21	10	24	20	19	6
생활수준별	상/중상	73	39	7	21	16	14	2
	중	434	25	14	18	22	16	4
	중하	198	20	11	22	20	19	8
	하	49	32	4	12	23	9	20
이념성향별	보수적	277	21	8	21	23	19	9
	중도적	354	26	13	18	22	15	5
	진보적	123	34	16	17	14	16	4

표 29. 종교인의 신앙 기간

문) (종교를 믿는 사람에게) 그럼, 현재의 종교를 믿으신 기간은 지금까지 대략 몇 년 정도 됐습니까?

		사례수(명)	5년 미만 (%)	5년 이상 (%)	10년 이상 (%)	20년 이상 (%)	30년 이상 (%)
종교인 전체		754	8	8	22	26	36
종교별	불교인	334	8	8	23	23	38
	개신교인	318	6	7	23	28	36
	천주교인	98	16	9	17	32	26
	기타 종교인	4	24	21		26	30
성별	남성	325	9	7	22	26	37
	여성	429	8	9	22	26	34
연령별	19~29세	82	7	23	24	45	
	30대	109	15	13	24	21	27
	40대	165	14	9	26	26	25
	50대	178	5	5	26	23	40
	60세 이상	219	3	2	13	24	58
성/연령별	남성 19~29세	39	6	19	22	53	
	30대	52	11	10	16	24	38
	40대	76	12	5	32	26	25
	50대	77	10	6	24	18	42
	60세 이상	81	5	1	13	19	62
	여성 19~29세	43	8	27	26	39	
	30대	57	18	16	32	18	17
	40대	89	17	12	20	25	26
	50대	102	2	4	28	27	38
	60세 이상	138	2	2	14	27	55
혼인상태별	미혼	115	6	17	26	39	12
	기혼/이혼/사별	639	9	6	21	24	40
직업별	농/임/어업	18		5	17	22	55
	자영업	109	7	8	19	27	40
	블루칼라	182	8	8	20	32	32
	화이트칼라	163	12	9	25	25	30
	가정주부	209	8	8	22	22	40
	학생	32	7	22	29	40	2
	무직/은퇴/기타	41	4	2	23	17	54
최종학력별	중졸 이하	162	3	2	18	26	51
	고졸	334	7	9	25	24	35
	대재 이상	257	13	11	20	29	26
지역별	서울	142	8	8	24	32	28
	인천/경기	228	12	7	23	24	33
	강원	21	6	16	17	36	25
	대전/세종/충청	73	7	7	19	29	39
	광주/전라	80	8	8	17	31	35
	대구/경북	85	3	8	26	19	45
	부산/울산/경남	126	6	9	21	21	42
지역크기별	대도시	314	7	8	22	28	35
	중소도시	331	9	9	22	25	35
	읍/면	109	10	8	20	24	38
생활수준별	상/중상	73	6	8	13	32	42
	중	434	9	8	21	28	34
	중하	198	10	8	27	22	33
	하	49	1	4	27	17	51
이념성향별	보수적	277	8	8	20	23	41
	중도적	354	7	7	22	28	35
	진보적	123	11	13	24	27	25

표 30. 종교인의 신앙 계기

문) (종교를 믿는 사람에게) 현재의 종교를 믿게 되신 가장 큰 계기는 무엇입니까?

		사례수(명)	스스로 필요해서 (%)	모태 신앙 (%)	다른 사람의 전도로 (가족 포함) (%)	모름/응답거절 (%)
종교인 전체		754	33	22	46	0
종교별	불교인	334	44	19	38	
	개신교인	318	23	26	51	
	천주교인	98	25	19	54	1
	기타 종교인	4	51		49	
성별	남성	325	27	28	45	
	여성	429	37	17	46	0
연령별	19~29세	82	10	55	35	
	30대	109	21	33	45	1
	40대	165	30	15	55	
	50대	178	40	13	47	
	60세 이상	219	43	15	42	
성/연령별	남성 19~29세	39	12	57	31	
	30대	52	18	47	35	
	40대	76	26	18	56	
	50대	77	33	17	50	
	60세 이상	81	36	21	43	
	여성 19~29세	43	8	53	39	
	30대	57	25	20	53	2
	40대	89	33	13	54	
	50대	102	45	10	45	
	60세 이상	138	47	11	41	
혼인상태별	미혼	115	13	50	36	1
	기혼/이혼/사별	639	36	16	47	
직업별	농/임/어업	18	46	16	38	
	자영업	109	44	16	40	
	블루칼라	182	35	19	47	
	화이트칼라	163	22	31	47	
	가정주부	209	37	12	51	1
	학생	32	9	64	27	
	무직/은퇴/기타	41	31	27	43	
최종학력별	중졸 이하	162	47	14	39	
	고졸	334	33	14	52	
	대재 이상	257	23	36	41	0
지역별	서울	142	25	17	57	
	인천/경기	228	33	18	49	0
	강원	21	26	27	47	
	대전/세종/충청	73	39	25	37	
	광주/전라	80	29	24	47	
	대구/경북	85	31	28	41	
	부산/울산/경남	126	43	24	33	
지역크기별	대도시	314	30	21	48	0
	중소도시	331	31	24	45	
	읍/면	109	44	17	39	
생활수준별	상/중상	73	28	36	34	2
	중	434	32	20	48	
	중하	198	33	20	48	
	하	49	49	17	34	
이념성향별	보수적	277	35	15	49	0
	중도적	354	31	23	46	
	진보적	123	31	31	38	

표 31-1. 종교인의 개종 경험

문) (종교를 믿는 사람에게) 현재의 종교 이전에 다른 종교를 믿으신 적이 있습니까?

		사례수(명)	믿은 적 있다 (%)	믿은 적 없다 (%)
종교인 전체		754	10	90
종교별	불교인	334	10	90
	개신교인	318	9	91
	천주교인	98	17	83
	기타 종교인	4	24	76
성별	남성	325	10	90
	여성	429	11	89
연령별	19~29세	82	5	95
	30대	109	7	93
	40대	165	12	88
	50대	178	16	84
	60세 이상	219	9	91
성/연령별	남성 19~29세	39	5	95
	30대	52	4	96
	40대	76	12	88
	50대	77	14	86
	60세 이상	81	9	91
	여성 19~29세	43	4	96
	30대	57	10	90
	40대	89	11	89
	50대	102	18	82
	60세 이상	138	8	92
혼인상태별	미혼	115	6	94
	기혼/이혼/사별	639	11	89
직업별	농/임/어업	18	5	95
	자영업	109	14	86
	블루칼라	182	11	89
	화이트칼라	163	16	84
	가정주부	209	7	93
	학생	32		100
	무직/은퇴/기타	41	5	95
최종학력별	중졸 이하	162	9	91
	고졸	334	12	88
	대재 이상	257	8	92
지역별	서울	142	10	90
	인천/경기	228	10	90
	강원	21	22	78
	대전/세종/충청	73	13	87
	광주/전라	80	18	82
	대구/경북	85	7	93
	부산/울산/경남	126	6	94
지역크기별	대도시	314	9	91
	중소도시	331	11	89
	읍/면	109	12	88
생활수준별	상/중상	73	12	88
	중	434	10	90
	중하	198	12	88
	하	49	9	91
이념성향별	보수적	277	11	89
	중도적	354	11	89
	진보적	123	9	91

표 31-2. 종교인의 개종 경험 - 개종 전 종교

문) (종교인 중에서 개종 경험이 있는 사람에게) 현재의 종교 이전에 다른 종교를 믿으신 적이 있습니까?
(있다면) 과거에는 무슨 종교를 믿으셨습니까?

		사례수(명)	불교 (%)	기독교 (개신교) (%)	천주교 (가톨릭) (%)	기타 (%)
개종 경험 종교인 전체		78	33	52	10	5
종교별	불교인	33		89	11	
	개신교인	28	69		16	15
	천주교인	17	32	68		
	기타 종교인	1	100			
성별	남성	31	30	60	7	3
	여성	47	35	46	12	7
연령별	19~29세	4		51	49	
	30대	8	36	47	9	8
	40대	19	21	71		9
	50대	28	30	50	14	7
	60세 이상	19	56	37	6	
성/연령별	남성 19~29세	2		52	48	
	30대	2	50	50		
	40대	9	29	62		9
	50대	10	24	76		
	60세 이상	7	44	40	17	
	여성 19~29세	2		50	50	
	30대	6	30	46	12	11
	40대	10	12	79		8
	50대	18	33	35	22	10
	60세 이상	12	64	36		
혼인상태별	미혼	7	29	32	29	10
	기혼/이혼/사별	72	33	54	8	5
직업별	농/임/어업	1		100		
	자영업	15	44	44	12	
	블루칼라	20	44	39	10	8
	화이트칼라	25	22	63	4	10
	가정주부	15	27	60	13	
	무직/은퇴/기타	2	40		60	
최종학력별	중졸 이하	15	36	56	8	
	고졸	42	40	36	16	8
	대재 이상	21	17	79		4
지역별	서울	14	49	51		
	인천/경기	22	26	47	19	8
	강원	5		66		34
	대전/세종/충청	10	32	68		
	광주/전라	15	22	54	25	
	대구/경북	6	30	56		14
	부산/울산/경남	7	72	28		
지역크기별	대도시	29	39	52	3	6
	중소도시	36	32	48	13	7
	읍/면	13	22	62	16	
생활수준별	상/중상	9	21	59	11	8
	중	42	36	52	8	4
	중하	23	32	45	15	8
	하	4	27	73		
이념성향별	보수적	30	39	42	10	8
	중도적	37	38	50	8	5
	진보적	11		82	18	

표 32. 종교인의 신앙 이유

문) (종교를 믿는 사람에게) 귀하께서 종교를 믿으시는 가장 큰 이유는 무엇입니까? (단수응답)

		사례수(명)	복을 받기 위해 (%)	죽은 다음의 영원한 삶을 위해 (%)	마음의 평안을 얻기 위해 (%)	삶의 의미를 찾기 위해 (%)	기타 (%)	모름/응답거절 (%)
종교인 전체		754	11	15	60	13	1	1
종교별	불교인	334	12	5	73	9	1	1
	개신교인	318	12	26	45	16	1	1
	천주교인	98	5	12	63	20		
	기타 종교인	4	30	44		26		
성별	남성	325	10	15	59	15	0	1
	여성	429	12	14	60	12	1	1
연령별	19~29세	82	11	11	54	18	2	2
	30대	109	10	21	46	22	1	
	40대	165	8	17	61	14		
	50대	178	11	13	64	12	0	1
	60세 이상	219	14	13	64	9	1	0
성/연령별	남성 19~29세	39	20	9	53	16	3	
	30대	52	8	23	46	22		
	40대	76	6	20	61	13		
	50대	77	7	9	68	14		1
	60세 이상	81	12	14	59	13		1
	여성 19~29세	43	4	13	56	20	2	4
	30대	57	12	18	46	22	2	
	40대	89	9	14	62	15		
	50대	102	14	15	60	9	1	1
	60세 이상	138	15	12	66	6		
혼인상태별	미혼	115	10	19	49	19	2	2
	기혼/이혼/사별	639	11	14	62	12	0	0
직업별	농/임/어업	18	5		95			
	자영업	109	13	16	63	6	1	1
	블루칼라	182	7	16	59	18		1
	화이트칼라	163	8	17	53	21	1	1
	가정주부	209	16	12	62	10	1	0
	학생	32	3	24	50	21	3	
	무직/은퇴/기타	41	17	12	60	6	2	2
최종학력별	중졸 이하	162	13	10	69	6	1	1
	고졸	334	12	14	60	12	1	1
	대재 이상	257	8	18	53	21	0	
지역별	서울	142	21	7	45	25		1
	인천/경기	228	9	23	53	13	1	0
	강원	21		8	76	16		
	대전/세종/충청	73	7	11	70	8		4
	광주/전라	80	7	26	56	8	2	
	대구/경북	85	8	13	70	10		
	부산/울산/경남	126	12	6	74	9		
지역크기별	대도시	314	14	14	56	16		0
	중소도시	331	8	17	59	14	1	1
	읍/면	109	12	10	73	4	2	
생활수준별	상/중상	73	8	17	57	18		
	중	434	9	15	61	13	1	1
	중하	198	16	13	56	13	1	0
	하	49	9	12	64	13		2
이념성향별	보수적	277	13	15	59	13	0	
	중도적	354	10	14	63	12	1	1
	진보적	123	10	18	52	18	1	1

표 33. 종교인의 종교 의례 참여 빈도

문) (종교를 믿는 사람에게) 귀하는 요즘 성당, 교회, 절 등에 얼마나 자주 가십니까?
단, 결혼식, 장례식 등의 일로 방문하신 것은 제외하고 응답해 주십시오.

		사례수(명)	① 일주일에 2번 이상 (%)	② 일주일에 1번 정도 (%)	①+② (%)	한 달에 2~3번 (%)	한 달에 1번 (%)	두세 달에 1번 (%)
	종교인 전체	754	13	31	44	10	8	10
종교별	불교인	334		6	6	9	13	19
	개신교인	318	29	51	80	9	5	2
	천주교인	98	9	50	58	15	2	3
	기타 종교인	4	26		26	21	30	
성별	남성	325	11	29	40	9	7	10
	여성	429	15	32	47	11	8	9
연령별	19~29세	82	12	36	48	11	7	8
	30대	109	10	37	47	11	7	9
	40대	165	13	28	41	14	8	8
	50대	178	13	30	43	9	7	11
	60세 이상	219	16	29	45	7	9	11
성/연령별	남성 19~29세	39	14	34	48	7	11	9
	30대	52	15	32	47	9	8	10
	40대	76	12	26	38	10	6	10
	50대	77	7	22	29	10	9	12
	60세 이상	81	12	31	44	8	5	10
	여성 19~29세	43	10	38	47	14	3	7
	30대	57	6	41	47	13	6	9
	40대	89	14	29	43	18	10	6
	50대	102	18	35	53	7	6	11
	60세 이상	138	18	27	45	7	11	11
혼인상태별	미혼	115	13	35	48	8	7	8
	기혼/이혼/사별	639	13	30	43	10	8	10
직업별	농/임/어업	18	5	31	36			6
	자영업	109	12	29	41	10	12	6
	블루칼라	182	12	36	48	6	3	7
	화이트칼라	163	14	26	40	14	8	13
	가정주부	209	15	29	44	12	12	11
	학생	32	17	42	59	8	3	10
	무직/은퇴/기타	41	12	31	43	7	6	16
최종학력별	중졸 이하	162	14	26	40	7	12	13
	고졸	334	12	32	44	9	7	10
	대재 이상	257	14	33	47	13	7	8
지역별	서울	142	9	51	59	13	5	5
	인천/경기	228	15	34	48	12	9	11
	강원	21	17	19	36	4	11	9
	대전/세종/충청	73	15	26	42	9	8	5
	광주/전라	80	27	31	58	7	5	5
	대구/경북	85	10	27	37	8	5	13
	부산/울산/경남	126	7	11	17	7	13	17
지역크기별	대도시	314	11	39	50	11	7	7
	중소도시	331	16	26	42	10	7	11
	읍/면	109	12	21	34	7	13	13
생활수준별	상/중상	73	18	31	49	17	9	2
	중	434	13	31	44	11	8	10
	중하	198	11	30	41	6	8	11
	하	49	18	30	48	4	2	14
이념성향별	보수적	277	12	27	39	12	6	14
	중도적	354	14	33	48	8	8	8
	진보적	123	13	33	46	11	10	5

(계속)

표 33. 종교인의 종교 의례 참여 빈도

문) (종교를 믿는 사람에게) 귀하는 요즘 성당, 교회, 절 등에 얼마나 자주 가십니까?
단, 결혼식, 장례식 등의 일로 방문하신 것은 제외하고 응답해 주십시오.

		사례수(명)	③ 일 년에 1~2번 (%)	④ 몇 년에 1번 또는 그 이하 (%)	③+④ (%)	전혀 가지 않는다 (%)
종교인 전체		754	21	5	26	2
종교별	불교인	334	43	9	51	2
	개신교인	318	2	1	3	1
	천주교인	98	8	7	15	6
	기타 종교인	4		24	24	
성별	남성	325	24	6	31	3
	여성	429	18	4	22	2
연령별	19~29세	82	19	4	24	3
	30대	109	15	6	21	4
	40대	165	20	8	28	1
	50대	178	22	4	26	4
	60세 이상	219	23	4	28	1
성/연령별	남성 19~29세	39	17	6	23	2
	30대	52	19	2	21	5
	40대	76	21	12	33	3
	50대	77	31	5	36	4
	60세 이상	81	27	6	33	
	여성 19~29세	43	22	3	25	4
	30대	57	11	10	21	4
	40대	89	19	4	23	
	50대	102	16	3	18	4
	60세 이상	138	21	3	24	1
혼인상태별	미혼	115	19	8	26	3
	기혼/이혼/사별	639	21	5	26	2
직업별	농/임/어업	18	47	12	59	
	자영업	109	27	4	31	1
	블루칼라	182	24	8	32	5
	화이트칼라	163	16	6	22	3
	가정주부	209	16	3	19	1
	학생	32	17		17	3
	무직/은퇴/기타	41	23	6	29	
최종학력별	중졸 이하	162	23	5	28	1
	고졸	334	24	5	29	2
	대재 이상	257	15	5	20	4
지역별	서울	142	14	2	16	2
	인천/경기	228	11	5	16	3
	강원	21	20	4	24	17
	대전/세종/충청	73	25	8	33	3
	광주/전라	80	18	7	25	1
	대구/경북	85	30	5	35	1
	부산/울산/경남	126	39	6	45	1
지역크기별	대도시	314	19	5	23	1
	중소도시	331	22	4	27	3
	읍/면	109	23	8	31	1
생활수준별	상/중상	73	18	4	22	1
	중	434	20	5	25	2
	중하	198	23	6	29	4
	하	49	25	4	30	3
이념성향별	보수적	277	21	4	25	4
	중도적	354	20	6	27	2
	진보적	123	23	4	26	1

(이어서)

표 34. 종교인의 성직자 권위적 태도 평가

문) (종교를 믿는 사람에게) 귀하께서 현재 가장 자주 다니시는 (성당/교회/절)의 성직자가 신도를 지도하는 방법은 얼마나 권위적이라고, 혹은 권위적이지 않다고 생각하십니까?

		사례수(명)	① 매우 권위적이다 (%)	② 어느 정도 권위적이다 (%)	①+② (%)	③ 별로 권위적이지 않다 (%)	④ 전혀 권위적이지 않다 (%)	③+④ (%)
	종교인 전체	754	3	31	35	53	12	65
종교별	불교인	334	3	28	30	57	12	70
	개신교인	318	4	36	40	49	11	60
	천주교인	98	4	30	33	49	17	67
	기타 종교인	4				100		100
성별	남성	325	3	34	36	49	15	64
	여성	429	4	30	33	56	11	67
연령별	19~29세	82	3	35	38	46	16	62
	30대	109	5	31	37	49	14	63
	40대	165	3	36	40	46	15	60
	50대	178	4	27	31	55	14	69
	60세 이상	219	2	30	32	61	7	68
성/연령별	남성 19~29세	39	3	38	41	43	16	59
	30대	52	6	25	31	49	20	69
	40대	76	3	36	40	41	19	60
	50대	77	3	32	35	51	15	65
	60세 이상	81		36	36	57	7	64
	여성 19~29세	43	4	32	35	49	16	65
	30대	57	4	37	42	49	9	58
	40대	89	4	36	40	49	11	60
	50대	102	5	23	28	59	14	72
	60세 이상	138	3	26	29	63	7	71
혼인상태별	미혼	115	1	35	36	48	16	64
	기혼/이혼/사별	639	4	31	34	54	12	66
직업별	농/임/어업	18		32	32	61	7	68
	자영업	109	5	28	33	57	10	67
	블루칼라	182	4	36	40	46	14	60
	화이트칼라	163	3	37	40	41	19	60
	가정주부	209	3	25	28	63	9	72
	학생	32	3	28	31	54	15	69
	무직/은퇴/기타	41	3	31	34	64	2	66
최종학력별	중졸 이하	162	3	29	32	62	6	68
	고졸	334	2	30	32	56	12	68
	대재 이상	257	5	35	40	43	17	60
지역별	서울	142	1	45	46	44	10	54
	인천/경기	228	6	30	36	43	21	64
	강원	21	4	41	45	34	21	55
	대전/세종/충청	73	2	20	22	72	6	78
	광주/전라	80	2	31	33	55	12	67
	대구/경북	85	4	34	37	51	12	63
	부산/울산/경남	126	1	22	23	73	4	77
지역크기별	대도시	314	2	37	39	53	8	61
	중소도시	331	4	28	32	52	17	68
	읍/면	109	7	24	30	57	12	70
생활수준별	상/중상	73	7	41	48	43	9	52
	중	434	3	28	31	56	13	69
	중하	198	4	34	38	49	13	62
	하	49		34	34	55	11	66
이념성향별	보수적	277	4	31	35	50	14	65
	중도적	354	3	32	35	57	8	65
	진보적	123	3	30	33	47	20	67

표 35. 종교인의 기도/기원 빈도

문) (종교를 믿는 사람에게) 귀하는 개인적으로 기도/기원 등을 얼마나 자주 하십니까?

		사례수(명)	① 하루에 몇 번 (%)	② 하루에 1번 (%)	①+② (%)	일주일에 2~3번 (%)	일주일에 1번 (%)	한 달에 몇 번 또는 그 이하 (%)	전혀 하지 않는다 (%)
	종교인 전체	754	14	15	30	13	11	30	16
종교별	불교인	334	3	5	8	6	7	54	25
	개신교인	318	26	26	52	18	14	9	8
	천주교인	98	13	17	30	21	16	21	12
	기타 종교인	4	56	21	76			24	
성별	남성	325	10	12	22	15	9	32	22
	여성	429	17	18	35	11	13	29	11
연령별	19~29세	82	11	20	31	12	14	20	22
	30대	109	9	21	31	13	10	23	24
	40대	165	13	13	26	18	12	29	15
	50대	178	14	15	30	10	10	33	17
	60세 이상	219	18	13	31	12	11	37	9
성/연령별	남성 19~29세	39	10	26	36	14	6	28	16
	30대	52	8	20	28	10	7	30	25
	40대	76	12	7	19	19	7	25	30
	50대	77	5	8	13	14	10	40	23
	60세 이상	81	15	9	23	17	11	35	14
	여성 19~29세	43	12	15	27	11	22	13	27
	30대	57	11	23	34	15	12	16	22
	40대	89	14	18	32	18	16	33	1
	50대	102	22	21	43	8	10	27	12
	60세 이상	138	21	15	36	9	11	38	7
혼인상태별	미혼	115	15	14	29	12	14	23	23
	기혼/이혼/사별	639	14	16	30	13	11	32	15
직업별	농/임/어업	18	28	13	41	4		29	26
	자영업	109	17	17	33	15	6	33	12
	블루칼라	182	13	15	29	11	10	27	24
	화이트칼라	163	13	11	23	18	11	28	20
	가정주부	209	16	18	34	9	15	34	8
	학생	32	8	22	29	12	21	17	21
	무직/은퇴/기타	41	10	17	26	20	9	40	5
최종학력별	중졸 이하	162	19	13	32	10	11	36	11
	고졸	334	14	15	29	13	11	32	15
	대재 이상	257	12	17	29	16	11	24	20
지역별	서울	142	13	19	32	12	17	25	14
	인천/경기	228	14	17	31	21	11	25	12
	강원	21	16	14	30	3	12	29	26
	대전/세종/충청	73	17	17	33	8	7	36	15
	광주/전라	80	23	17	40	9	17	27	6
	대구/경북	85	15	14	28	11	7	34	21
	부산/울산/경남	126	8	10	18	8	7	42	26
지역크기별	대도시	314	12	17	29	13	14	26	17
	중소도시	331	15	15	30	15	8	30	16
	읍/면	109	19	11	30	6	10	42	12
생활수준별	상/중상	73	17	16	33	19	12	22	13
	중	434	13	17	30	13	12	31	14
	중하	198	14	13	27	12	9	31	22
	하	49	20	12	32	12	12	33	11
이념성향별	보수적	277	12	13	25	14	11	34	16
	중도적	354	17	18	35	12	11	28	14
	진보적	123	12	14	26	13	12	29	19

표 36. 종교인의 경전 읽는 빈도

문) (종교를 믿는 사람에게) 귀하는 성경/불경 등을 얼마나 자주 읽으십니까?

		사례수(명)	① 하루에 1번 이상 (%)	② 일주일에 3~4번 (%)	③ 일주일에 1번 (%)	①+②+③ (%)	가끔 생각날 때 읽는다 (%)	전혀 읽지 않는다 (%)
	종교인 전체	754	11	8	15	34	34	32
종교별	불교인	334	3	2	5	11	41	48
	개신교인	318	19	14	23	56	28	16
	천주교인	98	9	8	22	39	30	30
	기타 종교인	4	26	21		46	54	
종교유무별	종교인	754	11	8	15	34	34	32
성별	남성	325	8	8	14	30	30	40
	여성	429	13	8	16	37	38	26
연령별	19~29세	82	9	8	17	34	27	39
	30대	109	8	8	19	35	35	29
	40대	165	8	5	19	32	32	36
	50대	178	12	8	11	31	36	33
	60세 이상	219	14	10	13	36	36	27
성/연령별	남성 19~29세	39	8	12	13	33	31	36
	30대	52	7	10	20	37	33	30
	40대	76	7	5	20	32	19	49
	50대	77	6	8	8	22	36	43
	60세 이상	81	13	7	12	32	32	37
	여성 19~29세	43	10	4	22	36	23	42
	30대	57	9	6	18	34	38	29
	40대	89	9	6	18	32	44	24
	50대	102	17	8	13	38	37	25
	60세 이상	138	14	11	14	39	39	22
혼인상태별	미혼	115	9	6	23	37	29	34
	기혼/이혼/사별	639	11	8	14	33	35	32
직업별	농/임/어업	18	18		11	29	27	44
	자영업	109	10	6	19	34	34	32
	블루칼라	182	11	8	13	33	29	38
	화이트칼라	163	9	8	16	33	27	40
	가정주부	209	12	10	12	34	44	22
	학생	32	11	6	24	40	28	32
	무직/은퇴/기타	41	10	7	20	37	42	20
최종학력별	중졸 이하	162	15	5	10	31	42	27
	고졸	334	9	9	14	33	34	33
	대재 이상	257	10	8	19	37	30	33
지역별	서울	142	7	8	17	32	44	24
	인천/경기	228	12	11	15	38	30	33
	강원	21	16	4	11	31	48	21
	대전/세종/충청	73	14	7	7	28	41	30
	광주/전라	80	19	5	23	47	27	25
	대구/경북	85	8	8	21	37	29	34
	부산/울산/경남	126	7	5	9	22	33	46
지역크기별	대도시	314	9	7	18	35	41	24
	중소도시	331	12	9	13	34	30	36
	읍/면	109	13	6	11	31	28	41
생활수준별	상/중상	73	15	13	17	46	31	24
	중	434	11	8	15	34	36	30
	중하	198	9	6	15	30	28	43
	하	49	10	8	11	29	50	21
이념성향별	보수적	277	8	10	15	33	32	35
	중도적	354	14	6	16	36	35	29
	진보적	123	8	7	15	30	37	32

표 37-1. 종교인의 종교적 체험 - 절대자나 신의 계시

문) (종교를 믿는 사람에게) 다음은 종교적 경험에 대한 질문입니다. 각 항목의 경험이 '있었다', '없었다'로 응답해 주십시오.
- 절대자나 신의 계시를 받은 경험

		사례수(명)	있었다 (%)	없었다 (%)	모름/응답거절 (%)
종교인 전체		754	16	80	3
종교별	불교인	334	9	88	3
	개신교인	318	25	71	3
	천주교인	98	11	85	3
	기타 종교인	4		100	
성별	남성	325	15	82	3
	여성	429	17	79	4
연령별	19~29세	82	13	78	9
	30대	109	15	79	6
	40대	165	16	82	2
	50대	178	20	77	3
	60세 이상	219	14	84	2
성/연령별	남성 19~29세	39	16	76	7
	30대	52	18	78	4
	40대	76	18	80	2
	50대	77	14	84	2
	60세 이상	81	11	86	2
	여성 19~29세	43	10	80	10
	30대	57	13	80	8
	40대	89	15	83	2
	50대	102	25	72	3
	60세 이상	138	16	82	2
혼인상태별	미혼	115	14	81	5
	기혼/이혼/사별	639	17	80	3
직업별	농/임/어업	18	9	91	
	자영업	109	19	77	4
	블루칼라	182	14	83	3
	화이트칼라	163	20	77	3
	가정주부	209	15	81	4
	학생	32	12	79	9
	무직/은퇴/기타	41	14	86	
최종학력별	중졸 이하	162	13	85	2
	고졸	334	18	80	3
	대재 이상	257	16	79	5
지역별	서울	142	19	79	2
	인천/경기	228	22	71	7
	강원	21	24	66	10
	대전/세종/충청	73	11	85	3
	광주/전라	80	19	80	1
	대구/경북	85	10	90	
	부산/울산/경남	126	8	91	1
지역크기별	대도시	314	16	83	1
	중소도시	331	19	77	5
	읍/면	109	10	85	5
생활수준별	상/중상	73	22	74	4
	중	434	17	79	4
	중하	198	13	84	3
	하	49	10	90	
이념성향별	보수적	277	16	80	5
	중도적	354	18	81	2
	진보적	123	14	81	6

표 37-2. 종교인의 종교적 체험 - 극락/천국에 갈 것이라는 계시

문) (종교를 믿는 사람에게) 다음은 종교적 경험에 대한 질문입니다. 각 항목의 경험이 '있었다', '없었다'로 응답해 주십시오.
- 극락/천국에 갈 것이라는 계시

		사례수(명)	있었다 (%)	없었다 (%)	모름/응답거절 (%)
종교인 전체		754	19	77	3
종교별	불교인	334	10	86	5
	개신교인	318	31	67	2
	천주교인	98	14	83	2
	기타 종교인	4	21	79	
성별	남성	325	18	79	3
	여성	429	20	76	4
연령별	19~29세	82	15	77	7
	30대	109	17	80	3
	40대	165	18	79	3
	50대	178	21	75	4
	60세 이상	219	21	76	2
성/연령별	남성 19~29세	39	14	82	5
	30대	52	17	83	
	40대	76	23	74	3
	50대	77	18	77	5
	60세 이상	81	15	83	1
	여성 19~29세	43	17	73	10
	30대	57	17	78	5
	40대	89	14	83	3
	50대	102	23	74	2
	60세 이상	138	25	72	3
혼인상태별	미혼	115	20	75	5
	기혼/이혼/사별	639	19	78	3
직업별	농/임/어업	18	7	93	
	자영업	109	15	78	7
	블루칼라	182	21	77	2
	화이트칼라	163	20	78	3
	가정주부	209	21	75	4
	학생	32	17	77	6
	무직/은퇴/기타	41	20	80	
최종학력별	중졸 이하	162	20	77	3
	고졸	334	18	79	3
	대재 이상	257	20	76	5
지역별	서울	142	22	77	1
	인천/경기	228	26	68	6
	강원	21	13	78	10
	대전/세종/충청	73	19	76	5
	광주/전라	80	17	78	5
	대구/경북	85	7	92	1
	부산/울산/경남	126	14	85	1
지역크기별	대도시	314	20	79	1
	중소도시	331	20	76	4
	읍/면	109	14	78	8
생활수준별	상/중상	73	29	69	3
	중	434	20	76	4
	중하	198	15	83	2
	하	49	20	77	3
이념성향별	보수적	277	16	79	4
	중도적	354	23	75	3
	진보적	123	16	80	4

표 37-3. 종교인의 종교적 체험 - 마귀/악마의 유혹을 받고 있다는 느낌

문) (종교를 믿는 사람에게) 다음은 종교적 경험에 대한 질문입니다. 각 항목의 경험이 '있었다', '없었다'로 응답해 주십시오.
  - 마귀/악마의 유혹을 받고 있다는 느낌

		사례수(명)	있었다 (%)	없었다 (%)	모름/응답거절 (%)
종교인 전체		754	22	74	4
종교별	불교인	334	9	86	5
	개신교인	318	36	61	3
	천주교인	98	20	75	4
	기타 종교인	4		100	
성별	남성	325	21	75	4
	여성	429	23	73	4
연령별	19~29세	82	17	73	10
	30대	109	20	77	3
	40대	165	20	78	2
	50대	178	23	71	6
	60세 이상	219	25	72	3
성/연령별	남성 19~29세	39	11	77	12
	30대	52	24	74	2
	40대	76	23	75	2
	50대	77	23	72	5
	60세 이상	81	19	79	2
	여성 19~29세	43	23	69	8
	30대	57	17	79	4
	40대	89	17	81	2
	50대	102	23	71	6
	60세 이상	138	29	68	4
혼인상태별	미혼	115	19	75	6
	기혼/이혼/사별	639	22	74	4
직업별	농/임/어업	18	9	91	
	자영업	109	16	78	5
	블루칼라	182	23	75	2
	화이트칼라	163	21	74	5
	가정주부	209	26	69	5
	학생	32	11	80	9
	무직/은퇴/기타	41	26	74	
최종학력별	중졸 이하	162	24	73	3
	고졸	334	22	74	3
	대재 이상	257	20	74	6
지역별	서울	142	28	72	
	인천/경기	228	29	60	11
	강원	21	20	70	10
	대전/세종/충청	73	21	75	3
	광주/전라	80	24	76	
	대구/경북	85	8	91	1
	부산/울산/경남	126	11	88	1
지역크기별	대도시	314	22	76	1
	중소도시	331	23	71	6
	읍/면	109	18	74	8
생활수준별	상/중상	73	22	65	12
	중	434	19	77	4
	중하	198	26	70	4
	하	49	28	72	
이념성향별	보수적	277	19	76	4
	중도적	354	25	71	3
	진보적	123	17	76	7

표 37-4. 종교인의 종교적 체험 - 벌을 받고 있다는 느낌

문) (종교를 믿는 사람에게) 다음은 종교적 경험에 대한 질문입니다. 각 항목의 경험이 '있었다', '없었다'로 응답해 주십시오.
- 벌을 받고 있다는 느낌

		사례수(명)	있었다 (%)	없었다 (%)	모름/응답거절 (%)
종교인 전체		754	24	73	3
종교별	불교인	334	18	79	3
	개신교인	318	31	66	3
	천주교인	98	24	74	2
	기타 종교인	4		100	
성별	남성	325	25	71	4
	여성	429	23	74	2
연령별	19~29세	82	21	71	8
	30대	109	22	74	4
	40대	165	24	74	2
	50대	178	26	70	4
	60세 이상	219	24	75	1
성/연령별	남성 19~29세	39	18	75	7
	30대	52	25	71	4
	40대	76	32	67	2
	50대	77	25	68	7
	60세 이상	81	23	76	1
	여성 19~29세	43	24	68	8
	30대	57	19	77	4
	40대	89	18	80	2
	50대	102	27	72	1
	60세 이상	138	25	74	1
혼인상태별	미혼	115	22	72	5
	기혼/이혼/사별	639	24	73	3
직업별	농/임/어업	18	4	96	
	자영업	109	20	78	2
	블루칼라	182	29	69	2
	화이트칼라	163	25	70	5
	가정주부	209	23	74	3
	학생	32	14	80	6
	무직/은퇴/기타	41	28	72	
최종학력별	중졸 이하	162	26	73	1
	고졸	334	22	75	2
	대재 이상	257	25	70	5
지역별	서울	142	26	74	
	인천/경기	228	30	62	8
	강원	21	38	58	4
	대전/세종/충청	73	21	76	3
	광주/전라	80	25	75	
	대구/경북	85	14	84	2
	부산/울산/경남	126	17	83	
지역크기별	대도시	314	24	75	0
	중소도시	331	26	70	4
	읍/면	109	18	76	6
생활수준별	상/중상	73	30	63	7
	중	434	23	75	3
	중하	198	22	75	3
	하	49	33	67	
이념성향별	보수적	277	24	73	2
	중도적	354	25	72	3
	진보적	123	21	75	5

표 37-5. 종교인의 종교적 체험 - 종교의 힘으로 병이 나은 경험

문) (종교를 믿는 사람에게) 다음은 종교적 경험에 대한 질문입니다. 각 항목의 경험이 '있었다', '없었다'로 응답해 주십시오.
- 종교의 힘으로 병이 나은 경험

		사례수(명)	있었다 (%)	없었다 (%)	모름/응답거절 (%)
종교인 전체		754	16	81	3
종교별	불교인	334	9	89	3
	개신교인	318	26	70	4
	천주교인	98	11	86	3
	기타 종교인	4		100	
성별	남성	325	14	83	3
	여성	429	18	79	3
연령별	19~29세	82	10	83	7
	30대	109	15	83	2
	40대	165	15	84	2
	50대	178	16	79	4
	60세 이상	219	20	77	2
성/연령별	남성 19~29세	39	10	83	7
	30대	52	19	81	
	40대	76	20	80	
	50대	77	9	84	7
	60세 이상	81	13	84	2
	여성 19~29세	43	10	83	7
	30대	57	10	86	4
	40대	89	10	86	4
	50대	102	22	76	2
	60세 이상	138	25	73	3
혼인상태별	미혼	115	15	82	3
	기혼/이혼/사별	639	17	80	3
직업별	농/임/어업	18	5	95	
	자영업	109	17	80	3
	블루칼라	182	16	82	2
	화이트칼라	163	15	81	4
	가정주부	209	20	76	4
	학생	32	12	82	6
	무직/은퇴/기타	41	11	89	
최종학력별	중졸 이하	162	22	76	3
	고졸	334	15	82	3
	대재 이상	257	14	82	4
지역별	서울	142	15	85	
	인천/경기	228	25	67	8
	강원	21	22	74	4
	대전/세종/충청	73	16	79	5
	광주/전라	80	20	80	
	대구/경북	85	4	95	1
	부산/울산/경남	126	7	93	
지역크기별	대도시	314	14	86	1
	중소도시	331	21	75	4
	읍/면	109	10	83	7
생활수준별	상/중상	73	26	71	4
	중	434	16	80	4
	중하	198	12	86	2
	하	49	21	79	
이념성향별	보수적	277	18	79	3
	중도적	354	15	82	3
	진보적	123	15	80	5

표 37-6. 종교인의 종교적 체험 - 다시 태어난 것 같은 느낌

문) (종교를 믿는 사람에게) 다음은 종교적 경험에 대한 질문입니다. 각 항목의 경험이 '있었다', '없었다'로 응답해 주십시오.
 - 다시 태어난 것 같은 느낌

		사례수(명)	있었다 (%)	없었다 (%)	모름/응답거절 (%)
종교인 전체		754	21	76	3
종교별	불교인	334	7	89	4
	개신교인	318	36	62	2
	천주교인	98	22	73	5
	기타 종교인	4		100	
성별	남성	325	19	77	3
	여성	429	23	74	3
연령별	19~29세	82	18	76	6
	30대	109	21	76	3
	40대	165	21	76	3
	50대	178	24	73	3
	60세 이상	219	20	77	2
성/연령별	남성 19~29세	39	16	77	7
	30대	52	23	74	3
	40대	76	23	74	3
	50대	77	19	78	3
	60세 이상	81	16	82	1
	여성 19~29세	43	19	76	5
	30대	57	19	77	4
	40대	89	20	77	3
	50대	102	28	69	3
	60세 이상	138	23	74	3
혼인상태별	미혼	115	22	74	4
	기혼/이혼/사별	639	21	76	3
직업별	농/임/어업	18	9	91	
	자영업	109	21	73	6
	블루칼라	182	22	75	3
	화이트칼라	163	25	73	1
	가정주부	209	21	75	4
	학생	32	13	81	6
	무직/은퇴/기타	41	13	87	
최종학력별	중졸 이하	162	20	76	4
	고졸	334	21	77	2
	대재 이상	257	23	73	4
지역별	서울	142	21	79	
	인천/경기	228	28	63	9
	강원	21	29	62	10
	대전/세종/충청	73	16	80	3
	광주/전라	80	24	75	1
	대구/경북	85	13	87	
	부산/울산/경남	126	14	86	
지역크기별	대도시	314	21	79	
	중소도시	331	24	71	5
	읍/면	109	11	80	9
생활수준별	상/중상	73	34	65	1
	중	434	20	75	4
	중하	198	17	80	3
	하	49	23	77	
이념성향별	보수적	277	20	76	4
	중도적	354	23	75	2
	진보적	123	20	75	5

표 38. 종교인의 신앙심 자기 평가

문) (종교를 믿는 사람에게) 귀하는 본인의 종교적 믿음이 얼마나 깊다고, 혹은 깊지 않다고 생각하십니까?

		사례수(명)	① 매우 깊다 (%)	② 깊은 편이다 (%)	①+② (%)	③ 그저 그렇다 (%)	④ 깊지 않은 편이다 (%)	⑤ 전혀 깊지 않다 (%)	④+⑤ (%)
종교인 전체		754	6	30	36	42	17	5	22
종교별	불교인	334	3	18	21	49	26	4	30
	개신교인	318	11	41	52	34	8	6	14
	천주교인	98	5	30	35	42	18	4	23
	기타 종교인	4		46	46	54			
성별	남성	325	6	25	31	40	22	7	29
	여성	429	7	33	40	43	14	3	17
연령별	19~29세	82	5	31	36	40	18	6	24
	30대	109	3	30	33	47	16	5	20
	40대	165	5	27	32	38	22	7	30
	50대	178	9	28	37	39	19	5	24
	60세 이상	219	7	32	40	45	13	2	16
성/연령별	남성 19~29세	39	7	31	38	46	13	2	15
	30대	52	3	32	35	42	20	3	23
	40대	76	5	24	29	34	29	9	37
	50대	77	9	23	33	34	24	10	34
	60세 이상	81	6	20	26	48	20	6	26
	여성 19~29세	43	4	30	34	34	23	9	31
	30대	57	2	29	31	51	13	6	18
	40대	89	5	29	35	42	17	6	23
	50대	102	10	31	41	43	15	2	17
	60세 이상	138	8	39	48	43	9		9
혼인상태별	미혼	115	7	33	39	42	16	3	19
	기혼/이혼/사별	639	6	29	35	42	18	5	23
직업별	농/임/어업	18	7	34	42	26	28	4	33
	자영업	109	6	25	31	42	20	6	26
	블루칼라	182	4	33	38	39	18	5	23
	화이트칼라	163	6	27	33	38	22	8	30
	가정주부	209	8	31	39	46	12	2	14
	학생	32	3	33	36	43	21		21
	무직/은퇴/기타	41	10	25	35	50	11	4	14
최종학력별	중졸 이하	162	8	35	43	40	16	1	17
	고졸	334	6	28	34	45	16	5	21
	대재 이상	257	6	29	35	38	20	6	27
지역별	서울	142	4	29	33	52	10	5	15
	인천/경기	228	8	33	40	36	18	6	24
	강원	21		37	37	48	12	3	15
	대전/세종/충청	73	8	24	32	41	20	8	28
	광주/전라	80	14	39	53	33	11	3	14
	대구/경북	85	6	31	36	41	20	2	23
	부산/울산/경남	126	3	21	23	46	28	3	31
지역크기별	대도시	314	5	32	38	48	11	3	14
	중소도시	331	7	29	36	37	22	5	27
	읍/면	109	7	25	32	38	21	10	31
생활수준별	상/중상	73	9	35	44	39	10	7	17
	중	434	6	30	36	45	16	3	19
	중하	198	5	25	30	38	24	8	33
	하	49	11	40	51	29	14	5	20
이념성향별	보수적	277	5	30	35	39	21	5	26
	중도적	354	7	30	37	46	13	4	17
	진보적	123	8	27	35	35	22	7	30

표 39. 불교인의 시주 빈도

문) (불교를 믿는 사람에게) 귀하는 지난 1년간 절이나 불교 단체에 몇 번이나 시주하셨습니까?

		사례수(명)	① 한 번도 없다 (%)	② 1~2번 (%)	①+② (%)	3~4번 (%)	5~6번 (%)	7~10번 (%)	11번 이상 (%)
불교인 전체		334	13	45	58	15	10	5	12
성별	남성	150	20	47	66	15	8	2	9
	여성	184	7	43	51	16	12	7	15
연령별	19~29세	27	29	52	81	6	9		4
	30대	32	19	44	63	8	14		16
	40대	67	21	47	68	6	14	2	11
	50대	94	10	43	53	22	8	5	12
	60세 이상	114	5	44	48	20	8	9	14
성/연령별	남성 19~29세	13	28	64	92		8		
	30대	17	16	49	66		19		15
	40대	32	36	46	82	5	8		4
	50대	45	14	40	54	26	5	5	8
	60세 이상	42	13	47	60	20	5	2	13
	여성 19~29세	14	31	42	72	12	9		7
	30대	15	23	37	60	17	7		17
	40대	35	7	47	54	6	19	3	17
	50대	49	7	46	53	17	9	5	16
	60세 이상	71		42	42	21	11	13	14
혼인상태별	미혼	37	26	52	78	3	15		4
	기혼/이혼/사별	297	11	44	55	17	9	5	13
직업별	농/임/어업	11		57	57	43			
	자영업	54	9	46	55	22	7	4	13
	블루칼라	78	18	57	74	5	8	6	7
	화이트칼라	57	30	30	60	20	12		8
	가정주부	103	3	40	43	13	13	9	22
	학생	10	15	54	68	9	22		
	무직/은퇴/기타	22	15	52	68	23	4		5
최종학력별	중졸 이하	91	2	48	50	19	5	12	14
	고졸	160	14	46	60	14	14	2	10
	대재 이상	83	23	39	62	14	8	1	15
지역별	서울	43	28	36	63	3	13		21
	인천/경기	78	18	48	66	16	3	7	7
	강원	8	11	33	44	30	12		14
	대전/세종/충청	31	10	52	62	17	3	7	10
	광주/전라	22	14	42	56	19	15		10
	대구/경북	50	7	49	55	23	13	2	6
	부산/울산/경남	101	7	44	50	14	13	7	16
지역크기별	대도시	131	12	46	58	6	14	6	17
	중소도시	145	12	47	59	22	8	3	8
	읍/면	58	16	37	53	21	5	7	13
생활수준별	상/중상	23	9	43	52	20		5	24
	중	193	13	44	57	15	10	5	13
	중하	94	11	51	62	16	12	2	7
	하	24	18	33	51	13	14	10	11
이념성향별	보수적	145	12	48	60	14	9	7	10
	중도적	142	16	41	57	18	10	3	12
	진보적	47	7	47	55	12	11	3	19

표 40. 불교인의 시주에 대한 견해 - 시주와 진정한 신자

문) (불교를 믿는 사람에게) 귀하는 '절이나 불교 단체에 1년에 한 번도 시주하지 않은 사람은 진정한 신자가 아니다'라는 말에 대해 그렇다고 생각하십니까, 그렇지 않다고 생각하십니까?

		사례수(명)	그렇다 (%)	그렇지 않다 (%)
불교인 전체		334	21	79
성별	남성	150	17	83
	여성	184	24	76
연령별	19~29세	27	15	85
	30대	32	20	80
	40대	67	19	81
	50대	94	23	77
	60세 이상	114	22	78
성/연령별	남성 19~29세	13	17	83
	30대	17	14	86
	40대	32	8	92
	50대	45	25	75
	60세 이상	42	15	85
	여성 19~29세	14	13	87
	30대	15	27	73
	40대	35	28	72
	50대	49	22	78
	60세 이상	71	25	75
혼인상태별	미혼	37	19	81
	기혼/이혼/사별	297	21	79
직업별	농/임/어업	11	28	72
	자영업	54	19	81
	블루칼라	78	21	79
	화이트칼라	57	13	87
	가정주부	103	27	73
	학생	10	24	76
	무직/은퇴/기타	22	11	89
최종학력별	중졸 이하	91	25	75
	고졸	160	25	75
	대재 이상	83	9	91
지역별	서울	43	25	75
	인천/경기	78	11	89
	강원	8	14	86
	대전/세종/충청	31		100
	광주/전라	22	39	61
	대구/경북	50	11	89
	부산/울산/경남	101	35	65
지역크기별	대도시	131	29	71
	중소도시	145	15	85
	읍/면	58	16	84
생활수준별	상/중상	23	15	85
	중	193	20	80
	중하	94	19	81
	하	24	40	60
이념성향별	보수적	145	18	82
	중도적	142	22	78
	진보적	47	26	74

표 41. 불교인의 시주에 대한 견해 - 시주와 복 받음

문) (불교를 믿는 사람에게) 그럼, '절이나 불교 단체에 시주하는 사람은 그 금액 이상으로 복을 받는다'라는 말에 대해서는 그렇다고 생각하십니까, 그렇지 않다고 생각하십니까?

		사례수(명)	그렇다 (%)	그렇지 않다 (%)
불교인 전체		334	17	83
성별	남성	150	13	87
	여성	184	21	79
연령별	19~29세	27	7	93
	30대	32	20	80
	40대	67	12	88
	50대	94	21	79
	60세 이상	114	19	81
성/연령별	남성 19~29세	13		100
	30대	17	9	91
	40대	32	8	92
	50대	45	20	80
	60세 이상	42	16	84
	여성 19~29세	14	13	87
	30대	15	34	66
	40대	35	16	84
	50대	49	21	79
	60세 이상	71	22	78
혼인상태별	미혼	37	13	87
	기혼/이혼/사별	297	18	82
직업별	농/임/어업	11		100
	자영업	54	7	93
	블루칼라	78	20	80
	화이트칼라	57	14	86
	가정주부	103	23	77
	학생	10	24	76
	무직/은퇴/기타	22	22	78
최종학력별	중졸 이하	91	21	79
	고졸	160	20	80
	대재 이상	83	9	91
지역별	서울	43	21	79
	인천/경기	78	14	86
	강원	8		100
	대전/세종/충청	31	6	94
	광주/전라	22	19	81
	대구/경북	50	11	89
	부산/울산/경남	101	27	73
지역크기별	대도시	131	24	76
	중소도시	145	10	90
	읍/면	58	21	79
생활수준별	상/중상	23	9	91
	중	193	16	84
	중하	94	15	85
	하	24	44	56
이념성향별	보수적	145	14	86
	중도적	142	21	79
	진보적	47	17	83

표 42. 기독교인의 십일조 여부

문) (개신교나 천주교를 믿는 사람에게) 귀하는 요즘 십일조를 하고 계십니까?
(※ 십일조는 성당이나 교회에 헌납하는 물품이나 돈 모두 포함)

		사례수(명)	하고 있다 (%)	하지 않는다 (%)
기독교인 전체		415	61	39
종교별	개신교인	318	68	32
	천주교인	98	36	64
성별	남성	173	59	41
	여성	242	62	38
연령별	19~29세	55	47	53
	30대	76	49	51
	40대	97	54	46
	50대	83	75	25
	60세 이상	104	72	28
성/연령별	남성 19~29세	26	51	49
	30대	34	53	47
	40대	43	53	47
	50대	30	77	23
	60세 이상	38	60	40
	여성 19~29세	29	42	58
	30대	42	45	55
	40대	53	55	45
	50대	53	74	26
	60세 이상	66	79	21
혼인상태별	미혼	77	47	53
	기혼/이혼/사별	338	64	36
직업별	농/임/어업	7	67	33
	자영업	54	59	41
	블루칼라	102	57	43
	화이트칼라	106	52	48
	가정주부	104	74	26
	학생	22	59	41
	무직/은퇴/기타	19	61	39
최종학력별	중졸 이하	70	70	30
	고졸	172	66	34
	대재 이상	173	51	49
지역별	서울	97	57	43
	인천/경기	149	55	45
	강원	13	88	12
	대전/세종/충청	42	58	42
	광주/전라	57	68	32
	대구/경북	34	67	33
	부산/울산/경남	24	78	22
지역크기별	대도시	180	62	38
	중소도시	184	60	40
	읍/면	51	62	38
생활수준별	상/중상	50	58	42
	중	237	62	38
	중하	104	59	41
	하	25	59	41
이념성향별	보수적	131	60	40
	중도적	210	66	34
	진보적	75	47	53

표 43. 기독교인의 과거 십일조 경험

문) (개신교나 천주교를 믿지만 요즘 십일조를 하지 않는 사람에게)
그럼, 과거에는 한 번이라도 십일조를 내 보신 적이 있습니까?

		사례수(명)	낸 적 있다 (%)	낸 적 없다 (%)
요즘 십일조하지 않는 기독교인 전체		163	45	55
종교별	개신교인	101	56	44
	천주교인	62	27	73
성별	남성	72	40	60
	여성	92	48	52
연령별	19~29세	29	36	64
	30대	39	60	40
	40대	44	40	60
	50대	21	35	65
	60세 이상	29	46	54
성/연령별	남성 19~29세	13	21	79
	30대	16	64	36
	40대	20	33	67
	50대	7	24	76
	60세 이상	15	49	51
	여성 19~29세	16	48	52
	30대	23	58	42
	40대	24	46	54
	50대	14	41	59
	60세 이상	14	43	57
혼인상태별	미혼	41	41	59
	기혼/이혼/사별	122	46	54
직업별	농/임/어업	2		100
	자영업	22	36	64
	블루칼라	44	66	34
	화이트칼라	51	32	68
	가정주부	27	51	49
	학생	9	20	80
	무직/은퇴/기타	7	46	54
최종학력별	중졸 이하	21	45	55
	고졸	58	52	48
	대재 이상	85	39	61
지역별	서울	42	49	51
	인천/경기	67	47	53
	강원	2	44	56
	대전/세종/충청	18	32	68
	광주/전라	18	45	55
	대구/경북	11	42	58
	부산/울산/경남	5	30	70
지역크기별	대도시	69	49	51
	중소도시	75	38	62
	읍/면	19	55	45
생활수준별	상/중상	21	54	46
	중	90	44	56
	중하	42	37	63
	하	10	59	41
이념성향별	보수적	52	53	47
	중도적	72	39	61
	진보적	39	44	56

표 44. 기독교인의 십일조에 대한 견해 - 십일조와 진정한 신자

문) (개신교나 천주교를 믿는 사람에게) '십일조를 하지 않는 사람은 진정한 신자가 아니다'라는 말에 대해 그렇다고 생각하십니까, 그렇지 않다고 생각하십니까?

		사례수(명)	그렇다 (%)	그렇지 않다 (%)
기독교인 전체		415	23	77
종교별	개신교인	318	28	72
	천주교인	98	9	91
성별	남성	173	21	79
	여성	242	25	75
연령별	19~29세	55	22	78
	30대	76	14	86
	40대	97	22	78
	50대	83	29	71
	60세 이상	104	27	73
성/연령별	남성 19~29세	26	17	83
	30대	34	12	88
	40대	43	22	78
	50대	30	33	67
	60세 이상	38	21	79
	여성 19~29세	29	27	73
	30대	42	17	83
	40대	53	22	78
	50대	53	26	74
	60세 이상	66	31	69
혼인상태별	미혼	77	19	81
	기혼/이혼/사별	338	24	76
직업별	농/임/어업	7	23	77
	자영업	54	20	80
	블루칼라	102	33	67
	화이트칼라	106	19	81
	가정주부	104	23	77
	학생	22	19	81
	무직/은퇴/기타	19	12	88
최종학력별	중졸 이하	70	29	71
	고졸	172	25	75
	대재 이상	173	20	80
지역별	서울	97	16	84
	인천/경기	149	24	76
	강원	13	40	60
	대전/세종/충청	42	11	89
	광주/전라	57	29	71
	대구/경북	34	30	70
	부산/울산/경남	24	31	69
지역크기별	대도시	180	19	81
	중소도시	184	27	73
	읍/면	51	22	78
생활수준별	상/중상	50	26	74
	중	237	24	76
	중하	104	18	82
	하	25	27	73
이념성향별	보수적	131	21	79
	중도적	210	26	74
	진보적	75	19	81

표 45. 기독교인의 십일조에 대한 견해 - 헌금과 복 받음

문) (개신교나 천주교를 믿는 사람에게) 그럼, '성당이나 교회에 헌금하는 사람은 그 금액 이상으로 복을 받는다'는 말에 대해서는 그렇다고 생각하십니까, 그렇지 않다고 생각하십니까?

		사례수(명)	그렇다 (%)	그렇지 않다 (%)
기독교인 전체		415	31	69
종교별	개신교인	318	37	63
	천주교인	98	14	86
성별	남성	173	27	73
	여성	242	34	66
연령별	19~29세	55	26	74
	30대	76	29	71
	40대	97	30	70
	50대	83	34	66
	60세 이상	104	34	66
성/연령별	남성 19~29세	26	24	76
	30대	34	28	72
	40대	43	28	72
	50대	30	33	67
	60세 이상	38	22	78
	여성 19~29세	29	27	73
	30대	42	31	69
	40대	53	32	68
	50대	53	35	65
	60세 이상	66	42	58
혼인상태별	미혼	77	26	74
	기혼/이혼/사별	338	32	68
직업별	농/임/어업	7		100
	자영업	54	26	74
	블루칼라	102	40	60
	화이트칼라	106	24	76
	가정주부	104	38	62
	학생	22	23	77
	무직/은퇴/기타	19	22	78
최종학력별	중졸 이하	70	37	63
	고졸	172	35	65
	대재 이상	173	25	75
지역별	서울	97	31	69
	인천/경기	149	32	68
	강원	13	50	50
	대전/세종/충청	42	9	91
	광주/전라	57	34	66
	대구/경북	34	28	72
	부산/울산/경남	24	55	45
지역크기별	대도시	180	33	67
	중소도시	184	32	68
	읍/면	51	19	81
생활수준별	상/중상	50	39	61
	중	237	31	69
	중하	104	26	74
	하	25	38	62
이념성향별	보수적	131	31	69
	중도적	210	33	67
	진보적	75	27	73

표 46-1. 비종교인의 과거 신앙 경험

문) (종교를 믿지 않는 사람에게) 귀하는 과거에 한 번이라도 어떤 종교를 믿으셨던 적이 있습니까?

		사례수(명)	있었다 (%)	없었다 (%)
비종교인 전체		742	35	65
성별	남성	418	32	68
	여성	324	38	62
연령별	19~29세	184	31	69
	30대	181	35	65
	40대	160	38	62
	50대	116	33	67
	60세 이상	101	39	61
성/연령별	남성 19~29세	100	28	72
	30대	97	30	70
	40대	89	31	69
	50대	72	30	70
	60세 이상	59	43	57
	여성 19~29세	83	34	66
	30대	84	40	60
	40대	70	45	55
	50대	44	36	64
	60세 이상	42	35	65
혼인상태별	미혼	220	32	68
	기혼/이혼/사별	522	36	64
직업별	농/임/어업	9	10	90
	자영업	89	39	61
	블루칼라	185	32	68
	화이트칼라	212	32	68
	가정주부	133	39	61
	학생	76	39	61
	무직/은퇴/기타	38	33	67
최종학력별	중졸 이하	94	30	70
	고졸	280	35	65
	대재 이상	368	36	64
지역별	서울	168	35	65
	인천/경기	212	30	70
	강원	25	43	57
	대전/세종/충청	81	47	53
	광주/전라	72	44	56
	대구/경북	71	25	75
	부산/울산/경남	114	32	68
지역크기별	대도시	357	36	64
	중소도시	317	32	68
	읍/면	68	42	58
생활수준별	상/중상	60	32	68
	중	437	34	66
	중하	199	36	64
	하	46	38	62
이념성향별	보수적	198	34	66
	중도적	354	32	68
	진보적	189	40	60

표 46-2. 비종교인의 과거 신앙 경험 종교

문) (과거 신앙 경험이 있는 비종교인에게) 귀하는 과거에 한 번이라도 어떤 종교를 믿으셨던 적이 있습니까?
(있다면) 어떤 종교를 믿으셨습니까?

		사례수(명)	불교 (%)	기독교 (개신교) (%)	천주교 (가톨릭) (%)	기타 (%)
과거 신앙 경험 비종교인 전체		257	22	68	10	0
성별	남성	133	22	67	10	1
	여성	124	21	69	10	
연령별	19~29세	57	14	68	17	
	30대	63	19	68	13	
	40대	60	20	73	7	
	50대	38	31	66	3	
	60세 이상	40	29	62	7	2
성/연령별	남성 19~29세	28	10	74	16	
	30대	29	21	68	11	
	40대	28	26	66	8	
	50대	22	37	58	5	
	60세 이상	25	20	70	7	3
	여성 19~29세	28	18	63	19	
	30대	33	18	68	14	
	40대	32	15	80	6	
	50대	16	22	78		
	60세 이상	15	45	48	7	
혼인상태별	미혼	70	15	68	18	
	기혼/이혼/사별	187	24	68	7	0
직업별	농/임/어업	1	100			
	자영업	35	31	63	5	
	블루칼라	59	9	74	17	
	화이트칼라	68	23	68	8	1
	가정주부	52	26	67	8	
	학생	30	16	71	13	
	무직/은퇴/기타	13	35	58	7	
최종학력별	중졸 이하	28	25	75		
	고졸	98	26	64	10	
	대재 이상	131	17	69	13	1
지역별	서울	59	12	81	7	
	인천/경기	64	27	60	11	1
	강원	11	15	75	10	
	대전/세종/충청	38	15	69	16	
	광주/전라	32	22	71	8	
	대구/경북	18	33	47	20	
	부산/울산/경남	36	30	66	5	
지역크기별	대도시	128	16	76	8	
	중소도시	100	27	59	13	1
	읍/면	29	27	64	9	
생활수준별	상/중상	19	37	59		5
	중	150	17	73	10	
	중하	71	26	61	13	
	하	17	31	64	5	
이념성향별	보수적	67	37	55	8	
	중도적	114	18	70	11	1
	진보적	75	13	77	10	

표 47. 비종교인의 과거 신앙 기간

문) (과거 신앙 경험이 있는 비종교인에게) 그럼, 그 종교를 믿으신 기간은 대략 몇 년 정도였습니까?

		사례수(명)	1년 이하 (%)	2년 (%)	3년 (%)	4~5년 (%)	6~10년 (%)	11년 이상 (%)
과거 신앙 경험 비종교인 전체		257	27	16	21	17	9	9
성별	남성	133	30	19	22	14	8	8
	여성	124	25	13	21	20	10	11
연령별	19~29세	57	44	19	17	8	7	5
	30대	63	27	17	23	11	11	11
	40대	60	21	20	23	18	13	6
	50대	38	24	13	18	29	2	13
	60세 이상	40	17	10	26	25	9	14
성/연령별	남성 19~29세	28	47	13	11	14	9	7
	30대	29	26	22	25	7	12	9
	40대	28	25	33	24	11	7	
	50대	22	34	17	23	12	4	10
	60세 이상	25	17	10	26	26	6	14
	여성 19~29세	28	42	25	22	3	5	3
	30대	33	28	13	22	14	9	13
	40대	32	17	9	21	24	18	11
	50대	16	10	6	13	53		18
	60세 이상	15	15	8	25	24	14	14
혼인상태별	미혼	70	41	16	20	7	10	6
	기혼/이혼/사별	187	22	17	22	20	9	10
직업별	농/임/어업	1						100
	자영업	35	32	20	7	24	12	5
	블루칼라	59	18	16	24	19	5	17
	화이트칼라	68	26	28	22	10	9	5
	가정주부	52	22	8	28	21	9	13
	학생	30	53	6	19	10	11	
	무직/은퇴/기타	13	21	6	30	22	13	8
최종학력별	중졸 이하	28	26	9	19	20	13	13
	고졸	98	19	14	22	23	9	13
	대재 이상	131	34	20	21	12	8	6
지역별	서울	59	24	11	36	21	6	3
	인천/경기	64	31	24	14	13	8	10
	강원	11	12		44	22	15	7
	대전/세종/충청	38	29	20	12	15	11	13
	광주/전라	32	41	11	21	14	8	5
	대구/경북	18	19	9	18	20	14	20
	부산/울산/경남	36	22	22	16	17	11	13
지역크기별	대도시	128	26	15	25	17	7	10
	중소도시	100	26	20	17	18	12	7
	읍/면	29	38	14	20	11	6	11
생활수준별	상/중상	19	38	10	19	11	15	6
	중	150	28	14	21	19	7	11
	중하	71	24	20	26	16	9	5
	하	17	20	29	9	6	19	16
이념성향별	보수적	67	24	16	24	16	9	11
	중도적	114	29	13	17	17	13	12
	진보적	75	28	22	26	17	3	4
과거 믿었던 종교	불교	55	23	14	21	17	13	12
	개신교	175	28	17	24	16	7	8
	천주교	26	29	17	8	22	10	14
	기타	1	100					

표 48. 비종교인이 종교를 믿지 않는 이유

문) (종교를 믿지 않는 사람에게) 귀하께서 현재 종교를 믿지 않으시는 가장 큰 이유는 무엇입니까? (단수응답)

		사례수(명)	종교에 대한 불신과 실망으로 (%)	내 자신을 믿기 때문에 (%)	정신적, 시간적 여유가 없어서 (%)	관심이 없어서 (%)	가족과 주위 사람들의 반대로 (%)	용기가 없고 마음에 부담이 되어서 (%)	기타 (%)	모름/응답거절 (%)
	비종교인 전체	742	19	15	18	45	1	2	0	0
성별	남성	418	19	15	19	44	1	2	0	0
	여성	324	18	14	17	47	1	3		
연령별	19~29세	184	17	13	12	55	2	1		
	30대	181	19	17	18	41	1	4		
	40대	160	18	12	23	46		1		
	50대	116	19	19	17	41	2	2	1	
	60세 이상	101	22	13	25	36	1	2	1	1
성/연령별	남성 19~29세	100	17	11	9	58	3	1		
	30대	97	17	20	20	38	1	4		
	40대	89	15	16	25	45				
	50대	72	20	18	21	39		1	2	
	60세 이상	59	31	10	22	31		2	2	2
	여성 19~29세	83	16	16	14	51		2		
	30대	84	20	15	15	44	1	5		
	40대	70	22	6	21	47		3		
	50대	44	17	20	11	45	4	2		
	60세 이상	42	8	16	28	43	2	2		
혼인상태별	미혼	220	17	12	15	54	1	2		
	기혼/이혼/사별	522	19	16	20	41	1	2	0	0
직업별	농/임/어업	9	21	19	9	41		11		
	자영업	89	14	16	20	46	1	3		
	블루칼라	185	18	12	22	46		1		
	화이트칼라	212	20	15	18	42	2	2	1	
	가정주부	133	17	18	16	44	2	3		
	학생	76	20	10	12	56		2		
	무직/은퇴/기타	38	23	17	18	36			3	3
최종학력별	중졸 이하	94	17	19	13	45	2	2	1	1
	고졸	280	17	12	23	45	1	2		
	대재 이상	368	20	15	16	45	1	3	0	
지역별	서울	168	21	15	22	40		1	1	
	인천/경기	212	16	13	15	50	2	3	1	
	강원	25	7	18	28	43				4
	대전/세종/충청	81	19	12	20	47	1	1		
	광주/전라	72	22	13	14	45	1	6		
	대구/경북	71	17	23	12	45		2		
	부산/울산/경남	114	20	16	22	40	2			
지역크기별	대도시	357	21	14	19	44		1	1	
	중소도시	317	17	15	18	44	2	2		0
	읍/면	68	11	17	13	53	1	6		
생활수준별	상/중상	60	7	23	22	46		3		
	중	437	18	13	16	48	1	2	0	0
	중하	199	22	16	22	38	1	2		
	하	46	26	14	14	44		2		
이념성향별	보수적	198	21	18	20	40		1		1
	중도적	354	15	13	17	51	1	2	0	
	진보적	189	23	13	19	38	2	3	1	
과거 종교 경험	있었다	257	27	8	32	28	1	3	1	
	없었다	485	14	18	11	54	1	2		0

표 49. 비종교인의 호감 종교

문) (종교를 믿지 않는 사람에게) 귀하께서 종교를 믿지 않으시는 것과는 무관하게, 현재 가장 호감이 가는 종교는 무엇입니까?

		사례수(명)	불교 (%)	기독교 (개신교) (%)	천주교 (가톨릭) (%)	기타 (%)	없다 (%)
비종교인 전체		742	25	10	18	0	46
성별	남성	418	25	11	14	1	49
	여성	324	25	10	23		43
연령별	19~29세	184	18	12	17	1	52
	30대	181	23	7	23		47
	40대	160	30	12	19		40
	50대	116	28	11	18	1	43
	60세 이상	101	31	10	10	1	48
성/연령별	남성 19~29세	100	15	14	10	2	59
	30대	97	24	8	19		50
	40대	89	29	11	16		44
	50대	72	33	11	18	1	37
	60세 이상	59	28	8	9	1	53
	여성 19~29세	83	21	8	26		45
	30대	84	23	6	27		44
	40대	70	31	13	22		34
	50대	44	19	11	18		52
	60세 이상	42	34	14	11		41
혼인상태별	미혼	220	17	12	19	1	51
	기혼/이혼/사별	522	28	9	18	0	44
직업별	농/임/어업	9	41		10		49
	자영업	89	32	11	16	1	40
	블루칼라	185	25	11	16		48
	화이트칼라	212	22	9	21	1	47
	가정주부	133	25	10	22		43
	학생	76	20	17	15	1	47
	무직/은퇴/기타	38	28	5	8		60
최종학력별	중졸 이하	94	34	9	7	1	49
	고졸	280	28	10	17		45
	대재 이상	368	20	11	22	1	46
지역별	서울	168	21	14	26	1	38
	인천/경기	212	21	8	20	0	51
	강원	25	10	16	17		56
	대전/세종/충청	81	21	11	18	1	49
	광주/전라	72	30	12	16	1	41
	대구/경북	71	41	2	10		47
	부산/울산/경남	114	31	11	10		49
지역크기별	대도시	357	23	11	18	0	48
	중소도시	317	26	11	19	1	44
	읍/면	68	32	5	12	1	49
생활수준별	상/중상	60	16	15	23	3	43
	중	437	24	11	19	0	47
	중하	199	32	7	17	0	44
	하	46	20	11	10		59
이념성향별	보수적	198	35	6	17	0	42
	중도적	354	22	12	17	1	48
	진보적	189	20	11	22		47

표 50-1. 종교적 실재에 대한 믿음 - 절대자/신

문) 현재 종교와는 상관없이 귀하는 다음 각각의 것들이 존재한다고, 혹은 존재하지 않는다고 생각하십니까?
- 절대자/신

		사례수(명)	존재한다 (%)	존재하지 않는다 (%)	모르겠다 (%)
	전체	1,500	39	45	17
종교별	불교인	334	44	44	12
	개신교인	318	79	11	9
	천주교인	98	59	29	12
	기타 종교인	4	100		
	종교 없음(비종교인)	746	16	61	23
종교유무별	종교인	754	61	28	11
	비종교인	746	16	61	23
성별	남성	743	33	53	14
	여성	757	44	37	19
연령별	19~29세	266	31	50	19
	30대	291	32	48	20
	40대	326	39	46	15
	50대	295	39	48	14
	60세 이상	322	51	33	16
성/연령별	남성 19~29세	140	29	58	13
	30대	148	28	57	15
	40대	166	35	52	12
	50대	149	31	55	15
	60세 이상	141	43	40	17
	여성 19~29세	126	32	41	26
	30대	142	37	38	24
	40대	160	43	39	18
	50대	147	47	40	13
	60세 이상	181	57	28	15
혼인상태별	미혼	336	30	52	18
	기혼/이혼/사별	1,164	41	43	16
직업별	농/임/어업	27	42	44	13
	자영업	199	38	49	13
	블루칼라	368	36	49	14
	화이트칼라	375	35	44	21
	가정주부	345	47	35	18
	학생	109	32	53	16
	무직/은퇴/기타	79	42	43	15
최종학력별	중졸 이하	257	45	40	15
	고졸	615	40	44	16
	대재 이상	628	35	47	18
지역별	서울	309	42	45	13
	인천/경기	440	42	31	26
	강원	46	36	36	28
	대전/세종/충청	155	30	55	16
	광주/전라	154	48	38	15
	대구/경북	156	39	52	9
	부산/울산/경남	239	29	63	8
지역크기별	대도시	673	38	49	13
	중소도시	649	40	42	19
	읍/면	177	38	39	23
생활수준별	상/중상	133	40	40	21
	중	876	39	45	17
	중하	396	38	46	17
	하	95	44	45	11
이념성향별	보수적	478	43	42	15
	중도적	709	38	44	18
	진보적	313	35	50	15

표 50-2. 종교적 실재에 대한 믿음 - 극락/천국

문) 현재 종교와는 상관없이 귀하는 다음 각각의 것들이 존재한다고, 혹은 존재하지 않는다고 생각하십니까?
 - 극락/천국

		사례수(명)	존재한다 (%)	존재하지 않는다 (%)	모르겠다 (%)
	전체	1,500	42	41	17
종교별	불교인	334	51	38	11
	개신교인	318	82	11	7
	천주교인	98	65	25	9
	기타 종교인	4	70		30
	종교 없음(비종교인)	746	18	58	24
종교유무별	종교인	754	66	25	9
	비종교인	746	18	58	24
성별	남성	743	36	50	14
	여성	757	48	33	18
연령별	19~29세	266	31	48	21
	30대	291	37	44	19
	40대	326	41	41	18
	50대	295	43	46	10
	60세 이상	322	57	29	15
성/연령별	남성 19~29세	140	25	58	17
	30대	148	36	52	12
	40대	166	37	46	17
	50대	149	36	55	9
	60세 이상	141	45	38	17
	여성 19~29세	126	36	38	26
	30대	142	37	36	27
	40대	160	46	36	18
	50대	147	51	38	12
	60세 이상	181	66	21	13
혼인상태별	미혼	336	32	49	19
	기혼/이혼/사별	1,164	45	39	16
직업별	농/임/어업	27	51	42	7
	자영업	199	38	48	13
	블루칼라	368	42	44	14
	화이트칼라	375	40	41	19
	가정주부	345	50	32	19
	학생	109	31	50	19
	무직/은퇴/기타	79	44	42	15
최종학력별	중졸 이하	257	50	36	14
	고졸	615	45	39	16
	대재 이상	628	36	45	18
지역별	서울	309	41	45	15
	인천/경기	440	45	32	23
	강원	46	39	32	30
	대전/세종/충청	155	38	46	16
	광주/전라	154	47	37	17
	대구/경북	156	42	46	12
	부산/울산/경남	239	38	54	8
지역크기별	대도시	673	41	45	14
	중소도시	649	45	38	17
	읍/면	177	39	39	22
생활수준별	상/중상	133	40	40	21
	중	876	41	42	17
	중하	396	44	40	15
	하	95	44	45	10
이념성향별	보수적	478	48	41	12
	중도적	709	41	38	21
	진보적	313	36	49	15

표 50-3. 종교적 실재에 대한 믿음 - 죽은 다음의 영혼

문) 현재 종교와는 상관없이 귀하는 다음 각각의 것들이 존재한다고, 혹은 존재하지 않는다고 생각하십니까?
- 죽은 다음의 영혼

		사례수(명)	존재한다 (%)	존재하지 않는다 (%)	모르겠다 (%)
전체		1,500	47	37	16
종교별	불교인	334	55	32	14
	개신교인	318	79	13	8
	천주교인	98	64	27	10
	기타 종교인	4	100		
	종교 없음(비종교인)	746	28	51	22
종교유무별	종교인	754	66	23	11
	비종교인	746	28	51	22
성별	남성	743	42	43	15
	여성	757	52	31	17
연령별	19~29세	266	39	43	17
	30대	291	42	37	21
	40대	326	51	33	16
	50대	295	47	41	11
	60세 이상	322	54	31	15
성/연령별	남성 19~29세	140	36	47	17
	30대	148	40	41	18
	40대	166	47	38	15
	50대	149	41	50	9
	60세 이상	141	45	38	17
	여성 19~29세	126	43	39	18
	30대	142	43	32	24
	40대	160	55	28	18
	50대	147	53	32	14
	60세 이상	181	61	26	13
혼인상태별	미혼	336	39	43	18
	기혼/이혼/사별	1,164	49	35	16
직업별	농/임/어업	27	60	29	11
	자영업	199	44	44	11
	블루칼라	368	46	39	14
	화이트칼라	375	45	35	20
	가정주부	345	53	30	18
	학생	109	41	44	15
	무직/은퇴/기타	79	46	39	15
최종학력별	중졸 이하	257	53	33	14
	고졸	615	48	36	16
	대재 이상	628	43	39	17
지역별	서울	309	43	46	12
	인천/경기	440	52	27	22
	강원	46	29	34	38
	대전/세종/충청	155	45	40	16
	광주/전라	154	54	30	16
	대구/경북	156	47	36	17
	부산/울산/경남	239	44	49	7
지역크기별	대도시	673	42	45	14
	중소도시	649	53	31	17
	읍/면	177	46	31	23
생활수준별	상/중상	133	46	33	21
	중	876	47	38	15
	중하	396	47	35	17
	하	95	49	39	13
이념성향별	보수적	478	50	35	14
	중도적	709	47	35	18
	진보적	313	43	43	14

표 50-4. 종교적 실재에 대한 믿음 - 기적

문) 현재 종교와는 상관없이 귀하는 다음 각각의 것들이 존재한다고, 혹은 존재하지 않는다고 생각하십니까?
- 기적

		사례수(명)	존재한다 (%)	존재하지 않는다 (%)	모르겠다 (%)
	전체	1,500	56	32	12
종교별	불교인	334	57	33	10
	개신교인	318	82	12	6
	천주교인	98	71	22	7
	기타 종교인	4	79	21	
	종교 없음(비종교인)	746	42	42	16
종교유무별	종교인	754	69	23	8
	비종교인	746	42	42	16
성별	남성	743	52	36	12
	여성	757	60	28	12
연령별	19~29세	266	52	33	15
	30대	291	55	32	14
	40대	326	53	36	12
	50대	295	58	35	7
	60세 이상	322	61	26	12
성/연령별	남성 19~29세	140	49	35	15
	30대	148	53	35	12
	40대	166	48	39	12
	50대	149	53	39	8
	60세 이상	141	54	32	13
	여성 19~29세	126	56	30	15
	30대	142	56	29	15
	40대	160	57	32	11
	50대	147	63	31	6
	60세 이상	181	66	22	12
혼인상태별	미혼	336	51	36	13
	기혼/이혼/사별	1,164	57	31	11
직업별	농/임/어업	27	56	33	11
	자영업	199	56	37	8
	블루칼라	368	55	34	11
	화이트칼라	375	55	31	13
	가정주부	345	58	29	13
	학생	109	55	33	12
	무직/은퇴/기타	79	56	29	15
최종학력별	중졸 이하	257	60	27	13
	고졸	615	56	34	10
	대재 이상	628	54	33	13
지역별	서울	309	52	39	9
	인천/경기	440	53	28	20
	강원	46	65	19	15
	대전/세종/충청	155	50	38	12
	광주/전라	154	60	26	14
	대구/경북	156	67	27	6
	부산/울산/경남	239	59	38	3
지역크기별	대도시	673	53	38	10
	중소도시	649	58	29	13
	읍/면	177	58	26	16
생활수준별	상/중상	133	56	26	17
	중	876	55	34	11
	중하	396	57	31	12
	하	95	57	32	11
이념성향별	보수적	478	58	32	10
	중도적	709	55	32	13
	진보적	313	55	33	11

표 50-5. 종교적 실재에 대한 믿음 - 귀신/악마

문) 현재 종교와는 상관없이 귀하는 다음 각각의 것들이 존재한다고, 혹은 존재하지 않는다고 생각하십니까?
- 귀신/악마

		사례수(명)	존재한다 (%)	존재하지 않는다 (%)	모르겠다 (%)
전체		1,500	41	42	17
종교별	불교인	334	48	38	14
	개신교인	318	73	18	9
	천주교인	98	61	25	14
	기타 종교인	4	100		
	종교 없음(비종교인)	746	22	56	22
종교유무별	종교인	754	60	28	12
	비종교인	746	22	56	22
성별	남성	743	35	48	16
	여성	757	47	36	17
연령별	19~29세	266	35	46	18
	30대	291	36	43	20
	40대	326	43	40	17
	50대	295	42	46	12
	60세 이상	322	49	35	16
성/연령별	남성 19~29세	140	30	51	18
	30대	148	36	47	17
	40대	166	38	47	16
	50대	149	33	53	14
	60세 이상	141	38	44	18
	여성 19~29세	126	40	41	19
	30대	142	36	40	24
	40대	160	49	33	18
	50대	147	51	39	10
	60세 이상	181	57	28	15
혼인상태별	미혼	336	36	46	18
	기혼/이혼/사별	1,164	43	41	16
직업별	농/임/어업	27	46	40	14
	자영업	199	45	44	11
	블루칼라	368	40	45	15
	화이트칼라	375	37	41	22
	가정주부	345	46	37	17
	학생	109	38	48	14
	무직/은퇴/기타	79	40	39	21
최종학력별	중졸 이하	257	50	36	14
	고졸	615	42	41	16
	대재 이상	628	37	45	18
지역별	서울	309	40	50	10
	인천/경기	440	41	29	30
	강원	46	39	38	23
	대전/세종/충청	155	34	53	13
	광주/전라	154	49	36	15
	대구/경북	156	45	42	13
	부산/울산/경남	239	42	52	7
지역크기별	대도시	673	39	48	12
	중소도시	649	45	36	19
	읍/면	177	37	40	24
생활수준별	상/중상	133	42	38	20
	중	876	41	43	17
	중하	396	39	43	18
	하	95	53	37	10
이념성향별	보수적	478	45	40	15
	중도적	709	41	41	18
	진보적	313	36	47	17

표 51. 선호하는 장례식 - 종교 형식

문) 현재 종교와는 상관없이 귀하의 장례식을 어떤 종교 형식으로 치르는 것이 좋다고 느껴지십니까?

		사례수(명)	불교식 (%)	기독교식 (개신교) (%)	천주교식 (가톨릭) (%)	유교식 (전통장례) (%)	기타 (%)	모름/ 응답거절 (%)
	전체	1,500	25	25	10	36	3	1
종교별	불교인	334	68	1	2	27	2	1
	개신교인	318	1	92	1	4	1	1
	천주교인	98	6	7	70	16	1	
	기타 종교인	4	21			30	49	
	종교 없음(비종교인)	746	19	9	9	57	4	2
종교유무별	종교인	754	32	40	10	16	2	1
	비종교인	746	19	9	9	57	4	2
성별	남성	743	25	21	8	42	3	1
	여성	757	26	28	11	31	2	1
연령별	19~29세	266	19	24	10	41	4	2
	30대	291	21	22	12	41	3	1
	40대	326	24	25	11	35	3	1
	50대	295	33	25	7	34	1	1
	60세 이상	322	30	27	8	32	2	1
성/연령별	남성 19~29세	140	16	26	9	44	4	1
	30대	148	21	18	11	48	2	
	40대	166	27	21	7	40	5	1
	50대	149	35	19	5	38	2	1
	60세 이상	141	25	22	8	40	3	2
	여성 19~29세	126	22	22	11	39	3	3
	30대	142	21	25	13	33	5	2
	40대	160	22	30	15	29	2	1
	50대	147	30	31	9	29		1
	60세 이상	181	33	31	8	26	1	1
혼인상태별	미혼	336	18	23	12	41	4	2
	기혼/이혼/사별	1,164	28	25	9	35	2	1
직업별	농/임/어업	27	16	16	7	61		
	자영업	199	25	24	8	41	2	1
	블루칼라	368	26	26	10	31	5	1
	화이트칼라	375	22	23	11	40	2	1
	가정주부	345	31	28	9	30	1	1
	학생	109	20	23	13	39	2	3
	무직/은퇴/기타	79	27	20	5	47	1	
최종학력별	중졸 이하	257	32	24	6	38	1	0
	고졸	615	27	26	9	32	4	1
	대재 이상	628	21	24	11	40	2	1
지역별	서울	309	18	28	12	41	2	
	인천/경기	440	25	27	11	31	5	2
	강원	46	15	26	18	36	2	4
	대전/세종/충청	155	16	23	11	46	3	
	광주/전라	154	20	36	7	32	2	3
	대구/경북	156	34	14	7	42	3	
	부산/울산/경남	239	42	17	5	34	0	
지역크기별	대도시	673	24	26	10	37	2	0
	중소도시	649	26	24	10	35	3	2
	읍/면	177	28	22	7	37	3	3
생활수준별	상/중상	133	19	31	9	33	3	4
	중	876	25	24	11	36	3	1
	중하	396	28	23	9	37	2	0
	하	95	24	31	4	37	2	1
이념성향별	보수적	478	33	22	7	36	2	1
	중도적	709	21	28	10	36	3	1
	진보적	313	24	21	13	38	3	2

표 53-1. 가족 종교 - 부친

문) 이번에는 귀하의 가족 종교에 대해 여쭙겠습니다. 귀하의 아버님은 어떤 종교를 믿으십니까?

		사례수(명)	불교 (%)	기독교 (개신교) (%)	천주교 (가톨릭) (%)	기타 (%)	종교 없음 (%)
	전체	1,500	29	13	4	0	54
종교별	불교인	334	67	1	1		32
	개신교인	318	13	47	1	0	38
	천주교인	98	11	6	38		45
	기타 종교인	4	54				46
	종교 없음(비종교인)	746	21	5	1	0	73
종교유무별	종교인	754	37	21	6	0	36
	비종교인	746	21	5	1	0	73
성별	남성	743	30	13	4	0	54
	여성	757	28	13	3	0	55
연령별	19~29세	266	20	16	3		61
	30대	291	23	15	4	1	56
	40대	326	27	13	6		54
	50대	295	35	12	2	0	52
	60세 이상	322	37	10	2	0	50
성/연령별	남성 19~29세	140	19	16	5		60
	30대	148	23	16	6	1	55
	40대	166	29	13	6		52
	50대	149	39	10	1		50
	60세 이상	141	38	9	2		51
	여성 19~29세	126	22	15	1		61
	30대	142	24	15	3	1	57
	40대	160	24	13	6		57
	50대	147	31	13	2	1	53
	60세 이상	181	37	11	3	0	49
혼인상태별	미혼	336	21	15	5	0	58
	기혼/이혼/사별	1,164	31	12	3	0	53
직업별	농/임/어업	27	30	9	3	3	54
	자영업	199	33	13	4	1	49
	블루칼라	368	29	13	3		56
	화이트칼라	375	24	15	6		56
	가정주부	345	32	11	2	0	55
	학생	109	25	17	5		52
	무직/은퇴/기타	79	35	10	1		54
최종학력별	중졸 이하	257	35	11	3	0	51
	고졸	615	33	11	2		54
	대재 이상	628	22	16	5	0	56
지역별	서울	309	23	14	2		61
	인천/경기	440	20	15	4	0	60
	강원	46	22	15	5		57
	대전/세종/충청	155	24	13	8	1	54
	광주/전라	154	19	20	2	1	58
	대구/경북	156	43	10	6		42
	부산/울산/경남	239	54	5	1		40
지역크기별	대도시	673	30	14	3	0	53
	중소도시	649	27	13	4	0	57
	읍/면	177	34	12	4	0	49
생활수준별	상/중상	133	25	18	5		52
	중	876	28	13	3	0	56
	중하	396	33	12	4	1	51
	하	95	29	13	3		55
이념성향별	보수적	478	34	9	2	0	54
	중도적	709	28	15	4		52
	진보적	313	22	13	4	1	60

표 53-2. 가족 종교 - 모친

문) 귀하의 어머님은 어떤 종교를 믿으십니까?

		사례수(명)	불교 (%)	기독교 (개신교) (%)	천주교 (가톨릭) (%)	기타 (%)	종교 없음 (%)
	전체	1,500	37	17	5	0	41
종교별	불교인	334	82	1	0		17
	개신교인	318	13	56	2		29
	천주교인	98	16	9	46		29
	기타 종교인	4	54				46
	종교 없음(비종교인)	746	30	9	3	1	58
종교유무별	종교인	754	44	25	7		24
	비종교인	746	30	9	3	1	58
성별	남성	743	38	16	5	0	40
	여성	757	36	19	4	0	41
연령별	19~29세	266	25	21	5		49
	30대	291	33	19	6	1	42
	40대	326	37	20	7	0	36
	50대	295	44	14	2		40
	60세 이상	322	45	12	3		39
성/연령별	남성 19~29세	140	26	19	6		49
	30대	148	33	18	8	1	40
	40대	166	39	18	7	1	36
	50대	149	48	11	2		39
	60세 이상	141	46	11	4		39
	여성 19~29세	126	25	23	4		49
	30대	142	32	20	3	1	44
	40대	160	35	22	7		36
	50대	147	40	16	3		41
	60세 이상	181	45	13	3		39
혼인상태별	미혼	336	26	21	7	0	46
	기혼/이혼/사별	1,164	40	16	4	0	39
직업별	농/임/어업	27	53	13	3		30
	자영업	199	44	17	5	1	34
	블루칼라	368	38	18	4		41
	화이트칼라	375	30	20	8		42
	가정주부	345	41	14	2	0	43
	학생	109	30	18	5		46
	무직/은퇴/기타	79	40	13	6	2	39
최종학력별	중졸 이하	257	43	15	4		38
	고졸	615	43	15	2	0	39
	대재 이상	628	29	20	7	0	43
지역별	서울	309	27	17	4	0	51
	인천/경기	440	25	20	5	1	50
	강원	46	30	19	9		42
	대전/세종/충청	155	30	20	10		40
	광주/전라	154	25	27	4	1	44
	대구/경북	156	48	13	7		32
	부산/울산/경남	239	80	6	1		14
지역크기별	대도시	673	38	17	5	0	40
	중소도시	649	35	17	4	0	44
	읍/면	177	43	17	6		34
생활수준별	상/중상	133	30	24	6		39
	중	876	35	16	5	0	43
	중하	396	42	17	3	0	38
	하	95	44	14	5	1	36
이념성향별	보수적	478	44	12	3	0	41
	중도적	709	36	20	5	0	39
	진보적	313	30	20	7	0	43

표 53-3. 가족 종교 - 배우자

문) (결혼 경험이 있는 경우) 그럼, 배우자의 종교는 무엇입니까?

		사례수(명)	불교 (%)	기독교 (개신교) (%)	천주교 (가톨릭) (%)	기타 (%)	종교 없음 (%)
결혼 경험자 전체		1,164	22	19	5	0	53
종교별	불교인	297	68	1	2		29
	개신교인	257	3	73	0		24
	천주교인	81		8	56		36
	기타 종교인	3				32	68
	종교 없음(비종교인)	526	9	5	1	1	84
종교유무별	종교인	639	33	31	8	0	28
	비종교인	526	9	5	1	1	84
성별	남성	540	26	22	5	1	46
	여성	625	19	18	5	0	59
연령별	19~29세	34	20	18			62
	30대	209	10	17	3	1	69
	40대	309	18	20	7	0	55
	50대	291	26	21	5	1	48
	60세 이상	322	31	20	5		45
성/연령별	남성 19~29세	14	25	19			56
	30대	89	5	22	2	1	70
	40대	150	21	26	6	1	46
	50대	146	34	19	5	1	41
	60세 이상	141	37	19	8		36
	여성 19~29세	19	15	17			67
	30대	119	14	13	4		69
	40대	159	14	14	8		64
	50대	146	18	23	5	1	54
	60세 이상	181	26	20	2		52
직업별	농/임/어업	27	49	23	7		20
	자영업	189	23	15	6	1	55
	블루칼라	287	19	24	4	0	53
	화이트칼라	251	19	21	8		52
	가정주부	341	21	18	3	0	59
	학생	2					100
	무직/은퇴/기타	68	41	17	4	2	37
최종학력별	중졸 이하	250	26	18	3		54
	고졸	529	25	20	4	0	51
	대재 이상	385	16	20	8	1	56
지역별	서울	232	13	25	5		57
	인천/경기	345	15	23	4	1	57
	강원	37	14	16	12		58
	대전/세종/충청	118	19	21	9		51
	광주/전라	118	11	28	5	1	56
	대구/경북	122	37	8	5		50
	부산/울산/경남	192	46	8	2	1	43
지역크기별	대도시	512	21	20	5	1	54
	중소도시	505	21	19	4	0	56
	읍/면	148	30	20	8		42
생활수준별	상/중상	96	18	33	4		45
	중	671	21	19	6	0	53
	중하	316	23	17	3	0	57
	하	82	29	17	3	2	49
이념성향별	보수적	421	27	19	4	0	50
	중도적	545	20	21	5	0	54
	진보적	198	18	16	7	1	58

표 54-1. 불교에 대한 개선/건의 사항

문) 귀하께서 불교에 건의하고 싶거나 시정했으면 하는 점이 있으면 무엇이든 좋으니 한 가지만 구체적으로 응답해 주십시오. (자유응답)

	사례수(명)	(%)
전체	1,500	100
성직자의 질적 향상	72	5
헌납 부담 및 강요	71	5
사회봉사/이웃사랑 실천	40	3
종파 간 화합	38	3
종교 이외의 타부분 개입 자제	38	3
타종교에 대한 비방 자제	28	2
종교시설 위치의 비접근성	16	1
교리의 실천 부족	13	1
소극적 종교 활동	11	1
사리 사욕과 물질에 치우치지 말 것	11	1
지나친 전도 활동	11	1
지나친 참여 및 교리 강요	10	1
지나친 교세 확장 및 권력 남용	8	1
종교 비리 근절 및 투명한 재정	8	1
종교 본질 추구	7	0
형식적 요소 탈피	4	0
도심의 소규모 사찰과 무당집 구분이 안 된다	1	0
없다	1,071	71
모름/응답거절	43	3

표 54-2. 개신교에 대한 개선/건의 사항

문) 개신교에 건의하고 싶거나 시정했으면 하는 점이 있으면 무엇이든 좋으니 한 가지만 구체적으로 응답해 주십시오. (자유응답)

	사례수(명)	(%)
전체	1,500	100
지나친 전도 활동	132	9
헌납 부담 및 강요	89	6
타종교에 대한 비방 자제	57	4
지나친 교세 확장 및 권력 남용	55	4
사회봉사/이웃사랑 실천	37	2
성직자의 질적 향상	36	2
종교 이외의 타부분 개입 자제	24	2
종교 비리 근절 및 투명한 재정	22	1
종파 간 화합	20	1
사리 사욕과 물질에 치우치지 말 것	16	1
소극적 종교 활동	11	1
형식적 요소 탈피	9	1
교리의 실천 부족	9	1
종교 본질 추구	2	0
기타	7	0
없다	935	62
모름/응답거절	39	3
없다	1,142	76
모름/응답거절	57	4

표 54-3. 천주교에 대한 개선/건의 사항

문) 천주교에 건의하고 싶거나 시정했으면 하는 점이 있으면 무엇이든 좋으니 한 가지만 구체적으로 응답해 주십시오. (자유응답)

	사례수(명)	(%)
전체	1,500	100
종교 이외의 타부분 개입 자제	71	5
헌납 부담 및 강요	45	3
사회봉사/이웃사랑 실천	39	3
지나친 참여 및 교리 강요	25	2
성직자의 질적 향상	23	2
교리의 실천 부족	22	1
타종교에 대한 비방 자제	19	1
지나친 전도 활동	15	1
지나친 교세 확장 및 권력 남용	14	1
종교 본질 추구	7	0
종교시설 위치의 비접근성	6	0
소극적 종교 활동	5	0
종교 비리 근절 및 투명한 재정	5	0
종파 간 화합	1	0
사리 사욕과 물질에 치우치지 말 것	1	0
형식적 요소 탈피	1	0
주차장 개방	1	0
없다	1,142	76
모름/응답거절	57	4

표 55. 행복감

문) 귀하는 현재 자신이 얼마나 행복하다고 생각하십니까, 아니면 행복하지 않다고 생각하십니까?

		사례수(명)	① 매우 행복하다 (%)	② 어느 정도 행복하다 (%)	①+② (%)	③ 별로 행복하지 않다 (%)	④ 전혀 행복하지 않다 (%)	③+④ (%)
	전체	1,500	10	75	85	14	1	15
종교별	불교인	334	7	75	82	17	1	18
	개신교인	318	15	75	90	10	0	10
	천주교인	98	15	68	83	17		17
	기타 종교인	4		100	100			
	종교 없음(비종교인)	746	9	75	85	15	1	15
종교유무별	종교인	754	11	74	85	14	0	15
	비종교인	746	9	75	85	15	1	15
성별	남성	743	10	72	82	17	1	18
	여성	757	11	78	88	11	0	12
연령별	19~29세	266	13	76	89	11		11
	30대	291	10	80	90	9	1	10
	40대	326	11	71	82	18	1	18
	50대	295	7	77	84	14	1	16
	60세 이상	322	10	71	81	19	0	19
성/연령별	남성 19~29세	140	13	74	87	13		13
	30대	148	15	73	88	12	1	12
	40대	166	9	68	77	21	1	23
	50대	149	5	75	79	19	2	21
	60세 이상	141	8	70	78	21	1	22
	여성 19~29세	126	14	77	91	9		9
	30대	142	6	88	93	6	1	7
	40대	160	12	74	86	14		14
	50대	147	10	79	90	10	1	10
	60세 이상	181	12	72	84	16		16
혼인상태별	미혼	336	11	74	85	14	0	15
	기혼/이혼/사별	1,164	10	75	85	14	1	15
직업별	농/임/어업	27	8	70	78	22		22
	자영업	199	10	74	85	15	1	15
	블루칼라	368	8	73	81	18	1	19
	화이트칼라	375	12	74	87	13	0	13
	가정주부	345	10	80	90	10	0	10
	학생	109	16	73	88	12		12
	무직/은퇴/기타	79	10	66	76	24		24
최종학력별	중졸 이하	257	10	65	75	25	1	25
	고졸	615	9	77	86	13	1	14
	대재 이상	628	12	76	88	11	0	12
지역별	서울	309	7	81	88	12		12
	인천/경기	440	11	71	82	17	1	18
	강원	46	17	71	88	12		12
	대전/세종/충청	155	24	63	87	12	1	13
	광주/전라	154	12	73	85	14	1	15
	대구/경북	156	8	78	86	14		14
	부산/울산/경남	239	5	79	84	15	0	16
지역크기별	대도시	673	9	79	87	12	0	13
	중소도시	649	11	71	83	17	1	17
	읍/면	177	13	73	86	13	0	14
생활수준별	상/중상	133	24	65	89	11		11
	중	876	11	79	90	10	0	10
	중하	396	6	74	80	19	0	20
	하	95	8	49	57	37	6	43
이념성향별	보수적	478	9	72	82	18	0	18
	중도적	709	10	76	86	14	0	14
	진보적	313	14	75	89	10	1	11

표 56. 인생의 의미

문) 귀하는 우리 인생이 얼마나 의미가 있다고 생각하십니까, 아니면 의미가 없다고 생각하십니까?

		사례수(명)	① 매우 의미가 있다 (%)	② 어느 정도 의미가 있다 (%)	①+② (%)	③ 별로 의미가 없다 (%)	④ 전혀 의미가 없다 (%)	③+④ (%)
	전체	1,500	18	72	90	9	1	10
종교별	불교인	334	13	75	88	12	0	12
	개신교인	318	24	71	95	4	0	5
	천주교인	98	20	72	92	8		8
	기타 종교인	4		100	100			
	종교 없음(비종교인)	746	18	71	89	10	1	11
종교유무별	종교인	754	19	73	92	8	0	8
	비종교인	746	18	71	89	10	1	11
성별	남성	743	19	70	89	10	1	11
	여성	757	18	74	92	8	0	8
연령별	19~29세	266	24	69	93	6	0	7
	30대	291	27	66	92	7	0	8
	40대	326	18	74	91	8	1	9
	50대	295	14	77	91	9	0	9
	60세 이상	322	11	73	85	15	1	15
성/연령별	남성 19~29세	140	24	67	92	8	1	8
	30대	148	31	61	92	8		8
	40대	166	13	76	90	9	1	10
	50대	149	13	77	90	9	1	10
	60세 이상	141	13	68	80	18	1	20
	여성 19~29세	126	23	72	95	5		5
	30대	142	23	71	93	6	1	7
	40대	160	22	71	93	7		7
	50대	147	15	77	92	8		8
	60세 이상	181	10	78	88	12		12
혼인상태별	미혼	336	22	68	90	10		10
	기혼/이혼/사별	1,164	17	73	90	9	1	10
직업별	농/임/어업	27	15	68	83	17		17
	자영업	199	19	73	92	7	1	8
	블루칼라	368	16	76	91	8	0	9
	화이트칼라	375	23	66	90	10	0	10
	가정주부	345	14	77	91	9	0	9
	학생	109	27	64	91	9		9
	무직/은퇴/기타	79	14	68	82	15	3	18
최종학력별	중졸 이하	257	9	73	82	17	0	18
	고졸	615	15	76	91	8	1	9
	대재 이상	628	26	67	93	7		7
지역별	서울	309	15	77	92	8		8
	인천/경기	440	17	72	89	10	1	11
	강원	46	42	53	94	6		6
	대전/세종/충청	155	34	61	95	4	1	5
	광주/전라	154	18	70	88	11	1	12
	대구/경북	156	19	74	92	7	1	8
	부산/울산/경남	239	12	76	88	12		12
지역크기별	대도시	673	14	77	92	8	0	8
	중소도시	649	21	67	88	11	1	12
	읍/면	177	24	70	94	6		6
생활수준별	상/중상	133	38	54	92	7	1	8
	중	876	18	74	92	7	0	8
	중하	396	13	77	90	10	0	10
	하	95	14	57	71	27	1	29
이념성향별	보수적	478	19	69	88	11	1	12
	중도적	709	15	76	91	9	0	9
	진보적	313	24	68	93	7	1	7

표 57. 허무감 생각 빈도

문) 귀하는 인생이 무의미하다고 얼마나 자주 생각하십니까, 아니면 생각하지 않으십니까?

		사례수(명)	① 자주 생각한다 (%)	② 가끔 생각한다 (%)	①+② (%)	③ 별로 생각하지 않는다 (%)	④ 전혀 생각하지 않는다 (%)	③+④ (%)
	전체	1,500	2	48	51	42	7	49
종교별	불교인	334	3	53	55	40	5	45
	개신교인	318	1	46	47	42	11	53
	천주교인	98	1	54	55	38	7	45
	기타 종교인	4				100		100
	종교 없음(비종교인)	746	3	47	50	44	6	50
종교유무별	종교인	754	2	50	51	41	8	49
	비종교인	746	3	47	50	44	6	50
성별	남성	743	3	47	50	43	8	50
	여성	757	2	50	52	42	6	48
연령별	19~29세	266	3	40	43	47	10	57
	30대	291	2	45	46	46	8	54
	40대	326	2	51	53	41	6	47
	50대	295	2	53	54	40	5	46
	60세 이상	322	2	53	56	39	5	44
성/연령별	남성 19~29세	140	5	38	43	45	11	57
	30대	148	1	43	44	47	10	56
	40대	166	3	49	52	41	7	48
	50대	149	2	54	56	39	6	44
	60세 이상	141	2	51	53	41	6	47
	여성 19~29세	126	2	41	43	50	8	57
	30대	142	2	46	49	45	6	51
	40대	160	1	52	53	40	6	47
	50대	147	2	52	53	41	5	47
	60세 이상	181	3	55	58	38	5	42
혼인상태별	미혼	336	3	43	46	45	9	54
	기혼/이혼/사별	1,164	2	50	52	42	6	48
직업별	농/임/어업	27		64	64	33	4	36
	자영업	199	3	47	50	42	9	50
	블루칼라	368	3	48	51	42	7	49
	화이트칼라	375	1	50	51	41	8	49
	가정주부	345	2	50	52	43	4	48
	학생	109	1	41	42	50	9	58
	무직/은퇴/기타	79	5	47	53	43	5	47
최종학력별	중졸 이하	257	3	55	57	38	5	43
	고졸	615	3	50	53	41	5	47
	대재 이상	628	1	44	46	45	9	54
지역별	서울	309	0	54	54	41	5	46
	인천/경기	440	2	52	54	38	8	46
	강원	46	7	27	34	51	15	66
	대전/세종/충청	155	2	30	32	60	7	68
	광주/전라	154	4	39	43	48	9	57
	대구/경북	156	4	66	70	26	4	30
	부산/울산/경남	239	2	45	47	48	5	53
지역크기별	대도시	673	1	49	50	45	5	50
	중소도시	649	3	49	52	39	9	48
	읍/면	177	2	44	47	47	6	53
생활수준별	상/중상	133	1	36	37	55	9	63
	중	876	2	46	48	45	7	52
	중하	396	3	57	60	35	5	40
	하	95	9	52	61	32	7	39
이념성향별	보수적	478	3	50	53	39	8	47
	중도적	709	2	49	51	43	6	49
	진보적	313	2	45	47	47	6	53

표 58. 죽음 생각 빈도

문) 귀하는 죽음에 대해 얼마나 자주 생각하십니까, 아니면 생각하지 않으십니까?

		사례수(명)	① 자주 생각한다 (%)	② 가끔 생각한다 (%)	①+② (%)	③ 별로 생각하지 않는다 (%)	④ 전혀 생각하지 않는다 (%)	③+④ (%)
	전체	1,500	4	47	51	38	11	49
종교별	불교인	334	2	48	51	43	6	49
	개신교인	318	8	54	62	30	8	38
	천주교인	98	3	59	62	31	7	38
	기타 종교인	4		56	56	24	21	44
	종교 없음(비종교인)	746	4	42	46	40	14	54
종교유무별	종교인	754	5	52	57	36	8	43
	비종교인	746	4	42	46	40	14	54
성별	남성	743	5	45	50	37	13	50
	여성	757	4	49	53	39	9	47
연령별	19~29세	266	4	32	36	44	21	64
	30대	291	2	41	43	44	13	57
	40대	326	4	47	52	39	10	48
	50대	295	4	51	55	37	8	45
	60세 이상	322	6	62	68	29	3	32
성/연령별	남성 19~29세	140	6	30	36	41	23	64
	30대	148	2	42	44	41	15	56
	40대	166	5	43	48	41	11	52
	50대	149	3	49	52	39	9	48
	60세 이상	141	6	64	70	26	4	30
	여성 19~29세	126	2	34	36	47	18	64
	30대	142	2	40	43	47	11	57
	40대	160	4	52	55	36	8	45
	50대	147	4	54	58	35	7	42
	60세 이상	181	7	60	66	31	2	34
혼인상태별	미혼	336	5	34	38	43	19	62
	기혼/이혼/사별	1,164	4	51	55	37	8	45
직업별	농/임/어업	27	3	63	66	27	7	34
	자영업	199	5	43	48	41	11	52
	블루칼라	368	5	47	52	37	11	48
	화이트칼라	375	3	46	49	38	13	51
	가정주부	345	4	52	56	38	6	44
	학생	109	2	29	31	49	20	69
	무직/은퇴/기타	79	11	62	72	20	8	28
최종학력별	중졸 이하	257	8	57	65	31	4	35
	고졸	615	4	51	55	36	9	45
	대재 이상	628	3	40	42	43	15	58
지역별	서울	309	4	63	67	31	2	33
	인천/경기	440	5	41	46	43	11	54
	강원	46	5	30	35	47	18	65
	대전/세종/충청	155	4	37	41	40	19	59
	광주/전라	154	6	47	53	33	15	47
	대구/경북	156	5	56	62	32	6	38
	부산/울산/경남	239	2	42	43	42	15	57
지역크기별	대도시	673	4	47	50	41	8	50
	중소도시	649	4	49	53	34	14	47
	읍/면	177	7	43	50	41	9	50
생활수준별	상/중상	133	6	38	44	41	15	56
	중	876	3	46	49	40	11	51
	중하	396	5	51	56	34	9	44
	하	95	7	56	63	33	4	37
이념성향별	보수적	478	6	50	57	35	8	43
	중도적	709	3	46	49	40	11	51
	진보적	313	4	44	48	38	14	52

표 59-1. 생활 만족도 - 살림살이 형편

문) 다음에 제시한 여러 일들에 대해 귀하는 어느 정도 만족 혹은 불만족하십니까?
　　매우 만족하시면 10점, 매우 불만족하시면 0점, 보통이면 5점이라고 할 때 각각에 대해 몇 점을 주시겠습니까?
　- 살림살이 형편

		사례수(명)	0점 (%)	1점 (%)	2점 (%)	3점 (%)	4점 (%)	5점 (%)	6점 (%)	7점 (%)	8점 (%)	9점 (%)	10점 (%)	100점 환산 평균 (점)
	전체	1,500	0	1	2	4	5	25	17	28	14	2	1	61
종교별	불교인	334		1	3	2	4	26	17	29	15	3	1	62
	개신교인	318	0	0	2	8	5	22	16	24	19	4	0	61
	천주교인	98			1	7	6	29	12	28	11	4	2	60
	기타 종교인	4				30	49		21					41
	종교 없음(비종교인)	746		1	1	3	5	26	19	30	13	1	1	61
종교유무별	종교인	754	0	0	3	5	5	24	16	26	16	3	1	61
	비종교인	746		1	1	3	5	26	19	30	13	1	1	61
성별	남성	743	0	1	3	4	5	26	17	28	15	2	1	60
	여성	757		0	1	4	5	24	18	29	14	3	1	62
연령별	19~29세	266	0	1	1	3	4	20	19	30	19	2	1	63
	30대	291			2	4	2	26	16	30	14	5	1	63
	40대	326		1	2	4	5	27	15	27	16	1	1	61
	50대	295		1	3	4	6	24	19	28	13	2	0	60
	60세 이상	322			2	5	6	28	18	28	10	2	1	59
성/연령별	남성 19~29세	140	1	1	1	4	5	21	18	28	21	1	1	62
	30대	148			3	2	2	23	20	34	11	4	1	62
	40대	166		2	2	7	4	30	12	23	18	1	1	59
	50대	149		1	3	6	6	24	17	28	13	3		59
	60세 이상	141			4	4	7	31	17	26	10	1	0	58
	여성 19~29세	126		1	1	3	4	18	20	31	17	4	2	64
	30대	142			1	5	2	30	11	27	18	6	1	63
	40대	160		1	1	2	6	24	17	31	15	2	2	62
	50대	147		1	3	3	6	23	21	28	13	1	1	60
	60세 이상	181			1	7	5	26	20	29	10	2	1	60
혼인상태별	미혼	336	0	1	3	3	5	22	18	28	16	3	1	62
	기혼/이혼/사별	1,164		1	2	5	5	26	17	29	14	2	1	61
직업별	농/임/어업	27				3		50	13	22	11			59
	자영업	199		1	2	3	3	23	17	31	16	2	1	62
	블루칼라	368		0	2	4	8	26	18	26	13	2	1	60
	화이트칼라	375		1	2	4	2	25	18	28	16	3	0	62
	가정주부	345		0	2	5	6	25	17	30	13	2	1	61
	학생	109				5	2	18	18	33	19	4	2	65
	무직/은퇴/기타	79	1	1	6	6	10	28	14	22	11			54
최종학력별	중졸 이하	257		0	3	8	9	28	19	24	7	1	1	56
	고졸	615	0	1	3	3	5	26	18	28	14	1	1	60
	대재 이상	628			1	4	3	24	16	31	18	4	1	64
지역별	서울	309			2	2	3	18	17	35	21	3		65
	인천/경기	440	0	0	3	6	6	23	19	26	13	3	1	60
	강원	46				3	5	47	9	23	11	1		58
	대전/세종/충청	155		1	1	4	5	36	20	20	9	2	2	58
	광주/전라	154		3	3	7	4	33	10	26	12	1	1	57
	대구/경북	156			1	5	5	36	20	21	7	4	1	59
	부산/울산/경남	239			1	2	4	16	19	36	19	2	0	64
지역크기별	대도시	673			1	4	4	23	18	30	16	3	0	63
	중소도시	649	0	1	2	5	6	25	17	28	13	2	1	60
	읍/면	177			2	3	3	4	32	14	24	14	1	2	59
생활수준별	상/중상	133		1	2	2	2	14	8	31	30	8	3	69
	중	876		0	0	2	3	24	19	33	15	3	1	64
	중하	396	0	0	3	7	8	31	20	21	9	0	0	56
	하	95		5	10	15	12	29	9	13	6	1	1	47
이념성향별	보수적	478		0	2	6	7	27	18	26	12	2	1	59
	중도적	709		1	2	4	4	27	16	29	15	2	1	61
	진보적	313	0	1	1	3	3	19	19	31	19	3	1	63

표 59-2. 생활 만족도 - 다른 사람들과의 관계

문) 다음에 제시한 여러 일들에 대해 귀하는 어느 정도 만족 혹은 불만족하십니까?
매우 만족하시면 10점, 매우 불만족하시면 0점, 보통이면 5점이라고 할 때 각각에 대해 몇 점을 주시겠습니까?
- 다른 사람들과의 관계

		사례수(명)	0점 (%)	1점 (%)	2점 (%)	3점 (%)	4점 (%)	5점 (%)	6점 (%)	7점 (%)	8점 (%)	9점 (%)	10점 (%)	100점 환산 평균 (점)
	전체	1,500	0	0	1	1	3	13	17	29	27	7	2	69
종교별	불교인	334			0	1	4	13	15	29	25	11	2	70
	개신교인	318			1		3	12	15	32	28	7	2	69
	천주교인	98				1	1	14	22	25	27	8	1	69
	기타 종교인	4						26	30	44				62
	종교 없음(비종교인)	746	0	0	1	1	4	13	18	29	27	6	2	68
종교유무별	종교인	754			1	1	3	13	16	30	26	9	2	69
	비종교인	746	0	0	1	1	4	13	18	29	27	6	2	68
성별	남성	743			1	1	3	12	17	33	24	7	2	69
	여성	757	0	0	0	1	4	13	17	26	29	8	2	69
연령별	19~29세	266				0	3	13	11	28	33	8	4	71
	30대	291	0	0	1		4	11	18	28	27	8	1	69
	40대	326			1	2	2	11	17	32	24	8	3	69
	50대	295			1	1	4	14	17	31	23	8	2	68
	60세 이상	322			1	1	4	15	20	28	25	6	1	67
성/연령별	남성 19~29세	140					2	11	12	36	28	7	3	71
	30대	148				1	2	7	17	32	32	6	2	70
	40대	166			3	2	1	12	17	35	20	7	3	68
	50대	149			0	2	5	12	19	32	18	10	1	67
	60세 이상	141			1	1	5	17	19	30	23	4	1	66
	여성 19~29세	126				1	4	14	10	20	39	8	4	71
	30대	142	1	0	1		6	16	20	23	23	11	1	67
	40대	160				2	4	9	17	28	29	8	3	70
	50대	147			1		3	15	15	31	28	5	2	69
	60세 이상	181			1	1	3	14	21	26	27	8	1	68
혼인상태별	미혼	336	0		1	1	4	12	15	28	30	6	3	69
	기혼/이혼/사별	1,164		0	1	1	3	13	18	30	25	8	2	69
직업별	농/임/어업	27					3	17	16	22	29	3	11	71
	자영업	199			0	1	2	12	17	34	24	9	1	69
	블루칼라	368			1		5	14	17	34	20	7	1	67
	화이트칼라	375	0		1	1	1	12	15	29	30	8	3	70
	가정주부	345		0	0	1	4	12	20	24	28	8	1	68
	학생	109					2	10	11	31	35	6	4	72
	무직/은퇴/기타	79			2		8	17	22	21	26	3	1	64
최종학력별	중졸 이하	257			1	1	6	13	25	24	26	5	1	67
	고졸	615		0	1	1	4	15	15	31	24	7	2	68
	대재 이상	628	0		1	1	2	10	16	30	29	9	2	71
지역별	서울	309			0	0	2	6	21	33	32	5	0	70
	인천/경기	440			1	2	7	15	16	29	24	5	2	66
	강원	46					1	26	10	25	27	11		68
	대전/세종/충청	155			1		3	20	14	34	21	5	3	67
	광주/전라	154		1	2	1	2	18	15	25	26	6	4	67
	대구/경북	156	0				2	19	23	27	19	7	3	67
	부산/울산/경남	239			0		2	4	14	28	33	18	2	74
지역크기별	대도시	673			1	1	2	11	19	31	28	7	1	70
	중소도시	649		0	1	2	4	13	16	29	26	8	2	68
	읍/면	177	0		1		6	18	14	26	23	7	5	67
생활수준별	상/중상	133					2	9	13	25	32	14	4	74
	중	876			0	0	3	11	16	31	28	8	2	70
	중하	396	0		1	2	3	14	20	29	25	5	1	67
	하	95			4	1	9	26	17	24	13	5	1	61
이념성향별	보수적	478			1	1	2	13	18	31	25	8	2	69
	중도적	709	0		1	1	5	14	17	28	25	7	2	68
	진보적	313		0	1	0	1	9	14	31	32	9	2	71

표 59-3. 생활 만족도 - 결혼생활/이성관계

문) 다음에 제시한 여러 일들에 대해 귀하는 어느 정도 만족 혹은 불만족하십니까?
  매우 만족하시면 10점, 매우 불만족하시면 0점, 보통이면 5점이라고 할 때 각각에 대해 몇 점을 주시겠습니까?
  - 결혼생활/이성관계

		사례수(명)	0점(%)	1점(%)	2점(%)	3점(%)	4점(%)	5점(%)	6점(%)	7점(%)	8점(%)	9점(%)	10점(%)	100점 환산 평균(점)
	전체	1,500	0	0	1	2	5	21	16	27	21	5	2	65
종교별	불교인	334				3	6	21	16	27	21	5	2	65
	개신교인	318	0	0	1	2	4	20	14	27	21	7	3	66
	천주교인	98				7	4	26	13	20	24	4	2	63
	기타 종교인	4				26		30		44				54
	종교 없음(비종교인)	746	1	1	1	1	4	20	18	27	21	5	2	65
종교유무별	종교인	754	0	0	1	3	5	21	14	26	21	6	2	65
	비종교인	746	1	1	1	1	4	20	18	27	21	5	2	65
성별	남성	743	1	1	1	3	6	19	18	27	19	5	3	64
	여성	757	0	0	1	2	3	22	15	27	23	6	2	66
연령별	19~29세	266	1		1	2	6	20	15	23	24	5	3	65
	30대	291	0	1	2	1	4	17	17	23	25	7	4	67
	40대	326	0	1	1	4	4	19	14	26	24	6	2	65
	50대	295	0	0	0	2	4	22	16	31	18	6	1	64
	60세 이상	322	0	0	1	2	5	25	18	30	15	3	2	63
성/연령별	남성 19~29세	140	1			3	8	19	16	21	23	5	2	64
	30대	148		1	2	2	5	11	18	24	24	7	6	67
	40대	166		1		5	5	20	16	27	21	4	2	64
	50대	149	1	1		2	6	19	18	32	13	7	1	64
	60세 이상	141	1	1	1	2	4	24	19	28	16	2	2	63
	여성 19~29세	126	1		2	1	2	20	14	26	26	5	4	67
	30대	142	1		2	1	3	23	15	21	26	7	2	66
	40대	160	1	1	1	2	3	18	13	25	28	7	2	67
	50대	147			1	3	3	24	13	29	22	4	1	65
	60세 이상	181				1	5	25	18	31	15	4	1	63
혼인상태별	미혼	336	1	1	2	3	7	21	16	22	20	4	3	62
	기혼/이혼/사별	1,164	0	0	0	2	4	20	16	28	21	6	2	66
직업별	농/임/어업	27				3		29	7	30	24	4	4	67
	자영업	199	0		1	1	3	20	14	32	19	7	3	66
	블루칼라	368	1	1	1	2	6	19	17	28	19	4	2	63
	화이트칼라	375	0	0	1	4	3	16	17	27	22	7	3	66
	가정주부	345				1	5	25	15	24	24	5	1	65
	학생	109	1			2	4	26	17	21	23	3	3	65
	무직/은퇴/기타	79	1	1	2	2	9	25	17	21	14	4	2	60
최종학력별	중졸 이하	257	0	1	1	3	6	27	18	25	13	3	1	60
	고졸	615			1	2	4	22	16	26	22	4	2	65
	대재 이상	628	0		1	2	4	17	15	27	24	7	3	67
지역별	서울	309		0		0	3	14	21	30	27	3	1	67
	인천/경기	440	1		2	4	9	18	16	23	18	6	3	63
	강원	46	1			5	2	27	4	17	25	17	2	67
	대전/세종/충청	155	1		0	1	4	22	17	30	17	5	3	65
	광주/전라	154		1	3	4	1	33	6	25	18	4	5	64
	대구/경북	156	0	1	1	2	6	29	18	22	15	5	2	62
	부산/울산/경남	239				0	2	17	15	32	27	6	1	69
지역크기별	대도시	673		0	0	1	4	19	17	29	24	4	1	66
	중소도시	649	1	1	1	3	5	21	16	26	18	6	3	64
	읍/면	177	0		1	3	5	24	13	21	21	7	5	65
생활수준별	상/중상	133			2	3	2	12	14	22	25	15	6	71
	중	876	0	0	1	1	5	17	15	30	23	6	2	67
	중하	396	1	1	0	4	3	26	21	21	19	2	2	62
	하	95	2	2	3	6	10	40	7	20	9	1	1	53
이념성향별	보수적	478	0	1	1	4	6	22	16	27	17	5	2	63
	중도적	709	0	0	1	1	5	22	18	26	20	5	2	65
	진보적	313	1	1	1	2	2	15	12	28	29	6	3	68

표 59-4. 생활 만족도 - 요즘 건강 상태

문) 다음에 제시한 여러 일들에 대해 귀하는 어느 정도 만족 혹은 불만족하십니까?
　　매우 만족하시면 10점, 매우 불만족하시면 0점, 보통이면 5점이라고 할 때 각각에 대해 몇 점을 주시겠습니까?
　- 요즘 건강 상태

		사례수(명)	0점(%)	1점(%)	2점(%)	3점(%)	4점(%)	5점(%)	6점(%)	7점(%)	8점(%)	9점(%)	10점(%)	100점 환산 평균(점)
	전체	1,500	0	1	1	2	4	16	16	24	24	9	2	67
종교별	불교인	334		1	1	4	6	20	19	22	19	6	2	63
	개신교인	318	0		1	2	4	16	16	26	23	9	3	68
	천주교인	98			2	2	4	16	18	30	18	8	2	66
	기타 종교인	4						30			70			71
	종교 없음(비종교인)	746	0	1	1	1	4	15	14	24	27	10	3	68
종교유무별	종교인	754	0	0	1	3	5	18	17	24	21	8	2	66
	비종교인	746	0	1	1	1	4	15	14	24	27	10	3	68
성별	남성	743		0	1	3	3	15	16	25	23	11	3	68
	여성	757	0	1	1	2	5	18	16	24	25	7	2	66
연령별	19~29세	266	0		1		3	11	12	17	34	17	5	74
	30대	291		0	0	1	3	12	12	28	29	12	3	71
	40대	326		1	1	1	3	16	11	29	27	8	2	68
	50대	295	1		1	2	4	23	22	25	17	6	1	64
	60세 이상	322		1	1	6	8	19	23	22	14	4	1	60
성/연령별	남성 19~29세	140			1		1	11	13	16	33	19	6	74
	30대	148		1	1	2	1	9	12	28	27	16	3	72
	40대	166		1	1	2	4	15	13	31	23	10	1	67
	50대	149			2	2	3	20	24	24	18	6	1	64
	60세 이상	141		1	1	7	7	20	18	24	17	4	2	62
	여성 19~29세	126	1			1		4	11	11	18	35	15	5	73
	30대	142					5	15	12	27	32	7	2	70
	40대	160			1	1	3	17	10	28	31	6	2	69
	50대	147	1		1	1	4	25	19	25	17	5	1	63
	60세 이상	181		2	2	6	9	18	26	20	12	3	1	58
혼인상태별	미혼	336	0		1	2	3	13	13	19	30	16	5	72
	기혼/이혼/사별	1,164	0	1	1	2	5	18	17	26	22	7	2	66
직업별	농/임/어업	27			4	8	18	17	4	31	13		4	57
	자영업	199		0	2	2	4	16	21	17	27	7		66
	블루칼라	368		0	1	1	3	17	19	25	25	7	1	67
	화이트칼라	375	0	0	0	1	4	15	11	25	28	15	2	70
	가정주부	345	1		0	0	3	6	19	17	28	19	5	2	64
	학생	109				1		2	10	13	22	30	15	8	74
	무직/은퇴/기타	79		4	2	11	6	19	15	21	15	5	1	58
최종학력별	중졸 이하	257	1	1	2	6	8	24	21	22	10	3	2	58
	고졸	615		0	1	1	4	18	17	26	24	7	2	66
	대재 이상	628			0	1	3	12	12	24	30	14	3	71
지역별	서울	309				1	1	12	22	29	26	9	0	69
	인천/경기	440	0	0	1	2	7	18	16	23	21	7	4	66
	강원	46				2	4	27	4	25	26	11		67
	대전/세종/충청	155	0	1	3	1	3	22	16	23	24	5	1	64
	광주/전라	154		2	2	3	5	21	11	20	24	7	4	64
	대구/경북	156	1		1		6	7	19	15	26	17	6	4	64
	부산/울산/경남	239		1			1	3	9	13	24	30	16	2	72
지역크기별	대도시	673	0	0	1	3	2	13	17	25	26	10	2	69
	중소도시	649	0	1	1	2	5	17	15	24	24	8	3	67
	읍/면	177		1	1	2	10	28	12	22	16	6	2	61
생활수준별	상/중상	133		1		1	3	12	12	27	25	12	7	71
	중	876	0	0	1	2	3	14	17	23	28	10	2	69
	중하	396	0	0	1	2	6	21	17	26	20	6	1	64
	하	95	1	2	4	4	9	27	12	25	8	5	2	57
이념성향별	보수적	478	0	1	1	4	6	19	20	24	18	6	2	64
	중도적	709	0	0	1	1	4	17	16	26	23	8	2	67
	진보적	313	0	0	1	1	2	11	11	20	34	15	3	72

표 59-5. 생활 만족도 - 직업/하는 일

문) 다음에 제시한 여러 일들에 대해 귀하는 어느 정도 만족 혹은 불만족하십니까?
　　매우 만족하시면 10점, 매우 불만족하시면 0점, 보통이면 5점이라고 할 때 각각에 대해 몇 점을 주시겠습니까?
　- 직업/하는 일

		사례수(명)	0점 (%)	1점 (%)	2점 (%)	3점 (%)	4점 (%)	5점 (%)	6점 (%)	7점 (%)	8점 (%)	9점 (%)	10점 (%)	100점 환산 평균 (점)
	전체	1,500	1	0	1	3	3	22	20	26	18	5	2	64
종교별	불교인	334		0	2	3	4	22	22	22	18	5	1	63
	개신교인	318	1		1	2	2	21	17	27	18	8	1	65
	천주교인	98			1	5	2	30	18	24	14	4	2	62
	기타 종교인	4					30	26	24		21			56
	종교 없음(비종교인)	746	1	1	1	3	4	21	20	27	19	3	2	63
종교유무별	종교인	754	0	0	2	3	3	23	19	24	18	6	1	64
	비종교인	746	1	1	1	3	4	21	20	27	19	3	2	63
성별	남성	743	1	0	2	3	4	19	20	28	17	5	2	64
	여성	757	0	0	1	3	3	24	20	23	19	4	1	63
연령별	19~29세	266	1		1	2	4	15	17	28	25	5	2	67
	30대	291	0		1	1	2	18	20	31	16	7	3	66
	40대	326	0	1		3	3	18	19	28	21	4	1	65
	50대	295	0		2	4	3	25	21	22	18	4	0	62
	60세 이상	322	1	1	2	4	5	30	22	20	11	4	1	59
성/연령별	남성 19~29세	140	1		1	3	5	14	16	31	23	5	3	66
	30대	148	0		2	1	1	15	22	33	14	8	4	67
	40대	166	1	1		4	3	17	19	32	18	3	1	63
	50대	149			3	4	3	22	20	27	15	5		62
	60세 이상	141	2	1	3	3	6	27	22	18	14	4	2	59
	여성 19~29세	126	1		1	2	3	17	17	25	27	6	2	67
	30대	142			1	1	3	22	19	27	19	5	2	65
	40대	160		1		2	2	20	20	23	25	5	2	66
	50대	147	1		1	3	3	29	21	18	21	3	1	62
	60세 이상	181		1	1	4	5	32	22	22	9	3	1	59
혼인상태별	미혼	336	1		1	2	4	19	20	25	22	5	2	65
	기혼/이혼/사별	1,164	0	1	1	3	3	22	20	26	17	5	1	63
직업별	농/임/어업	27			3		4	38	9	33	9		4	61
	자영업	199		0	1	3	2	20	19	29	21	4		65
	블루칼라	368	0		2	3	4	18	26	24	17	4	1	63
	화이트칼라	375	0	0	1	1	2	17	14	31	25	7	2	68
	가정주부	345	0		1	3	5	29	22	21	14	3	2	61
	학생	109					2	16	21	34	17	6	4	68
	무직/은퇴/기타	79	7	5	4	10	5	33	16	9	7	4	1	48
최종학력별	중졸 이하	257	1	1	2	6	5	33	21	18	11	1	1	57
	고졸	615	0	1	1	3	4	23	23	23	17	4	2	62
	대재 이상	628	0		1	1	2	16	16	31	23	7	2	67
지역별	서울	309				3	4	22	22	25	22	3		64
	인천/경기	440	1	0	1	2	5	22	20	26	15	4	2	63
	강원	46	2			3		30	6	14	33	7	4	66
	대전/세종/충청	155	0		1	3	4	25	13	28	21	2	2	64
	광주/전라	154	1	1	4	5	2	24	15	22	19	4	3	62
	대구/경북	156		1	1		4	2	28	22	22	10	8	2	62
	부산/울산/경남	239	0	1		2	1	11	27	31	20	7	0	67
지역크기별	대도시	673	0	0	1	3	4	21	22	26	19	4	1	64
	중소도시	649	1		1	3	3	21	20	24	18	5	2	63
	읍/면	177	1	1	2	2	4	29	12	27	15	6	3	63
생활수준별	상/중상	133			1	2	4	15	8	28	24	12	6	71
	중	876	0	0	1	1	2	20	20	27	22	5	1	66
	중하	396	1	0	1	5	5	28	23	24	10	2	1	59
	하	95	3	2	4	9	11	24	19	18	7	1	2	52
이념성향별	보수적	478	1	1	1	3	4	24	21	23	14	5	2	62
	중도적	709		0	1	3	4	22	22	23	20	4	1	63
	진보적	313	1	0	1	2	2	16	14	35	20	7	2	66

표 59-6. 생활 만족도 - 전반적인 개인생활

문) 다음에 제시한 여러 일들에 대해 귀하는 어느 정도 만족 혹은 불만족하십니까?
매우 만족하시면 10점, 매우 불만족하시면 0점, 보통이면 5점이라고 할 때 각각에 대해 몇 점을 주시겠습니까?
- 전반적인 개인생활

		사례수(명)	0점 (%)	1점 (%)	2점 (%)	3점 (%)	4점 (%)	5점 (%)	6점 (%)	7점 (%)	8점 (%)	9점 (%)	10점 (%)	100점 환산 평균 (점)
	전체	1,500	0	0	1	2	3	20	20	30	19	4	1	65
종교별	불교인	334			1	2	3	21	21	31	17	3	1	64
	개신교인	318	0		0	1	2	20	18	32	19	7	2	67
	천주교인	98	1			3	1	26	18	29	16	4	2	64
	기타 종교인	4				30		26	24		21			52
	종교 없음(비종교인)	746	0	0	1	1	3	19	21	30	20	3	1	65
종교유무별	종교인	754	0		1	2	2	21	19	31	18	5	2	65
	비종교인	746	0	0	1	1	3	19	21	30	20	3	1	65
성별	남성	743	0	0	1	1	3	18	20	33	18	4	2	65
	여성	757	0	0	0	2	2	22	20	28	20	3	1	65
연령별	19~29세	266		1		1	3	15	16	30	27	5	2	68
	30대	291		0	1	1	2	16	19	36	18	6	2	67
	40대	326	1	0	1	2	1	22	17	30	22	3	1	65
	50대	295			1	2	3	23	21	32	16	2	1	64
	60세 이상	322			1	2	4	24	26	26	13	3	1	62
성/연령별	남성 19~29세	140		1		1	4	11	17	34	24	7	2	68
	30대	148		1	1	1	1	11	21	39	17	6	3	68
	40대	166	1		1	2	2	20	17	35	19	2		63
	50대	149				1	3	22	23	32	15	2	1	64
	60세 이상	141			1	2	5	25	23	25	13	3	2	62
	여성 19~29세	126		1			2	20	14	25	30	3	2	67
	30대	142			1	1	2	20	18	32	20	6	1	66
	40대	160	1	1	1	2		24	17	24	25	4	3	66
	50대	147			1	2	3	24	18	32	16	2	1	63
	60세 이상	181			1	2	4	23	28	26	13	3	1	62
혼인상태별	미혼	336	0	0	0	1	4	17	18	30	23	4	2	66
	기혼/이혼/사별	1,164	0	0	1	2	2	21	21	30	18	3	1	65
직업별	농/임/어업	27					3	32	9	36	16		4	65
	자영업	199	0		0	1	2	19	22	35	17	2		65
	블루칼라	368	0	0	1	2	4	22	21	30	15	3	2	63
	화이트칼라	375		1	1	1	1	15	17	32	25	6	1	68
	가정주부	345			0	2	3	24	22	27	17	3	1	64
	학생	109				1	1	15	16	37	22	5	3	69
	무직/은퇴/기타	79	2		1	6	12	22	25	16	13	2	1	57
최종학력별	중졸 이하	257			1	3	7	27	27	23	9	1	2	60
	고졸	615	0	0	1	1	3	23	21	28	18	3	1	64
	대재 이상	628	0	0	0	1	1	15	16	35	23	6	2	68
지역별	서울	309	0		0	1	3	15	22	33	22	3	1	66
	인천/경기	440	0	0	0	1	3	24	18	29	15	4	2	63
	강원	46		1			2	28	8	29	26	6		66
	대전/세종/충청	155	1	1	0	1	3	22	18	32	18	3	2	64
	광주/전라	154			2		4	3	21	18	24	21	5	2	64
	대구/경북	156				0	3	31	24	26	10	3	2	63
	부산/울산/경남	239					1	1	10	24	36	25	4	0	68
지역크기별	대도시	673	0		0	1	3	17	23	33	20	3	1	66
	중소도시	649	0	0	1	2	3	21	18	30	18	4	2	65
	읍/면	177		1	1	1	4	3	28	18	24	15	3	3	62
생활수준별	상/중상	133		1			1	12	13	31	31	6	6	72
	중	876	0	0	0	1	2	17	19	33	22	5	1	67
	중하	396	0	0	1	2	4	28	24	28	11	1	1	61
	하	95	1		3	8	11	24	24	19	7	1	2	55
이념성향별	보수적	478	0	0	0	1	4	23	21	31	14	3	2	64
	중도적	709	0	0	1	1	3	22	21	27	19	3	1	64
	진보적	313	0	0	0	2	1	12	16	37	25	5	1	68

표 60. 종교 단체 이외 자선적 기부 경험

문) 귀하는 지난 1년간 교회나 절 등 종교 단체에 내는 헌금을 제외하고
불우한 이웃을 위해 돈이나 물품을 내는 자선적 기부를 하신 적이 있습니까?
(※ 특정 종교 단체와 무관한 곳에 기부하신 경험을 묻는 질문입니다.)

		사례수(명)	한 적이 있다 (%)	그런 적 없다 (%)
	전체	1,500	36	64
종교별	불교인	334	47	53
	개신교인	318	51	49
	천주교인	98	48	52
	기타 종교인	4	21	79
	종교 없음(비종교인)	746	24	76
종교유무별	종교인	754	49	51
	비종교인	746	24	76
성별	남성	743	32	68
	여성	757	40	60
연령별	19~29세	266	26	74
	30대	291	41	59
	40대	326	42	58
	50대	295	38	62
	60세 이상	322	33	67
성/연령별	남성 19~29세	140	26	74
	30대	148	38	62
	40대	166	33	67
	50대	149	35	65
	60세 이상	141	29	71
	여성 19~29세	126	25	75
	30대	142	43	57
	40대	160	52	48
	50대	147	41	59
	60세 이상	181	37	63
혼인상태별	미혼	336	30	70
	기혼/이혼/사별	1,164	38	62
직업별	농/임/어업	27	45	55
	자영업	199	37	63
	블루칼라	368	33	67
	화이트칼라	375	39	61
	가정주부	345	40	60
	학생	109	24	76
	무직/은퇴/기타	79	33	67
최종학력별	중졸 이하	257	28	72
	고졸	615	37	63
	대재 이상	628	39	61
지역별	서울	309	25	75
	인천/경기	440	34	66
	강원	46	47	53
	대전/세종/충청	155	44	56
	광주/전라	154	42	58
	대구/경북	156	45	55
	부산/울산/경남	239	40	60
지역크기별	대도시	673	34	66
	중소도시	649	38	62
	읍/면	177	40	60
생활수준별	상/중상	133	48	52
	중	876	40	60
	중하	396	28	72
	하	95	23	77
이념성향별	보수적	478	37	63
	중도적	709	36	64
	진보적	313	35	65

2014년 한국인의 종교와 종교 의식 조사

Gallup Omnibus 2014-310-004

한국갤럽 GALLUP KOREA affiliated with GALLUP INTERNATIONAL
110-054 서울시 종로구 사직로 70 | 전화 02-3702-2100 | 팩스 02-3702-2121 | 홈페이지 www.gallup.co.kr

안녕하십니까?
저는 한국갤럽조사연구소에서 조사원으로 일하는 ○○○입니다.
이번에 저희 연구소에서는 **우리 생활과 관련된 여러 가지 문제에 대한 의견**을 알아보고 있습니다.
제가 여쭙는 모든 질문에는 맞고 틀리는 답이 없으므로 평소 귀하께서 알고 계시는 대로, 느끼시는 대로 말씀해 주시면 됩니다.
귀하의 의견은 이런 의견을 가진 사람이 몇 퍼센트(%)라는 식으로 통계를 내는 데만 활용되오니,
잠시만 시간을 내어 협조해 주실 것을 부탁드립니다.

■ 지 역 :
- 01) 서울 02) 부산 03) 대구 04) 인천 05) 광주 06) 대전
- 07) 울산 08) 세종 09) 경기도 10) 강원도 11) 충청북도 12) 충청남도
- 13) 전라북도 14) 전라남도 15) 경상북도 16) 경상남도

■ 지점번호 :

■ 지역크기 : 1. 대도시 2. 중소 도시 3. 읍 4. 면

■ 성 별 : 1. 남성 2. 여성

2014년 4월
한 국 갤 럽 조 사 연 구 소
소 장 박 무 익
주 소 서울시 종로구 사직로 70
전 화 02-3702-2669/2143

SQ 1) 귀하는 **2014년 2월 이후 지금까지 설문조사에 응답하신 적이 있습니까?**

1. 있다 → 조사 중단
2. 없다

SQ 2) 실례지만 귀하의 나이(연세)는 올해 만으로 어떻게 되십니까? 생일을 고려하지 않고, 우리나라 나이에서 한 살을 뺀 만 나이로 응답해 주십시오.
<조사원 숫자로 기록>

만 ☐☐ 세 → 만 18세 이하는 조사 중단

SQ 3) <조사원> 다음은 질문하지 말고 SQ3)에 따라 체크하십시오.
연령대

1. 만 19-29세
2. 만 30-39세
3. 만 40-49세
4. 만 50-59세
5. 만 60세 이상

SQ 4) 귀하의 **직업**은 무엇입니까?

1. 농업·수산업·축산업(가족종사자 포함)
2. **자영업**(종업원 9명 이하의 소규모 업소 주인 및 가족 종사자, 약국, 개인택시운전사)
3. 판매직·서비스직 (상점점원, 세일즈맨, 보험설계사 등)
4. 기능공·숙련공 (중장비·트럭 운전사, 전자·가전제품 A/S 기술자, 숙련공 등)
5. 일반작업직 (토목 관계의 현장 작업, 청소, 수위, 육체 노동 등)
6. 사무직·기술직 (일반회사 사무직, 기술직, 유치원·학교 교사, 회사에 소속된 웹디자이너·컴퓨터 프로그래머 등)
7. 경영관리직 (5급 이상의 고급공무원, 교장, 기업체 부장 이상의 직위 등)
8. 전문직 (대학교수, 변호사, 의사, 회계사, 종교인, 언론인, 예술가, 고소득 프리랜서 등)
9. 가정주부
10. 학생 (대학생, 대학원생)
11. 무직
12. 은퇴
13. 기타 (적을 것: _____)

※ 먼저, '일상적인 생활'에 대한 귀하의 평소 생각을 여쭙겠습니다.

(오른쪽 응답란에 기록해 주십시오.)

질문	➡	응답

(문 1) 귀하는 **자녀**를 몇 명 정도 갖는 것이 좋다고 생각하십니까?

(답 1) A18
0. 0명 (자녀를 갖지 않는 것이 좋다)
1. 1명   4. 4명
2. 2명   5. 5명
3. 3명   6. 6명 이상

(문 2) 귀하의 친척이 아들을 낳는다면 그 **아들의 이름**은 **집안 항렬의 돌림자**에 따라 짓는 것이 좋다고 생각하십니까, 아니면 그럴 필요 없다고 생각하십니까?

(답 2) 19
1. 돌림자에 따라 짓는 것이 좋다
2. 그럴 필요 없다

(문 3) 귀하의 친척이 선을 봤는데 **궁합**이 아주 나쁘다면 결혼하지 않는 것이 좋다고 생각하십니까, 상관없다고 생각하십니까?

(답 3) 20
1. 결혼하지 않는 것이 좋다
2. 상관없다

(문 4) '명당에 **선조의 묏자리**를 쓰면 자손이 잘 된다'는 말이 있습니다. 귀하는 이 말에 대해 그렇다고 생각하십니까, 그렇지 않다고 생각하십니까?

(답 4) 21
1. 그렇다
2. 그렇지 않다

(문 5) 경우에 따라서는 **이혼**할 수도 있다고 생각하십니까, 그렇지 않다고 생각하십니까?

(답 5) 22
1. 경우에 따라서는 이혼할 수도 있다
2. 그렇지 않다

(문 6) 원치 않는 임신을 한 경우에는 **낙태**를 할 수도 있다고 생각하십니까, 그렇지 않다고 생각하십니까?

(답 6) 23
1. 원치 않는 임신을 한 경우에는 낙태를 할 수도 있다
2. 그렇지 않다

(문 7) '남자끼리 또는 여자끼리의 **동성애**도 사랑의 한 형태'라고 생각하십니까, 그렇지 않다고 생각하십니까?

(답 7) 24
1. 동성애도 사랑의 한 형태다
2. 그렇지 않다

(문 8) 귀하는 '잘 사는 것만큼이나 **죽음**을 잘 맞이하는 것도 중요하다'는 말에 대해 그렇다고 생각하십니까, 그렇지 않다고 생각하십니까?

(답 8) 25
1. 잘 사는 것만큼이나 죽음을 잘 맞이하는 것도 중요하다
2. 그렇지 않다

(문 9) 혹시 기회가 되면 귀하는 '**죽음 준비 또는 웰 다잉 교육**'에 참여하실 의향이 있습니까?

(답 9) 26
1. 죽음 준비/웰다잉 교육에 참여할 의향이 있다
2. 그럴 의향은 없다

(문 10) **인간의 본성**은 태어날 때부터 '선하다' 또는 '악하다'는 말이 있습니다. 귀하의 경험으로 보면, 오른쪽 네 가지 견해 중에서 무엇이 귀하의 생각에 가장 가깝습니까?

(답 10) 27
1. 태어날 때부터 선하다
2. 태어날 때부터 악하다
3. 태어날 때부터 선과 악이 동시에 있다
4. 태어날 때부터 선하지도 악하지도 않다

(문 11) 오른쪽에 제시한 여러 항목 중 **살아가는 데 특히 중요**하다고 생각하시는 것을 **두 가지만** 골라 체크해 주십시오. (2개 복수응답)

(답 11) 28-29 30-31
1. 좋은 친구들이 있는 것
2. 여가/휴식 시간이 많은 것
3. 가정생활이 즐거운 것
4. 직업이 좋은 것
5. 돈이 많은 것
6. 종교를 갖는 것
7. 건강한 것
8. 남을 돕는 것
9. 존경을 받는 것
10. 마음이 평안한 것
11. 신념을 갖고 생활하는 것

(앞에서 계속되는 질문입니다.)

(문 12) 귀하는 다음과 같은 말에 대해 어떻게 생각하십니까? 귀하의 경험이나 느낌을 바탕으로 '그렇다', '아니다'로 응답해 주십시오.

		그렇다	아니다	모르겠다	
㉮	남편과 아내가 해야 할 일은 구별되어야 한다	1	2	9	A32
㉯	자식은 자기 생각보다 부모의 뜻에 따라야 한다	1	2	9	33
㉰	이 세상은 그냥 만들어진 것이 아니라 초자연적인 힘을 가진 누가 만들었다	1	2	9	34
㉱	앞으로 이 세상의 종말이 오면 모든 사람은 절대자의 심판을 받게 되어 있다	1	2	9	35
㉲	사람이 죽으면 어떤 형태로든지 이 세상에 다시 태어난다	1	2	9	36
㉳	누구나 진리를 깨달으면 완전한 인간이 될 수 있다	1	2	9	37
㉴	나는 기 수련이나 마음 수련 등의 행사에 참여한 적이 있다	1	2	9	38
㉵	나는 종교보다 개인적인 성찰과 수련에 관심이 많다	1	2	9	39

※ 지금부터는 우리 사회의 '종교'에 대해 여쭙겠습니다.　　　　　　　(오른쪽 응답란에 기록해 주십시오.)

질 문	➡	응 답
(문 13) 과거에 비해 요즘 우리 사회에서 **종교의 영향력**이 증가하고 있다고 보십니까, 감소하고 있다고 보십니까?	(답 13) 40	1. 증가하고 있다 2. 감소하고 있다 3. 과거와 비슷하다
(문 14) 요즘 종교는 우리 사회에 얼마나 도움을 준다고, 혹은 도움을 주지 않는다고 생각하십니까?	(답 14) 41	1. 매우 도움을 준다 2. 어느 정도 도움을 준다 3. 별로 도움을 주지 않는다 4. 전혀 도움을 주지 않는다
(문 15) 귀하의 개인 **생활**에는 종교가 얼마나 중요합니까, 중요하지 않습니까?	(답 15) 42	1. 매우 중요하다 2. 어느 정도 중요하다 3. 별로 중요하지 않다 4. 전혀 중요하지 않다
(문 16) 귀하는 사람들이 **종교를 믿는 가장 큰 이유**가 무엇이라고 생각하십니까? (단수응답)	(답 16) 43-44	1. 복을 받기 위해서 (건강, 재물, 성공 등) 2. 죽은 다음의 영원한 삶을 위해서 3. 마음의 평안을 얻기 위해서 4. 삶의 의미를 찾기 위해서 5. 기타 (적어주세요: _____)

(문 17) 귀하는 다음과 같은 말에 대해 어떻게 생각하십니까? 귀하의 경험이나 느낌을 바탕으로 '그렇다', '아니다'로 응답해 주십시오.

		그렇다	아니다	모르겠다	
㉮	여러 종교의 교리는 얼핏 생각하면 서로 달라 보이지만 결국은 같거나 비슷한 진리를 말하고 있다	1	2	9	45
㉯	종교를 아무리 열심히 믿어도 교회나 절에 나가지 않으면 소용이 없다	1	2	9	46
㉰	아무리 선한 사람이라도 종교를 믿지 않으면 극락이나 천국에 갈 수 없다	1	2	9	47
㉱	종교를 믿는 것은 개인 삶의 질 향상에 도움을 준다	1	2	9	48
㉲	종교를 믿는 것은 좋다고 생각하지만 종교 단체에 얽매이는 것은 싫다	1	2	9	49

(앞에서 계속되는 질문입니다. 오른쪽 응답란에 기록해 주십시오.)

흔히 '**이웃과 타인을 사랑하라, 자비를 베풀라**'고 하는데요,

(문 18-1) 귀하께서 보시기에 **요즘 사람들**은
이 말을 얼마나 잘 지키고 있다고 생각하십니까?

(답18-1) (요즘 사람들은)
A50
1. 매우 잘 지키고 있다
2. 어느 정도 지키는 편이다
3. 별로 지키지 않는 편이다
4. 전혀 지키지 않는다

(문 18-2) 그럼, **종교를 믿는 사람들(신자)**은
이 말을 얼마나 잘 지키고 있다고 생각하십니까?

(답18-2) (종교를 믿는 사람들은)
51
1. 매우 잘 지키고 있다
2. 어느 정도 지키는 편이다
3. 별로 지키지 않는 편이다
4. 전혀 지키지 않는다

(문 19) 귀하는 **종교 단체**들이 종교 자체에만 전념하는 것이 좋다고 생각하십니까, 아니면 사회, 문화, 정치 분야 활동까지 하는 것이 좋다고 생각하십니까?

(답 19)
52
1. 종교 자체에만 전념하는 것이 좋다
2. 사회/문화 분야 활동은 좋으나 정치 분야 활동은 반대
3. 정치 분야 활동은 좋으나, 사회/문화 분야 활동은 반대
4. 사회/문화/정치 분야 활동 모두 하는 것이 좋다

(문 20) 요즘 우리 사회에서 성당, 교회, 절 등의 종교 기관을 사적으로 상속하는 경우가 있습니다.
귀하는 **종교 기관이 사적 상속**을 해도 된다고 보십니까, 해서는 안 된다고 보십니까?

(답 20)
53
1. 해도 된다
2. 해서는 안 된다

(문 21) 귀하는 종교 단체들이 자동차를 구입해서 포교나 전도, 선교를 더 많이 하는 것과 자동차를 살 돈으로 가난한 이웃을 돕는 것 중 어느 것이 **종교의 본뜻**에 더 잘 따르는 것이라고 생각하십니까?

(답 21)
54
1. 포교/전도/선교를 더 많이 하는 것
2. 가난한 이웃을 돕는 것
3. 비슷하다

(문 22) 귀하는 성당, 교회, 절과 같은 **종교 시설**을 수련회, 관광장소, 예식시설 등으로 비신도들에게 **개방**하는 것에 대해 좋게 보십니까, 혹은 좋지 않게 보십니까?

(답 22)
55
1. 좋게 본다
2. 좋지 않게 본다

(문 23) **종교 단체가 설립한 학교에서 신앙 교육**을 하는 것에 대해서는 좋게 보십니까, 혹은 좋지 않게 보십니까?

(답 23)
56
1. 좋게 본다
2. 좋지 않게 본다

(문 24) 귀하는 요즘 우리 주변에 품위가 없거나 자격이 없는 **성직자**가 얼마나 많다고, 혹은 없다고 생각하십니까?

(답 24)
57
1. 매우 많다
2. 어느 정도 있다
3. 별로 없다
4. 전혀 없다

(문 25) 요즘 우리 주변에 진정한 의미에서 종교라고 할 수 없는 **사이비 종교**는 얼마나 많다고, 혹은 없다고 생각하십니까?

(답 25)
58
1. 매우 많다
2. 어느 정도 있다
3. 별로 없다
4. 전혀 없다

A

(앞에서 계속되는 질문입니다. 오른쪽 응답란에 기록해 주십시오.)

(문 26) 요즘 종교 단체들에 대한 다음의 말들에 대해 얼마나 그렇다고, 혹은 그렇지 않다고 생각하시는지 응답해 주십시오.

		매우 그렇다	어느 정도 그렇다	별로 그렇지 않다	전혀 그렇지 않다	모르 겠다	
㉮	개인은 종교 단체에 얽매이기보다는 본인이 옳다고 생각하는 종교적 믿음을 실천하면 된다	1	2	3	4	9	A59
㉯	대부분의 종교 단체는 종교 본래의 뜻을 잃어버리고 있다	1	2	3	4	9	60
㉰	대부분의 종교 단체는 참진리를 추구하기보다는 교세 확장에 더 관심이 있다	1	2	3	4	9	61
㉱	요즘 종교 단체는 진정한 삶의 의미를 찾으려는 사람에게 답을 주지 못한다	1	2	3	4	9	62
㉲	요즘 종교 단체는 비신도(종교를 믿지 않는 사람)를 따뜻하게 대하지 않는다	1	2	3	4	9	63
㉳	종교 단체는 지켜야 하는 규율을 너무 엄격하게 강조한다	1	2	3	4	9	64
㉴	요즘 종교 단체는 시주/헌금을 지나치게 강조하는 경향이 있다	1	2	3	4	9	65

※ 지금부터는 귀하 개인의 '종교'에 대해 여쭙겠습니다. (오른쪽 응답란에 기록해 주십시오.)

(문 27)	귀하는 **현재 믿으시는 종교**가 있습니까? (있다면) 어느 종교를 믿으십니까?	(답 27) A66-67	1. 불교 2. 기독교(개신교) 3. 천주교(가톨릭) 4. 기타 (적어주세요: _____) 5. 현재 믿는 종교 없음 ▶ 8페이지 문46)으로 가십시오
(문 28)	귀하는 현재의 종교를 **몇 살 때**부터 믿게 되셨습니까?	(답 28) 68	1. 9세 이하 2. 10대 3. 20대 4. 30대 5. 40대 6. 50세 이상
(문 29)	그럼, **현재의 종교를 믿으신 기간**은 지금까지 대략 몇 년 정도 됐습니까?	(답 29) 69	1. 5년 미만 2. 5년 이상 3. 10년 이상 4. 20년 이상 5. 30년 이상
(문 30)	현재의 종교를 믿게 되신 가장 큰 **계기**는 무엇입니까?	(답 30) 70-71	1. 스스로 필요해서 2. 모태 신앙 3. 다른 사람의 전도로(가족 포함) 4. 기타 (적어주세요: _____)
(문 31)	현재의 종교 **이전에 다른 종교**를 믿으신 적이 있습니까? (있다면) 과거에는 무슨 종교를 믿으셨습니까?	(답 31) 72-73	1. 불교 2. 기독교(개신교) 3. 천주교(가톨릭) 4. 기타 (적어주세요: _____) 5. 과거에 다른 종교를 믿은 적이 없다
(문 32)	귀하께서 **종교를 믿으시는 가장 큰 이유**는 무엇입니까? (단수응답)	(답 32) 74-75	1. 복을 받기 위해(건강, 재물, 성공 등) 2. 죽은 다음의 영원한 삶을 위해 3. 마음의 평안을 얻기 위해 4. 삶의 의미를 찾기 위해 5. 기타 (적어주세요: _____)
(문 33)	귀하는 요즘 성당, 교회, 절 등에 **얼마나 자주 가십니까**? 단, 결혼식, 장례식 등의 일로 방문하신 것은 제외하고 응답해 주십시오.	(답 33) 76	1. 일주일에 2번 이상 2. 일주일에 1번 정도 3. 한 달에 2-3번 4. 한 달에 1번 5. 두세 달에 1번 6. 일 년에 1-2번 7. 몇 년에 1번 또는 그 이하 8. 전혀 가지 않는다
(문 34)	귀하께서 현재 가장 자주 다니시는 (성당/교회/절)의 **성직자가 신도를 지도하는 방법**은 얼마나 권위적이라고, 혹은 권위적이지 않다고 생각하십니까?	(답 34) 77	1. 매우 권위적이다 2. 어느 정도 권위적이다 3. 별로 권위적이지 않다 4. 전혀 권위적이지 않다

A / B

(앞에서 계속되는 질문입니다. 오른쪽 응답란에 기록해 주십시오.)

(문 35) 귀하는 개인적으로 **기도/기원** 등을 얼마나 자주 하십니까?

(답 35) A78
1. 하루에 몇 번
2. 하루에 1번
3. 일주일에 2-3번
4. 일주일에 1번
5. 한 달에 몇 번 또는 그 이하
6. 전혀 하지 않는다

(문 36) 귀하는 **성경/불경** 등을 얼마나 자주 읽으십니까?
(※ 천주교/개신교/불교를 포함해 현재 본인이 믿는 종교의 교리가 실린 책이나 경전을 얼마나 자주 읽으시는지 묻는 질문입니다.)

(답 36) 79
1. 하루에 1번 이상
2. 일주일에 3-4번
3. 일주일에 1번
4. 가끔 생각날 때 읽는다
5. 전혀 읽지 않는다

(문 37) 다음은 **종교적 경험**에 대한 질문입니다. 각 항목의 경험이 '있었다', '없었다'로 응답해 주십시오.

	있었다	없었다	응답거절	
㉮ 절대자나 신의 계시를 받은 경험	1	2	9	80
㉯ 극락/천국에 갈 것이라는 계시	1	2	9	81
㉰ 마귀/악마의 유혹을 받고 있다는 느낌	1	2	9	82
㉱ 벌을 받고 있다는 느낌	1	2	9	83
㉲ 종교의 힘으로 병이 나은 경험	1	2	9	84
㉳ 다시 태어난 것 같은 느낌	1	2	9	85

(문 38) 귀하는 본인의 **종교적 믿음**이 얼마나 깊다고, 혹은 깊지 않다고 생각하십니까?

(답 38) 86
1. 매우 깊다
2. 깊은 편이다
3. 그저 그렇다
4. 깊지 않은 편이다
5. 전혀 깊지 않다

▶ 불교를 믿으시는 분은 아래 문 39)로
▶ 천주교나 개신교를 믿으시는 분은 8페이지 문 42)로
▶ 그 외 종교를 믿으시는 분은 9페이지 문 50)으로 가십시오

※ 다음 문 39-41)은 현재 '불교'를 믿으시는 분만 응답하시면 됩니다.

(문 39) 귀하는 지난 1년간 절이나 불교 단체에 몇 번이나 시주하셨습니까?
(※ 시주는 절이나 불교 단체에 헌납하는 물품이나 돈 모두 포함)

(답 39) B6
1. 1-2번
2. 3-4번
3. 5-6번
4. 7-10번
5. 11번 이상
6. 지난 1년간 한 번도 없다

(문 40) 귀하는 '절이나 불교 단체에 1년에 한 번도 시주하지 않은 사람은 진정한 신자가 아니다'라는 말에 대해 그렇다고 생각하십니까, 그렇지 않다고 생각하십니까?

(답 40) 7
1. 그렇다
2. 그렇지 않다

(문 41) 그럼, '절이나 불교 단체에 시주하는 사람은 그 금액 이상으로 복을 받는다'라는 말에 대해서는 그렇다고 생각하십니까, 그렇지 않다고 생각하십니까?

(답 41) 8
1. 그렇다
2. 그렇지 않다

▶ 불교를 믿으시는 분은 여기까지 응답하고 9페이지 문 50)으로 가십시오

※ 다음 문 42-45)는 현재 '천주교'나 '개신교'를 믿으시는 분만 응답하시면 됩니다. (오른쪽 응답란에 기록해 주십시오.)

(문 42)	귀하는 요즘 **십일조**를 하고 계십니까? (※ 십일조는 성당이나 교회에 헌납하는 물품이나 돈 모두 포함)	(답 42) B9	1. 하고 있다 ▶ **문 44)로 가십시오** 2. 하지 않는다
(문 43)	(요즘 십일조를 하지 않으신다면) 그럼, 과거에는 한 번이라도 십일조를 내 보신 적이 있습니까?	(답 43) 10	1. 낸 적 있다 2. 낸 적 없다
(문 44)	'십일조를 하지 않는 사람은 진정한 신자가 아니다'라는 말에 대해 그렇다고 생각하십니까, 그렇지 않다고 생각하십니까?	(답 44) 11	1. 그렇다 2. 그렇지 않다
(문 45)	그럼, '성당이나 교회에 헌금하는 사람은 그 금액 이상으로 복을 받는다'는 말에 대해서는 그렇다고 생각하십니까, 그렇지 않다고 생각하십니까?	(답 45) 12	1. 그렇다 2. 그렇지 않다

▶ 천주교나 개신교를 믿으시는 분은 여기까지 응답하고 9쪽 이지 문 50)으로 가십시오

※ 다음 문 46-49)는 현재 종교를 믿지 않으시는 분만 응답하시면 됩니다.

(문 46)	귀하는 과거에 한 번이라도 어떤 **종교**를 믿으셨던 적이 있습니까? (있다면) 어떤 종교를 믿으셨습니까?	(답 46) 13-14	1. 불교 2. 기독교(개신교) 3. 천주교(가톨릭) 4. 기타 (적어주세요: _____) 5. 과거에 종교를 믿은 적 없다 ▶ **문 48)로 가십시오**
(문 47)	(과거에 종교를 믿은 적이 있다면) 그럼, 그 종교를 믿으신 기간은 대략 몇 년 정도였습니까?	(답 47) 15	1. 1년 이하 2. 2년 3. 3년 4. 4-5년 5. 6-10년 6. 11년 이상
(문 48)	귀하께서 **현재 종교를 믿지 않으시는** 가장 큰 이유는 무엇입니까? **(단수응답)**	(답 48) 16-17	1. 종교에 대한 불신과 실망으로 2. 내 자신을 믿기 때문에 3. 정신적, 시간적 여유가 없어서 4. 관심이 없어서 5. 가족과 주위 사람들의 반대로 6. 용기가 없고 마음에 부담이 되어서 7. 기타 (적어주세요: _____)
(문 49)	귀하께서 종교를 믿지 않으시는 것과는 무관하게, **현재 가장 호감이 가는 종교**는 무엇입니까?	(답 49) 18-19	1. 불교 2. 기독교(개신교) 3. 천주교(가톨릭) 4. 기타 (적어주세요: _____) 5. 없다

B

※ 다음 문 50)부터는 모든 분들에 해당하는 질문입니다.　　　　　　　　　　　(오른쪽 응답란에 기록해 주십시오.)

(문 50) 현재 종교와는 상관없이 귀하는 다음 각각의 것들이
존재한다고, 혹은 존재하지 않는다고 생각하십니까?

(답 50)

		존재한다	존재하지 않는다	모르겠다	
㉮	절대자/신	1	2	9	B20
㉯	극락/천국	1	2	9	21
㉰	죽은 다음의 영혼	1	2	9	22
㉱	기적	1	2	9	23
㉲	귀신/악마	1	2	9	24

(문 51) 현재 종교와는 상관없이 귀하는 **장례식**을
어떤 종교 형식으로 치르는 것이 좋다고 느껴지십니까?

(답 51)　25-26
1. 불교식
2. 기독교(개신교)식
3. 천주교(가톨릭)식
4. 유교식(전통장례)
5. 기타 (적어주세요: _____)

(문 52) 귀하는 **결혼**하셨습니까?

(답 52)　27
1. 미혼
2. 기혼
3. 이혼/별거
4. 사별

(문 53) 이번에는 귀하의 **가족 종교**에 대해 여쭙겠습니다. 귀하의 아버님은 어떤 종교를 믿으십니까, 어머님은요?
(결혼 경험이 있는 경우) 그럼, 배우자의 종교는 무엇입니까? (기타 종교는 해당 란에 직접 적어주세요.)

		불교	기독교 (개신교)	천주교 (가톨릭)	기타 종교	종교 없음 (해당 없음)	
㉮	아버지의 종교	1	2	3		5	28-29
㉯	어머니의 종교	1	2	3		5	30-31
㉰	(결혼 경험이 있는 경우) 배우자의 종교	1	2	3		5	32-33

(문 54) 귀하께서 **각 종교에 건의하고 싶거나 시정했으면**
하는 점이 있으면 무엇이든 좋으니
종교별로 한 가지씩 구체적으로 적어 주십시오. (자유응답)

(답 54)

㉮ 불교: _____ 34-36

㉯ 개신교: _____ 37-39

㉰ 천주교: _____ 40-42

(앞에서 계속되는 질문입니다. 오른쪽 응답란에 기록해 주십시오.)

(문 55)	귀하는 현재 자신이 **얼마나 행복**하다고 생각하십니까, 아니면 행복하지 않다고 생각하십니까?	(답 55) B43	1. 매우 행복하다 2. 어느 정도 행복하다 3. 별로 행복하지 않다 4. 전혀 행복하지 않다
(문 56)	귀하는 **우리 인생이 얼마나 의미가 있다**고 생각하십니까, 아니면 의미가 없다고 생각하십니까?	(답 56) 44	1. 매우 의미가 있다 2. 어느 정도 의미가 있다 3. 별로 의미가 없다 4. 전혀 의미가 없다
(문 57)	귀하는 **인생이 무의미하다**고 얼마나 자주 생각하십니까, 아니면 생각하지 않으십니까?	(답 57) 45	1. 자주 생각한다 2. 가끔 생각한다 3. 별로 생각하지 않는다 4. 전혀 생각하지 않는다
(문 58)	귀하는 **죽음에 대해** 얼마나 자주 생각하십니까, 아니면 생각하지 않으십니까?	(답 58) 46	1. 자주 생각한다 2. 가끔 생각한다 3. 별로 생각하지 않는다 4. 전혀 생각하지 않는다

(문 59) 다음에 제시한 여러 일들에 대해 귀하는 **어느 정도 만족 혹은 불만족**하십니까?
매우 만족하시면 10점, 매우 불만족하시면 0점, 보통이면 5점이라고 할 때 각각에 대해 몇 점을 주시겠습니까?

		매우 불만족 ◀				보통				▶ 매우 만족		
㉮	살림살이 형편	0	1	2	3	4	5	6	7	8	9	10	47-48
㉯	다른 사람들과의 관계	0	1	2	3	4	5	6	7	8	9	10	49-50
㉰	결혼생활/이성관계	0	1	2	3	4	5	6	7	8	9	10	51-52
㉱	요즘 건강 상태	0	1	2	3	4	5	6	7	8	9	10	53-54
㉲	직업/하는 일	0	1	2	3	4	5	6	7	8	9	10	55-56
㉳	전반적인 개인생활	0	1	2	3	4	5	6	7	8	9	10	57-58

마지막으로 자료 분류를 위해 몇 가지만 더 여쭙겠습니다.
이 항목들은 통계적인 자료 분류 목적 이외에는 결코 사용되지 않을 것을 약속드립니다.

(D 1)	귀하는 **인터넷**을 이용하십니까? 인터넷을 이용하신다면, **일주일에 며칠이나 이용**하십니까?	(답 D1) 859	1. 1일 이하 5. 5일 2. 2일 6. 6일 3. 3일 7. 매일 4. 4일 8. 인터넷을 이용하지 않음
(D 2)	귀하는 이동전화(**휴대폰**)를 이용하십니까? (이용한다면) 주로 이용하시는 **이동통신회사**는 어디입니까?	(답 D2) 60	1. SK텔레콤 2. KT (예전 KTF) 3. LG U+ (예전 LG텔레콤) 4. 기타 통신사(MVNO 등) 5. 현재 이동전화를 이용하지 않음 ▶ D4)로 가십시오
(D 3)	(현재 이동전화를 이용하시는 경우에만) 그럼, 귀하는 **스마트폰**을 사용하십니까?	(답 D3) 61	1. 사용한다 2. 사용하지 않는다
(D 4)	귀댁에는 **집 전화**가 있습니까? 일반전화와 인터넷전화를 구분해서 응답해 주십시오.	(답 D4) 62	1. 일반전화만 있다 2. 인터넷전화만 있다 3. 일반전화와 인터넷전화 둘 다 있다 4. 집 전화가 없다
(D 5)	귀하는 **지난 1년간** 교회나 절 등 종교 단체에 내는 헌금을 **제외**하고 불우한 이웃을 위해 돈이나 물품을 내는 **자선적 기부**를 하신 적이 있습니까? (※ 특정 종교 단체와 무관한 곳에 기부하신 경험을 묻는 질문입니다.)	(답 D5) 63	1. 지난 1년간 자선적 기부를 한 적이 있다 2. 그런 적 없다
(D 6)	실례지만, 귀하는 **학교**를 어디까지 마치셨습니까? 단, 중퇴는 졸업에 포함되지 않습니다.	(답 D6) 64	1. 초등학교 졸업 이하 2. 중학교 졸업 3. 고등학교 졸업 4. 대학 재학/졸업 5. 대학원 재학 이상
(D 7)	귀하 본인의 **정치적 이념 성향**은 다음 중 어디에 해당한다고 생각하십니까?	(답 D7) 65	1. 매우 보수적 2. 약간 보수적 3. 중도적 4. 약간 진보적 5. 매우 진보적
(D 8)	우리 국민들의 생활수준을 '상, 중상, 중, 중하, 하' 등 다섯 단계로 나눈다면, **귀댁의 생활수준**은 어디에 해당한다고 생각하십니까?	(답 D8) 66	1. 상 2. 중상 3. 중 4. 중하 5. 하
(D 9)	현재 **함께 살고 계시는 가족 수**는 귀하 본인을 포함하여 모두 몇 명입니까? 숫자로 적어 주십시오.	(답 D9) 함께 살고 있는 가족은 모두 ☐☐ 명 67-68	
(D 10)	현재 함께 살고 계시는 **가족 모두의 한 달 평균 총수입**은 얼마 정도입니까? 임대소득, 예금이자 등을 모두 포함한 가구 월평균 총수입을 기준으로 응답해 주십시오.	(답D10) 69-70	1. 월 49만원 이하 9. 월 400 - 499만원 2. 월 50 - 99만원 10. 월 500 - 599만원 3. 월 100 - 149만원 11. 월 600 - 699만원 4. 월 150 - 199만원 12. 월 700 - 799만원 5. 월 200 - 249만원 13. 월 800 - 899만원 6. 월 250 - 299만원 14. 월 900 - 999만원 7. 월 300 - 349만원 15. 월 1,000만원 이상 8. 월 350 - 399만원